本书受中央高校基本科研业务费专项资金项目"跨界与联想：晚清新教传教士译介科技典籍中的中国海外形象研究"（2021WKFZZX015）的资助

《天工开物》英译多维对比研究

王烟朦 著

中国社会科学出版社

图书在版编目（CIP）数据

《天工开物》英译多维对比研究 / 王烟朦著 . —北京：中国社会科学出版社，2022.6
 ISBN 978 - 7 - 5227 - 0089 - 2

Ⅰ. ①天… Ⅱ. ①王… Ⅲ. ①《天工开物》—英语—翻译—对比研究 Ⅳ. ①H315.9②N092

中国版本图书馆 CIP 数据核字（2022）第 063858 号

出 版 人	赵剑英
责任编辑	刘 艳
责任校对	陈 晨
责任印制	戴 宽

出　　版	中国社会科学出版社
社　　址	北京鼓楼西大街甲 158 号
邮　　编	100720
网　　址	http://www.csspw.cn
发 行 部	010 - 84083685
门 市 部	010 - 84029450
经　　销	新华书店及其他书店

印　　刷	北京明恒达印务有限公司
装　　订	廊坊市广阳区广增装订厂
版　　次	2022 年 6 月第 1 版
印　　次	2022 年 6 月第 1 次印刷

开　　本	710×1000　1/16
印　　张	21
插　　页	2
字　　数	303 千字
定　　价	108.00 元

凡购买中国社会科学出版社图书，如有质量问题请与本社营销中心联系调换
电话：010 - 84083683
版权所有　侵权必究

目　　录

前　言 …………………………………………………………… (1)

第一章　导论 ………………………………………………… (1)
　　第一节　科技典籍及其英译研究述评 ……………………… (2)
　　第二节　《天工开物》及其英译研究综述 ………………… (18)
　　第三节　研究范围和目标 …………………………………… (27)
　　第四节　研究问题和方法 …………………………………… (28)
　　第五节　研究框架 …………………………………………… (29)

第二章　布迪厄社会学视角下《天工开物》英译者与其英译本生成之关系 ……………………………………… (32)
　　第一节　译者资本对《天工开物》任以都英译本的影响 … (38)
　　第二节　译者惯习对《天工开物》李乔苹英译本的影响 … (50)
　　第三节　译者所处场域对《天工开物》王义静等英译本的影响 ……………………………………………………… (60)
　　第四节　小结 ………………………………………………… (70)

第三章　《天工开物》中的科技内容及其三个英译本翻译策略 ………………………………………………… (72)
　　第一节　《天工开物》中的科技术语及其英译策略 ……… (78)

第二节　《天工开物》中的科技哲学及其英译策略 ………… (105)
第三节　《天工开物》中的科技谬误及其英译策略 ………… (120)
第四节　小结 ……………………………………………………… (128)

第四章　《天工开物》中的人文内容及其三个英译本
　　　　阐释和迻译的文化姿态 …………………………………… (130)
第一节　《天工开物》政治内容及其三个英译本阐释和
　　　　迻译的文化姿态 ………………………………………… (135)
第二节　《天工开物》经济内容及其三个英译本阐释和
　　　　迻译的文化姿态 ………………………………………… (143)
第三节　《天工开物》军事内容及其三个英译本阐释和
　　　　迻译的文化姿态 ………………………………………… (151)
第四节　小结 ……………………………………………………… (157)

第五章　《天工开物》语言风格及其三个英译本的
　　　　翻译和传达 ………………………………………………… (160)
第一节　《天工开物》语言风格的形式标记 …………………… (164)
第二节　《天工开物》三个英译本对原语风格的
　　　　翻译和传达 ……………………………………………… (169)
第三节　小结 ……………………………………………………… (208)

第六章　价值评价视阈下《天工开物》三个英译本的
　　　　海外传播和接受 …………………………………………… (210)
第一节　目标受众对《天工开物》三个英译本的
　　　　价值评价 ………………………………………………… (213)
第二节　《天工开物》三个英译本价值评价的
　　　　差异及对策 ……………………………………………… (223)
第三节　小结 ……………………………………………………… (232)

第七章 结论 ·· (234)
- 第一节 研究结论和发现 ······································ (234)
- 第二节 研究思考和启示 ······································ (236)
- 第三节 研究不足和展望 ······································ (242)

附录一 101部科技典籍英译信息一览表 ······················ (245)

附录二 《大中华文库》(汉英对照)之《天工开物》
英译者访谈录 ·· (286)

参考文献 ·· (299)

索 引 ·· (319)

后 记 ·· (325)

前　言

　　本书首先分别重点借助法国社会学家布迪厄社会实践理论中三个密不可分的概念"资本"、"惯习"和"场域"来解读社会语境中的《天工开物》英译者如何参与各自译本的生成。研究发现，为了追求专业人士认可的象征资本，任以都在其《天工开物》英译本中践行了各种资本资源，具体表征为底本之择、深度翻译策略和丰富的附录，从而塑造了学术型译本。李乔苹从事自然科学研究的学者惯习和译就科技著作的译者惯习促使他选择技术插图精美的中文底本，践行协调译文充分性和可读性的翻译观以及套用、诠释和变通等整体翻译策略，从而形成了个性化译本。王义静等所处翻译场域位于权力场域之中并处于被支配地位，他们受制于强大的外部规范并将之内化成翻译惯习，因而没有参与译本选材和副文本设计，且在译文层面使用了凸显中华文化主体地位的"中国英语"，由此产生了制度化痕迹明显的译本。

　　其次，基于翻译包含语义信息再现和风格转换两个基本特征，本书将《天工开物》内容划分为科技和人文两大类进行翻译策略研究，前者包括科技术语、科技哲学和科技谬误，后者细分为强调人为因素的政治、经济和军事内容。就科技内容的翻译策略而言，任译本总体上倾向于以异化策略翻译科技术语，以归化策略翻译科技哲学，以两种策略相结合处理科技谬误；李译本中科技术语的异化比重最高，针对科技哲学和科技谬误的翻译策略与任译本相近；王译本对科技术语的翻译以归化策略为主，而采用异化策略翻译科技哲学和科技谬误。就人文内容的阐释和迻译而言，任译本通过译者序、注释进行了较全面的阐释，并追求译文准确，由此体现了一种理性的、客观的文化姿态；李译本所附序跋对人文内容有所阐释，译文仅仅迻译了表层含义，因而流露出重点追求科技文化荣耀的姿态；王译本依据的中文底本重排章节强化了相关经济内容，译本中却避免出现阐释说明，且译文淡化了相关文字蕴含的主观情感，表现出了对被本土文化视为不荣耀信息进行干预的文化姿态。

《天工开物》语言风格通过符号体系表征为四个层面，即偏简约典雅和书面形式的字词，省略主语、惯用主动句与陈述句、形合程度又居中的句法，小句之间以内在语义表达次序、衔接手段单调与信息内隐的章法，以及富有艺术张力的修辞格。本书依托语料库翻译学，结合定量和定性方法探讨了其三个英译本对原作风格的再现方式与效果，发现任译本偏好显化翻译技巧增添信息，明晰句法和逻辑关系，而且语篇正式程度和学术性最高，此外还相对完整地再现了修辞风格手段，因而对风格的转换和适应性恰如其分；李译本词汇、句法和语篇风格的显化程度和学术性不如任译本显著，修辞格又囿于表层意义的传递，所以在延续原语风格的生命力方面稍逊一筹；王译本翻译风格受制于外部规范而向表层的语言特征和形式靠拢，译文通俗易懂，且淡化了修辞艺术或将之改写为平实的语言风格，如此一来和原语风格与之映衬的主题思想相去甚远。

最后，接受和传播是翻译活动的出发点和落脚点，因而目标受众的价值评价不可缺失。调查《天工开物》三个英译本的再版和销售量、学术书评和引用率、海外图书馆馆藏量、国外普通读者评论，任译本在海外流传广、影响大，价值更为西方专业人士和部分普通读者所推崇和肯定，李译本的海外传播效果远不及任译本，王译本的受众则主要是国内人士。

此外，本书集中展现了对科技典籍定义、科技典籍英译实践及相关研究的探讨与反思。总结认为，科技典籍的定义应逐步完善，加强对"科技"一词的反思及对科技典籍人文属性的描述；"文化自信"可作为科技典籍英译原则，即优先选择符合普遍性、契合点、现实性的科技典籍以及理想的中文版本，借鉴文本类型理论并与专业学者合作翻译，并且寻求出色的编辑和国外大学出版社出版，以更好地实现科技典籍从"走出去"到"走进去"的目标。与此同时，科技典籍英译研究应逐步实现"李约瑟范式"的转换，即避免一味地强调向西方科技经典靠拢，而以"选择性失明"的态度对待中西文化和历史语境的根本差异。

第一章 导论

作为中国传统文化的精髓和浓缩,典籍见证了中国历史之悠久和中华文化价值观之包容,因而其翻译在助推中西文化平等交流和世界文明朝着多元化方向发展方面不可缺失。20世纪90年代初,湖南出版社率先策划和编辑的"汉英对照中国古典名著丛书"计划将中国古典文学推向世界。国务院新闻办公室和国家新闻出版总署1994年将其版权收购,并联合国内多家出版社开始实施中华文化典籍外译重大出版工程《大中华文库》(汉英对照)。其中选取我国先秦至近代哲学、文学、历史、军事、科技等领域极具代表性的110种典籍,标志着典籍西传事业步入"众声喧哗"阶段。及至21世纪第二个十年,上海外语教育出版社推出潘文国主编的旨在向西方介绍宋代以后典籍的"汉英对照近世经典与传统文化系列",并于2017年将汪榕培、张玲合作翻译的《汤显祖戏剧全集》的版权授予英国Bloomsbury出版社,由此谱写了典籍"扬帆出海"的新篇章。

在此背景下,典籍翻译研究亦是学界关注的焦点之一。纵观2000年至2013年间立项的国家社科基金翻译类项目,中译外研究的比重逐年增加,题材主要是典籍[1]。从2012年到2016年,相关学术论文和国家社科基金项目数量赶超前十年的总和,发展势头迅猛不减[2]。但不同

---

[1] 张威:《我国翻译研究现状考察——基于国家社科基金项目(2000—2013)的统计与分析》,《外语教学与研究》2015年第1期。
[2] 孙乃荣:《国内典籍英译研究综述(2012—2016)》,《浙江外国语学院学报》2017年第4期。

类别典籍的受关注情况差异明显。文史哲典籍的艺术审美、道德教化、社会治理价值显著，读者群体相对广泛，因而其译介起步早、数量多，在学界颇受重视。尽管如此，受众面相对小的科技典籍亦于弘扬我国传统文化和古代科技文明必不可少。《大中华文库》（汉英对照）收录《天工开物》《梦溪笔谈》《茶经》《续茶经》《黄帝内经·素问》《洛阳伽蓝记》《九章算术》《本草纲目》《四元玉鉴》《黄帝内经·灵枢》《徐霞客游记》《周易参同契》《伤寒论》等15种科技典籍。王宏、赵峥《梦溪笔谈》英译本（*Brush Talks from Dream Brook*）还由英国帕斯国际出版社2011年面向全球出版发行，彰显了科技典籍英译取得的显著成绩。然而相关研究规模与科技典籍及其英译重要性尚不匹配[1]。长此以往，这种"失衡"势必不利于发掘中国"在3—13世纪的科学知识水平西方难以望其项背"[2]以及科技典籍与其翻译的全部价值，从而影响中华文化全方位地"走出去"。

正如翻译史撰写有赖于坚实的个案研究成果做基础[3]，科技典籍翻译研究离不开单部作品的系统研究。有鉴于英语业已成为全球通用语（*lingua franca*）[4]，在中国科技史上享有崇高地位的《天工开物》传入国外的时间早、流传广泛，本书拟围绕科技典籍《天工开物》英译展开研究，旨在为科技典籍译介和中国故事的国际化传播建言献策。

第一节 科技典籍及其英译研究述评

对研究对象加以界定反映出对其认识的程度。科技作品通常给人以客观的事实记叙、严密的逻辑推理和抽象的理论演绎等印象，与文艺作

---

[1] 刘性峰、王宏：《中国科技典籍翻译研究：现状与展望》，《西安外国语大学学报》2017年第4期。

[2] Joseph Needham, *Science and Civilisation in China. Vol.* 1: *Introductory Orientations*, Cambridge: Cambridge University Press, 1954, pp. 1–2.

[3] 王宏志：《翻译与近代中国》，复旦大学出版社2014年版，第6页。

[4] Juliane House, *Translation Quality Assessment: Past and Present*, London and New York: Routledge, 2015.

品有云泥之别。科技典籍是否如此？本书首先明确研究对象，进而梳理科技典籍英译文和英译本，以为审视相关英译研究之"得失"和开展《天工开物》英译研究做铺垫。

一 科技典籍的特点、定义和分类

王宏印强调"定义和分类乃为求学之大端和基础"[①]。下定义是对事物本质特征的描述，为的是将之与其他事物区别开来；分类是根据事物的内部属性和特征对之进一步归类，而分类"必先抓特点"[②]，所以把握科技典籍的特征是为之下定义的前提和基础。

中国古代科技即根植于传统思想文化的土壤，其书写载体科技典籍呈现出一致的实用性、经验性、人文性、整体性等文化价值取向和精神特质[③]。美国技术哲学家唐·伊德（Don Ihde）提出，"技术无论如何都不能摆脱其自身的社会和文化情景，它在特定语境中发挥的作用始终带有文化诠释性"[④]。首先，科技典籍基于生产的实用理念，与农业生产、治国安邦和民生休戚相关，如天文学关系到政权合法性，农学关乎财政赋税。其次，中国古代科学家主要是文人学者、政府官员和僧侣[⑤]，历代重文章词赋而轻自然科学研究使他们缺乏将主观经验上升为理论的外部动力，致使科技典籍以自然现象描述或技术经验总结见长，并与文史哲和道德伦理主题密不可分。再者，科技典籍记载的中国古代科技深受儒家思想及与之相互渗透的佛道思想影响，讲究整体和综合，追求天与人、自然与社会的和谐统一[⑥]。

迄今，科技典籍的定义在学界尚未达成共识。如许钧所言，人文

[①] 王宏印：《中国文化典籍英译》，外语教学与研究出版社2009年版，第10页。
[②] 黄忠廉：《科学翻译的分类及其作用》，《四川外语学院学报》2004年第4期。
[③] 洪晓楠：《中国古代科技文化的特质》，《自然辩证法研究》1998年第1期；张秀红：《中国古代科技文献的内容与特点》，《科技情报开发与经济》2005年第9期。
[④] Don Ihde, *Technology and the Life World: From Garden to Earth*, Indiana: Indiana University Press, 1990, p.144.
[⑤] 洪晓楠：《中国古代科技文化的特质》，《自然辩证法研究》1998年第1期。
[⑥] 马佰莲：《论中国传统科技的人文精神》，《文史哲》2004年第2期。

社科领域对研究对象下一个能概括其本质特征和广泛认可的定义非常困难①。中国科技史研究专家华觉明等（1998）最早在《中国科技典籍研究——第一届中国科技典籍国际会议论文集》前言中提出："中国科技典籍是指所有中国古代有关科学技术的文献。"② 在翻译研究领域，张汩、文军将之界定为"1911 年以前由中国学者撰写并以科学技术发展为内容的书籍"③。刘性峰、王宏认为，"中国古典科技作品指'五四'以前创作的除文学、艺术、历史、哲学等之外的其他典籍作品"④，"中国古代科技作品"同样指科技典籍。在华觉明定义的基础上，许明武、王烟朦视之为"1840 年以前由域内人士直接撰写的以科学技术为主要内容的重要文献"⑤。此后，刘迎春、王海燕主张科技典籍是"'五四'运动以前由域内人士撰写的，记录中国古代各民族科学技术成就的重要文献"⑥。这些观点凸显了科技典籍在科学技术方面的工具性，对后来者深入认识科技典籍和相关研究开展大有裨益。但是科技典籍的特征决定了它们有直接的科技史料和应用价值，还或多或少地存在伴随的资治功能（对当代科技的借鉴）、教化功能（弘扬中国古代科技成就）以及深层次的审美功能（文学性）和娱乐功能（启发性的哲理和观点）⑦。如此一来，上述定义均未触及科技典籍的文化内涵和人文属性，对其本质特征的描述有待补充。考虑到该领域尚未得到充分研究，本书暂且搁置此点。

---

① 许钧：《翻译论》（修订本），译林出版社 2014 年版，第 45 页。
② 华觉明：《中国科技典籍研究——第一届中国科技典籍国际会议论文集》，大象出版社 1998 年版。
③ 张汩、文军：《中国科技典籍英译本概况探究：现状与建议》，《语言教育》2014 年第 4 期。
④ 刘性峰、王宏：《中国古典科技翻译研究框架构建》，《上海翻译》2016 年第 4 期。
⑤ 许明武、王烟朦：《中国科技典籍英译研究（1997—2016）：成绩、问题与建议》，《中国外语》2017 年第 2 期。
⑥ 刘迎春、王海燕：《关于近 20 年中国科技典籍译介研究的几点思考——传播学的理论视角》，《燕山大学学报》（哲学社会科学版）2017 年第 6 期。
⑦ 杨牧之：《对当前中国出版业改革的思考与探索》，载全国古籍整理出版规划领导小组办公室编《古籍整理出版十讲》，岳麓书社 2002 年版，第 2 页；林文照：《科技文献整理出版摭谈》，载全国古籍整理出版规划领导小组办公室编《古籍整理出版漫谈》，上海古籍出版社 2004 年版，第 149 页。

此外，学界对科技典籍的时间节点、科技相关典籍以及域外人士创作和翻译的科技作品与科技典籍的关系等问题未加以明确。因此，本书尝试廓清这些基本问题。第一，1368—1840年是中国古代科技的总结和衰落期，之后便萎靡不振了[①]，且鸦片战争后的汉译西方科学著作极大地影响了此后中国科技文献的内容和文体[②]，所以本书建议将1840年作为科技典籍的分水岭。第二，《诗经》《老子》《世说新语》等文史哲典籍涉及科技内容，但是它们主要的价值不在科技，因而应称为含科技语篇的典籍。第三，明清之际西方传教士利玛窦等人士创作和翻译的科技作品不属于科技典籍。它们记录了域外科技发展水平，且西方科技作品的翻译重在传递信息，"其归属可以不变"[③]。

根据科技典籍的特征对之进行分类也有助于深入地把握其主题。河南教育出版社自1993年推出的《中国科学技术典籍通汇》凸显科技典籍的现代学科价值，并将之分为数学、天文、物理、化学、地学、生物、农学、医学、技术、综合10类。这种方法的操作性强，不啻为借鉴之选。典籍在古代依照"经史子集"归类，科技典籍集中分布在杂糅了儒家、兵家、农家、医家、天文算法、术数、法家、艺术、小说、道家等14类的子部[④]。传统分类法有重复之处，显然无法很好地用于区分各类典籍。梅阳春[⑤]按文学性强弱将科技典籍分为科技专著和科学文学杂集。而科技典籍的复合型特征决定了中国古代没有专门的科技著作，文学性判断标准也不易把握。此外有傅维康等[⑥]按现代学科法将科技典籍分为天文学、地学、数学、医药学、农学、生物学、物理学、工艺技术、建筑学、综合。《中国科学技术典籍通汇》丛书正式在此基础

[①] 钱大江：《中国古代科技简史》，香港七十年代月刊社1975年版，第3页。
[②] 赵德全、郑媛媛：《汉语科技文体翻译的英化取向溯源》，《中国科技翻译》2015年第4期。
[③] 张南峰：《从多元系统论的观点看翻译文学的"国籍"》，《外国语》2005年第5期。
[④] 王宏印：《中国文化典籍英译》，外语教学与研究出版社2009年版，第11页。
[⑤] 梅阳春：《古代科技典籍英译——文本、文体与翻译方法的选择》，《上海翻译》2014年第3期。
[⑥] 傅维康等：《关于列出一份祖国最优秀的科技古籍选目的提议》，《中国科技史料》1986年第3期。

上增设化学类,并将建筑、纺织、水利、采矿、冶铸、印刷、仪器、机械、战争军事和交通运输等统归技术类①,从而使科技典籍的门类更直观清晰。梅阳春②就个别分类提出了商榷,如《洛阳伽蓝记》描述建筑的篇幅不少于地理,却被丛书归为地学典籍。诚然,任何分类法都无法尽善尽美,将科技典籍分为10类只是便于认识其科技价值和开展相关研究,不代表与之实用性、经验性、整体性,尤其人文性对立和割裂开来。

二 国内外科技典籍英译研究综述

正如翻译史研究是翻译学学科的根基,科技典籍英译史是科技典籍英译研究的基础,英译史书写也离不开相关英译文和译本的发掘和整理。为此,本书首先对科技典籍英译史实加以梳理,以为考察科技典籍英译研究现状做铺垫。

(一)科技典籍英译史掇拾

马祖毅、任荣珍《汉籍外译史》③挖掘了数十部科技典籍的英译,黎难秋《中国科学翻译史》④专辟"中国科学文献西译史"一章介绍十余部科技典籍的外译,潘吉星《中外科学技术交流史论》⑤在"清代译成西文的科技著作"一节爬梳了20余部科技典籍的外译史。而目前存世的科技典籍约有一万两千种⑥,这几部典籍外译史著作显然无法全面地勾勒出科技典籍英译概貌和规律。

《中国科学技术典籍通汇》丛书(简称《通汇》)精选并收录了先秦至清末的541种"在中国古代科学技术发展中起过一定作用的科技典籍及其他典籍中以科学技术为主要内容的篇章"(《凡例》)。以这些具有代表性的作品为考察范围能够在很大程度上窥见科技典籍英译史。张

---

① 张秀红:《中国古代科技文献的内容与特点》,《科技情报开发与经济》2005年第9期。
② 梅阳春:《西方读者期待视域下的中国科技典籍翻译文本建构策略》,《西安外国语大学学报》2018年第3期。
③ 马祖毅、任荣珍:《汉籍外译史》,湖北教育出版社1997年版。
④ 黎难秋:《中国科学翻译史》,中国科学技术大学出版社2006年版。
⑤ 潘吉星:《中外科学技术交流史论》,中国社会科学出版社2012年版。
⑥ 孙显斌:《科技典籍整理的思考与展望》,《科学新闻》2017年第11期。

汩、文军①筛选出472种并对它们的英译本进行了统计，最后发现22种科技典籍的70余部英译本。许明武、王烟朦②统计出其中485种作品的百余部英译本。在此基础上，本书力求全方位和多渠道检索《通汇》中科技典籍英译的标题、译者、出版年份和出版信息等，以对科技典籍英译查漏补遗。

在检索之前，本书亦依据《通汇·索引》③甄别《通汇》中的作品。第一，李善兰《九容图表》等19种问世于1840年以后；第二，余下《同文算指》等16种为汉译西方科技著作或为域外人士撰写；第三，《通汇》收录《史记》《墨子》《山海经》《淮南子》《传习录》等83种含有科技语篇的文史哲典籍；第四，《殷墟甲骨文中的天文资料》《商末青铜器铭文及兽骨纪年刻辞》《周原甲骨文中的天文资料》为今人整理而成；第五，《马王堆出土地形图》《禹迹图》《郑和航海图》等9种地学类以地图为主。这几类共计130种作品不能称为严格意义上的科技典籍，或英译形态不易把握，故本书不作考察，且仅关注语言符号转换的语际翻译，英文述介排除在外。统计时遵循如下几原则：第一，英译被发表或出版；第二，翻译有一定篇幅，标题或一句话翻译的价值有限；第三，改动大的再版本视为新译本；第四，同一译者翻译一部科技典籍的不同部分，数量不重复计算；第五，译者不详的译文重复计算数量。在数据来源方面，5卷27分册李约瑟《中国科学技术史》(*Science and Civilisation in China*)丛书由众多学者协助李约瑟撰写，译文零散，译者需要逐一考证，故不计算在内，本书主要参照 *China in Western Literature*④、《中国文献西译书目》⑤、*Chinese History：A Manual*⑥

---

① 张汩、文军：《中国科技典籍英译本概况探究：现状与建议》，《语言教育》2014年第4期。该文通篇使用《中国科学技术典籍汇通》(《汇通》)。
② 许明武、王烟朦：《中国科技典籍英译研究（1997—2016）：成绩、问题与建议》，《中国外语》2017年第2期。
③ 王有朋：《中国科学技术典籍通汇》(索引卷)，河南教育出版社1995年版。
④ Yuan Tung-li, *China in Western Literature：A Continuation of Cordier's Bibliotheca Sinica*, New Haven Conn.：Far Eastern Publications, Yale University, 1958.
⑤ 王尔敏：《中国文献西译书目》，台湾商务印书馆1975年版。
⑥ Endymion Wilkinson, *Chinese History：A Manual（Revised and Enlarged）*, Harvard：Harvard University Asia Center, 2000.

以及其他著述①，初步获得英译标题、译者、出版年份和信息，进而以余下411部科技典籍标题的拼音在亚马逊英文网和维基百科上检索补充。鉴于上述文献如《中国文献西译书目》夹杂不少二手史料和讹误②，笔者借助在海外访学的契机，再借助国外大学图书馆的馆藏纸质和电子资源以及全球馆际互借文献资源对上述信息进行核对。（表1-1列出被译成英文的科技典籍及其英译文和译本数量。详情参见附录一。）

依据上述检索原则和步骤，《通汇》中有101种科技典籍被译成英文：地学类22种（英译文和译本75部），医学类17种（英译文和译本82部），化学类13种（英译文和译本28部），数学类12种（英译文和译本34部），农学类11种（英译文和译本20部），生物类9种（英译文和译本12部），综合类7种（英译文和译本35部），技术类5种（英译文和译本12部），物理类3种（英译文和译本6部），天文类2种（英译文和译本3部）。

---

① 赵慧芝：《著名化学史家李乔苹及其成就》，《中国科技史料》1991年第1期；韩祥临、汪晓勤：《沈康身等著〈英译《九章算术》及其历代注疏〉》，《中国科技史料》2001年第2期；陈开科：《浅析巴拉第·卡法罗夫译注〈长春真人西游记〉》，载中国中俄关系史研究会等编《中俄关系的历史与现实》，中国社会科学院近代史研究所2003年版；洪捷、岳峰：《浅议英国汉学家理雅各的〈佛国记〉译本》，《福建教育学院学报》2006年第7期；赵俊卿：《〈难经〉首部英译本述评》，《中医研究》2008年第5期；王宏：《〈梦溪笔谈〉译本翻译策略研究》，《上海翻译》2010年第1期；潘吉星：《中外科学技术交流史论》，中国社会科学出版社2012年版；邱玏：《中医古籍英译历史的初步研究》，博士学位论文，中国中医科学院，2011年；卢长怀：《论中国典籍英译的三个取向——以译〈徐霞客游记〉为例》，《辽宁师范大学学报》（社会科学版）2014年第6期；卢军羽：《中国科技典籍文本特点及外国译者的翻译策略研究——以〈景德镇陶录〉及其英译本为例》，《北京第二外国语学院学报》2016年第6期；曲琳琳、张斌：《系统功能语言学视阈下〈金匮要略〉衔接机制对比研究》，《中国中医基础医学杂志》2017年第10期；陈福宇：《晚明工程技术典籍的传播与翻译——基于〈园冶〉与〈天工开物〉的共性考察》，《重庆交通大学学报》（社会科学版）2017年第6期；汪宝荣、姚伟、金倩：《〈洛阳伽蓝记〉中的民俗事象英译策略——以王伊同译本为中心的考察》，《语言与翻译》2017年第3期；王尔亮、陈晓：《20世纪中期以来〈黄帝内经·素问〉英译本书史述》，《燕山大学学报》（社会科学版）2017年第6期；郑建宁：《法显〈佛国记〉的海外译介及英译史探究》，《法音》2018年第3期；王银泉、余静、杨丽雯：《〈黄帝内经〉英译版本考证》，《上海翻译》2020年第2期。

② 如《中国文献西译书目》将"*Si-yü ki*, tr. by Gustave Schlegel, Leide: E. J. Brill; 1896, 第203页"标为《大唐西域记》英译本（王尔敏，1975：624），该译本实为法文译本。

表1-1　　《通汇》中101部被译成英文的科技典籍及其英译文（本）数量（截至2018年7月31日）

No.	分类	科技典籍名称	英译本（文）数量	No.	分类	科技典籍名称	英译本（文）数量
1	综合	《梦溪笔谈》	13	27	化学	《三十六水法》	1
2	综合	《天工开物》	9	28	数学	《九章算术》	11
3	综合	《论衡》	5	29	数学	《周髀算经》	4
4	综合	《太玄经》	3	30	数学	《海岛算经》	4
5	综合	《酉阳杂俎》	3	31	数学	《孙子算经》	2
6	综合	《天论》	1	32	数学	《张丘建算经》	2
7	综合	《东坡志林》	1	33	数学	《夏侯阳算经》	2
8	天文	《五星占》	2	34	数学	《数书九章》	2
9	天文	《天文气象杂占》	1	35	数学	《杨辉算法》	2
10	技术	《园冶》	5	36	数学	《四元玉鉴》	1
11	技术	《考工记》	4	37	数学	《算学启蒙》	1
12	技术	《营造法式》	1	38	数学	《五曹算经》	1
13	技术	《鲁班经》	1	39	数学	《缉古算经》	1
14	技术	《蚕书》	1	40	生物	《南方草木状》	3
15	化学	《抱朴子内篇》	8	41	生物	《竹谱》	2
16	化学	《周易参同契》	5	42	生物	《益部方物略记》	1
17	化学	《黄帝九鼎神丹经诀》	2	43	生物	《洛阳牡丹记》	1
18	化学	《景德镇陶录》	2	44	生物	《扬州芍药谱》	1
19	化学	《糖霜谱》	2	45	生物	《梅谱》	1
20	化学	《遵生八笺》	2	46	生物	《救荒本草》	1
21	化学	《丹房鉴源》	1	47	生物	《朱砂鱼谱》	1
22	化学	《丹房须知》	1	48	生物	《医林改错》	1
23	化学	《东坡酒经》	1	49	物理	《博物志》	4
24	化学	《陶说》	1	50	物理	《化书》	1
25	化学	《熬波图》	1	51	物理	《物理小识》	1
26	化学	《太清丹经要诀》	1	52	地学	《徐霞客游记》	9

续表

No.	分类	科技典籍名称	英译本（文）数量	No.	分类	科技典籍名称	英译本（文）数量
53	地学	《佛国记》	8	78	农学	《齐民要术》	2
54		《洛阳伽蓝记》	7	79		《王祯农书》	2
55		《大唐西域记》	6	80		《永嘉橘录》	1
56		《真腊风土记》	6	81		《元亨疗马集》	1
57		《水经注》	5	82		《哺记》	1
58		《岭外代答》	4	83		《授时通考》	1
59		《云林石谱》	3	84		《群芳谱》	1
60		《经行记》	3	85	医学	《黄帝内经·素问》	18
61		《海录》	3	86		《本草纲目》	12
62		《长春真人西游记》	2	87		《伤寒论》	10
63		《西游录》	3	88		《灵枢经》	12
64		《瀛涯胜览》	3	89		《神农本草经》	7
65		《星槎胜览》	3	90		《金匮要略》	6
66		《华阳国志》	3	91		《难经》	5
67		《岛夷志略》	1	92		《备急千金要方》	2
68		《桂海虞衡志》	1	93		《银海精微》	2
69		《素园石谱》	1	94		《脾胃论》	1
70		《蛮书》	1	95		《格致余论》	1
71		《广阳杂记》	1	96		《温热论》	1
72		《异域录》	1	97		《温病条辨》	1
73		《诸藩志》	1	98		《妇人大全良方》	1
74	农学	《茶经》	4	99		《肘后备急方》	1
75		《农政全书》	3	100		《证类本草》	1
76		《四民月令》	2	101		《针灸甲乙经》	1
77		《氾胜之书》	2			—	

在此基础上，两百多年以来的科技典籍英译史分为三个时期。第一个时期（18世纪到19世纪上半叶）仅《天工开物》《佛国记》《异域

录》《农政全书》《海录》《授时通考》《神农本草经》《本草纲目》等少数科技典籍被节译成英文,且大多数英译文转译自法译文。除个别译者为英国外交官和传教士,英译者身份不详。第二个时期,科技典籍英译数量从19世纪中叶至20世纪初叶明显增加,这一时期的英译者主要是英美传教士和汉学家,如理雅各(James Legge)、伟烈亚力(Alexander Wylie)、翟理斯(Herbert A. Giles)、韦利(Arthur Waley)、卜士礼(Stephen W. Bushell)、卡特(Thomas Francis Carter)。他们将《梦溪笔谈》《佛国记》等科技典籍译成英文,其出发点并非呈现中国古人的科技发现,而是"笼罩于教会伦理观念之下,就宗教义理寻求动机,以考察中国固有思想文化"[①]。进入第三个时期(1921至今),被译成英文的科技典籍种类和译本数量蔚为大观。许多科技典籍首次被译成英文,这一时期的翻译方式是节译和全译并行,全译是科技典籍英译的趋势所在。这离不开中国学者和本土译者的努力,也归功于西方汉学家或中国科技史研究学者的翻译,更得益于中外人士的群策群力。

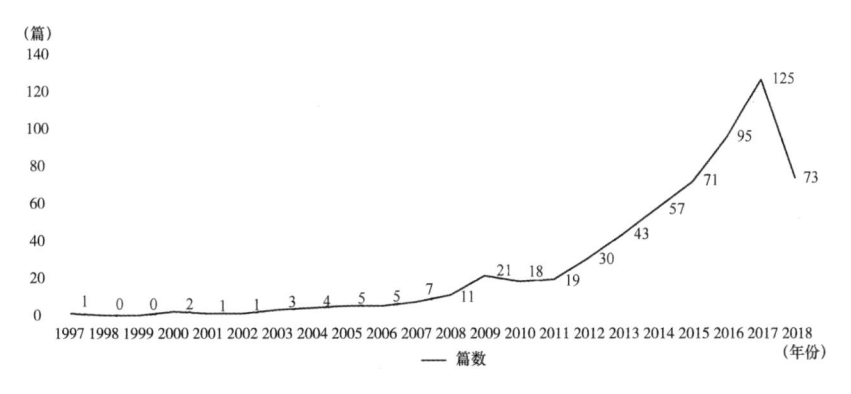

图1-1 国内科技典籍英译研究发文量趋势(截至2018年9月30日)

(二)国内外科技典籍英译研究述评

1. 国内科技典籍英译研究

在中国知网(CNKI)上以科技典籍、科技典籍类别和表1-1中101部科技典籍标题加"英译"为主题检索,剔除重复性研究,最后获

---

① 王尔敏:《中国文献西译书目》,台湾商务印书馆1975年版,第2页。

得期刊论文 475 篇、硕士学位论文 106 篇、博士学位论文 10 篇（参见图 1-1）。591 篇论文的主题涵盖译史纵横、英译策略和方法、翻译评价、译者主体性、文化阐释、出版路径、语料库和计算机辅助技术。

（1）译史纵横

早期文献以译介史梳理为主，即挖掘、罗列和陈述作品英译史实或译者翻译事迹。除个别研究者系统考察了医学类科技典籍及其译者群体[①]，多数研究围绕单个作品或译者，如赵庆芝[②]回顾了 20 世纪 50 年代李乔苹主译《天工开物》的缘起和译本至 1980 年出版的曲折原因；郑建宁[③]搜集了地学类科技典籍《佛国记》的 7 个英译本，并通过译本序阐释了不同译者的翻译背景和目的等，借此勾勒出《佛国记》英译历程。

（2）英译策略和方法

英译策略和方法是学界关注的重点之一，即为实现特定翻译目的依据的宏观原则和概括性处理方式，二者有赖于具体的、微观的翻译技巧[④]。宏观的科技典籍英译策略包括作品和底本选择[⑤]、文本类型[⑥]、归化与异化[⑦]等问题。在操作层面，有学者探讨或提出了科技典籍直译、意译、增译、音译加注、去人称化、具体化等多种翻译方法和技巧[⑧]。

[①] 邱玏：《中医古籍英译历史的初步研究》，博士学位论文，中国中医科学院，2011 年；范延妮：《近代传教士中医译介活动及其影响研究》，博士学位论文，山东中医药大学，2015 年。

[②] 赵庆芝：《李氏主译〈天工开物〉始末》，《中国科技史料》1997 年第 3 期。

[③] 郑建宁：《法显〈佛国记〉的海外译介及英译史探究》，《法音》2018 年第 3 期。

[④] 熊兵：《翻译研究中的概念混淆——以"翻译策略"、"翻译方法"和"翻译技巧"为例》，《中国翻译》2014 年第 3 期。

[⑤] 梅阳春：《古代科技典籍英译——文本、文体与翻译方法的选择》，《上海翻译》2014 年第 3 期；汤金霞、梅阳春：《中国科技典籍翻译策略之管见——基于〈蚕书〉翻译研究》，《外语学刊》2015 年第 6 期。

[⑥] 王宏：《〈梦溪笔谈〉译本翻译策略研究》，《上海翻译》2010 年第 1 期；闫春晓：《文本类型理论视角下〈梦溪笔谈〉英译策略研究》，《上海理工大学学报》（社会科学版）2014 年第 1 期。

[⑦] 王娜：《浅谈〈黄帝内经〉中顶真修辞格英译的归化与异化》，《浙江中医药大学学报》2015 年第 10 期；汪宝荣、姚伟、金倩：《〈洛阳伽蓝记〉中的民俗事象英译策略——以王伊同译本为中心的考察》，《语言与翻译》2017 年第 3 期。

[⑧] 陆朝霞：《中国古代农业术语汉英翻译研究——以任译本〈天工开物〉为例》，硕士学位论文，大连海事大学，2012 年；周佶、周玉梅：《直译、意译、音意译结合还是音译加注？——浅析〈黄帝内经·素问〉中养生术语的翻译技巧》，《医学争鸣》2014 年第 5 期；梅阳春：《古代科技典籍英译——文本、文体与翻译方法的选择》，《上海翻译》2014 年第 3 期；卢军羽：《中国科技典籍文本特点及外国译者的翻译策略研究——以〈景德镇陶录〉及其英译本为例》，《北京第二外国语学院学报》2016 年第 6 期。

（3）翻译评价

翻译评价"是以一定的翻译标准为准绳、以科学的方法对译本或译论的艺术价值或科学价值进行判断，对其不足之处进行理论上的鉴别，特别要检视翻译实践的跨文化交际效果"①。这类研究所占比重最大，涉及随感式手段，语言学理论评估方法、翻译理论、报刊评论和网络媒体。李海军、由晓晨②肯定了《徐霞客游记》大中华文库英译本在底本、语篇选择和翻译三方面的精益求精。曲琳琳、张斌③从系统功能语言学视角对《金匮要略》罗希文译本中的语法和词汇衔接手段进行量化统计和定性分析，并发现汉语语篇多词汇和省略衔接，英译文借助照应、替代等手段来讲究合理的内在逻辑和人际意义。大多数研究借助生态翻译学、目的论、诠释学、互文性、翻译美学、图式理论等理论框架审视《黄帝内经》《伤寒论》《茶经》英译文在词汇、句法、语篇层面转换的得失④。此外，殷丽调查了《黄帝内经》大中华文库英译本的国外图书馆馆藏量、相关英文书评和亚马逊英文网的读者评论，结果表明该译本的海外接受现状差强人意⑤。

（4）译者主体性

译者主体性研究强调译者的重要性，既不等于介绍译者事迹，也不像翻译评价那样重语言对等转换而弱化翻译主体对翻译过程和结果的影

---

① 方梦之：《中国译学大辞典》，上海外语教育出版社2011年版，第77页。

② 李海军、由晓晨：《推陈出新 精益求精——"大中华文库"版〈徐霞客游记〉英译本介评》，《外语与翻译》2018年第3期。

③ 曲琳琳、张斌：《系统功能语言学视阈下〈金匮要略〉衔接机制对比研究》，《中国中医基础医学杂志》2017年第10期。

④ 吴纯瑜、王银泉：《生态翻译学视阈下〈黄帝内经〉文化负载词英译研究》，《中华中医药学刊》2015年第1期；刘艳：《从〈茶经〉章节标题的翻译看文化传播中的适应选择——兼评大中华文库〈茶经、续茶经〉》，《民族翻译》2015年第1期；罗梦秋：《目的论视角下中国明清典籍中计量单位的英译研究》，硕士学位论文，大连海事大学，2017年；何阳、何娟：《中医典籍英译"阐释学"问题研究探讨》，《中国中医基础医学杂志》2012年第11期；王星科、张斌：《互文性视角下〈黄帝内经〉两个译本的跨文化翻译》，《中医药导报》2015年第2期；王钰、姜怡：《〈茶经〉的美学价值及其翻译中的美学重构》，《外语教育研究》2014年第3期；蒋学军：《中医典籍中的文化图式及其翻译》，《中国科技翻译》2010年第1期。

⑤ 殷丽：《中医药典籍国内英译本海外接受状况调查及启示——以大中华文库〈黄帝内经〉英译本为例》，《外国语》2017年第5期。

响。谢朝龙①通过分析詹纳和王伊同对《洛阳伽蓝记》采取的认知姿态和相应的翻译处理方式，发现译者认知在深层次上影响了典籍翻译决策、翻译话语生产和自我身份塑造。刘跃良②借用法国社会学家布迪厄的"惯习"概念透视了倪毛信的个人经历和其在翻译场域中形成的持久、稳定的性情倾向如何促使他翻译《黄帝内经》时采用了归化为主和译释结合的策略。

（5）文化阐释

文化阐释是从文化交流语境出发，构建科技典籍英译路径或客观地解读翻译现象。蒋辰雪、刘凯③认为"深度翻译"将文化差异作为一种文化现实保留在译文中，属于文化自我再现的一种途径，因此能够应用于医学类科技典籍英译。黄培希④梳理并阐述了《黄帝内经·素问》威斯英译本中的前言、引言、插图、列表等副文本，进而解读了这些元素对译本的文化阐释、对译本中文化缺省的补偿和对译本中不可译文化的变通。

（6）出版路径

科技典籍英译在出版环节"有所为"也是研究话题之一。李伟荣、刘湘苹⑤剖析了李约瑟《中国科学技术史》丛书的选题、编辑、出版和传播，并建议科技典籍出版选题策划要立足创新，借助世界一流出版社出版，利用考古新发现和多途径筹集出版经费，从而避免"自娱自乐"和被束之高阁。

（7）语料库和计算机辅助技术

近年来，方兴未艾的语料库技术和机器翻译被引入科技典籍英译研

---

① 谢朝龙：《〈洛阳伽蓝记〉英译的译者认知与翻译处理》，《语言教育》2018 年第 1 期。
② 刘跃良：《从译者惯习视角看倪毛信〈黄帝内经〉英译的建构》，《中国中西医结合杂志》2018 年第 1 期。
③ 蒋辰雪、刘凯：《以"深度翻译"理论模式探索中医英译》，《中国中医基础医学杂志》2016 年第 11 期。
④ 黄培希：《副文本与翻译文化建构——以艾尔萨·威斯〈黄帝内经·素问〉英译为例》，《上海翻译》2018 年第 3 期。
⑤ 李伟荣、刘湘苹：《中国科技典籍出版"走出去"的路径探索——以李约瑟〈中国科学技术史〉丛书为考察中心》，《山东外语教学》2017 年第 4 期。

究领域。前者包括介绍译文类比语料库和中英文平行语料库的构建[1]，又涵盖实证研究如海霞、丁东[2]基于《伤寒论》双语平行语料库统计出原文和三个英译文的类符/形符比和关键词，并用 LancsBox 3.0 工具检索了三个英译本在中医方剂名称上的选词差异。此外，屈亚媛、周玉梅[3]将 SYSTRAN 机译系统翻译的《黄帝内经·素问》18个双字格养生术语与李照国译文进行对比，并采用人工评测机器译文的错误，最后提出改进机读术语词典和优化中医术语机译数据库的建议。

2. 国外科技典籍英译研究

本书分别以"English translation"加"Chinese sci-tech classic/work"和101种科技典籍的标题拼音或英译文标题为关键字在 Scopus 数据库进行检索[4]，英文短评（book review）以述为主，评论部分极为有限。所以短评和中国学者撰写的英文文章不纳入考察。截至2018年11月1日，共获取7条结果，含1部收录了14篇论文的论文集 *Approaches to Traditional Chinese Medical Literature*，其中仅6篇谈论中国医学典籍英译的相关研究。

国外学者集中探讨了术语翻译。Needham 在国际译联会刊 *Babel* 上发表 "The Translation of Old Chinese Scientific and Technical Texts"[5] 一文，他从科学史研究视角指出汉学家的专业术语翻译有失精确，而汉语是一种极松散和非黏着的语言，中华文化绵延不断赋予了中国古代术语以稳定性和多样性的含义，因此翻译要跨越写意文字和西方语言之间的差异和时空藩篱。在此之后，他和鲁桂珍评论了德国中医学家 Porkert 所译的中国古代科技和医学术语，并且主张译者使用希腊—拉丁语词根

---

[1] 朱剑飞:《〈黄帝内经〉英译研究的语料库视角》,《中国中医基础医学杂志》2015年第9期。

[2] 海霞、丁东:《基于〈伤寒论〉双语平行语料库的中医方剂名称翻译方法探析》,《南阳理工学院学报》2018年第5期。

[3] 屈亚媛、周玉梅:《机器翻译还是人工翻译?——浅析〈黄帝内经·素问〉双字格养生术语机译错误人工评测》,《医学争鸣》2016年第4期。

[4] Scopus 是全球最大的文摘数据库和最全面的文献检索。

[5] Joseph Needham, "The Translation of Old Chinese Scientific and Technical Texts", *Babel: International Journal of Translation*, Vol. 4, No. 1, 1958.

创造新词，或最近似的希腊—拉丁词翻译①。其余研究探讨特定术语②或分析翻译策略、方法和技巧③。

论文集中 Kovacs④ 的研究则介绍翻译从属于应用语言学并阐述了奈达关于翻译是一门科学的观点，进而提出中医典籍应被视为专业文本翻译，译者要充分熟悉所译文本涉及的专业领域，仅仅依赖常识的直觉翻译并不可取。

3. 国内外科技典籍英译研究：成绩与问题

20 世纪的科技典籍英译研究零散不具规模，研究者为极少数科技史学者和汉学家。21 世纪以来，该领域引发越来越多的关注，每年的文献量稳步增长，发展趋势良好，译学人士开始成为主力军。具体而言，该领域取得的成绩可总结如下：

---

① Joseph Needham and Lu Gwei-Djen, "Problems of Translation and Modernisation of Ancient Chinese Technical Terms", *Annals of Science*, Vol. 32, No. 5, 1975.

② John S. Major, "A Note on the Translation of Two Technical Terms in Chinese Science: Wu-Hsing and Hsiu", *Early China*, Vol. 2, 1976.

③ Nigel Wiseman and Paul Zmiewski, "Rectifying the Names: Suggestions for Standardizing Chinese Medical Terminology", In Paul U. Unschuld (eds), *Approaches to Traditional Chinese Medical Literature*, Dordrecht: Kluwer Academic Publishers, 1989; Constantin Milsky, "In Search of a Term Translation Strategy for Chinese Medical Classics", In Paul U. Unschuld (eds), *Approaches to Traditional Chinese Medical Literature*, Dordrecht: Kluwer Academic Publishers, 1989; Paul U. Unschuld, "Terminological Problems Encountered and Experiences Gained in the Process of Editing a Commentated Nan-Ching Edition", In Paul U. Unschuld (eds), *Approaches to Traditional Chinese Medical Literature*, Dordrecht: Kluwer Academic Publishers, 1989; Paul D. Buell, "The Yin-Shan Cheng-Yao, a Sino-Uighur Dietary: Synopsis, Problems, Prospects", In Paul U. Unschuld (eds), *Approaches to Traditional Chinese Medical Literature*, Dordrecht: Kluwer Academic Publishers, 1989; Ute Engelhardt, "Translating and Interpreting the Fu-Ch'i Ching-i Lun: Experiences Gained from Editing a T'ang Dynasty Taoist Medical Treatise", In Paul U. Unschuld (eds), *Approaches to Traditional Chinese Medical Literature*, Dordrecht: Kluwer Academic Publishers, 1989; Nigel Wiseman, "Translation of Chinese Medical Terms: A Source-oriented Approach", PhD. Dissertation, University of Exeter, 2000; Nigel Wiseman, "Translation of Chinese Medical Terms: Not Just a Matter of Words", *Clinical Acupuncture and Oriental Medicine*, Vol. 2, No. 1, 2001; di Barbara Cappuzzo, "The Translation of Chinese Medical Terms into English. Linguistic Considerations on the Language of TCM", *Rivista della Facoltà di Scienze Motorie dell'Università degli Studi di Palermo*, No. 3, 2009.

④ Jürgen Kovacs, "Linguistic Reflections on the Translation of Chinese Medical Texts", In Paul U. Unschuld (eds), *Approaches to Traditional Chinese Medical Literature*, Dordrecht: Kluwer Academic Publishers, 1989.

首先，医学和农学为中国古代突出的科学，这两类科技典籍的存世数量多，应用价值大，所以英译研究备受瞩目。博士学位论文反映了一门学科的建设成就，蕴含新的问题、方法和发现，10篇观照医学类和农学类科技典籍的博士学位论文亦说明相关研究系统和深入，研究思路和视野比较成熟和开阔。

其次，翻译批评的方法和渠道趋向科学和多元。科技典籍英译批评开始从主观性很强的随感式和内省式转向寻求语言学和翻译理论支撑的翻译质量评估方法，从单一的文本内探讨过渡到客观的外部流通数据，将有利于引导科技典籍英译实践可持续发展。

再者，研究视野日益丰富。现有研究不囿于原文意义和形式的等效再现，还关注作为翻译主体的译者，并借助新兴的社会翻译学范式阐释译者和各种社会运作机制对翻译的影响。不但如此，科技典籍英译选材、出版体系、赞助人和意识形态等外部因素受到了重视。

然而，该领域起步晚，相关研究数量自21世纪第二个十年才开始呈现出稳步增长的趋势，这也决定了相关研究的深度和广度均有待拓展。具体而言：

首先，国内外三分之二的研究文献聚焦《黄帝内经》《茶经》等少数医学和农学类科技典籍，长此以往将不利于挖掘数学、化学、天文、地学、物理、综合等其他门类的科技典籍的价值，从而影响把握科技典籍的本质内涵和中国古代科技全面"走出去"。

其次，现有研究深受传统的科技翻译研究影响，强调专业术语和科技信息向英语科技文本转换和靠拢。而科技典籍有其独特的人文性、整体性和经验性，以及深层次的教化和审美功能。拓宽研究路径，关注科技典籍的这些特征亦是"讲好中国故事"的手段。

再者，"定量不足，定性有余"没有得到有效改变。研究者先阐释观点，再选择译例予以佐证，或摘取片段进行评价的套路在现有研究中占主导，这样容易导致以偏概全，研究的信度和整体说服力不强。有学者将语料库引入了该领域，但以语料库建设介绍为主，实际应用不足。

再次，采用某种理论的翻译评价往往是"照搬照抄"理论，批评时又抛开先前的理论，走主观判断的老套路，最后得出非此即彼的结论。借鉴跨学科理论包括科技翻译和文学翻译理论时，应加强批判和反思，以改进现有理论之不足，并为构建专门的科技典籍翻译理论做铺垫。

在众多的科技典籍中，《天工开物》是最早被译成英文的作品之一，且其英译本数量位居综合类科技典籍之最。李约瑟（Joseph Needham）誉之为"中国技术典籍的扛鼎之作"（China's greatest technological classic）[1]，我国台湾主持汉译李约瑟《中国科学技术史》丛书的陈立夫评价它是"古代科技上最有价值的书"[2]。鉴于此，本书拟选取《天工开物》为研究对象，以平衡该领域过度关注农学和医学类科技典籍的现状，并逐步改进科技典籍英译研究存在的其他问题。

第二节　《天工开物》及其英译研究综述

《天工开物》的科技成就涉及哪些领域，又如何体现科技典籍的实用性、经验性、人文性、整体性？为此，本部分阐述《天工开物》的章节内容和创作背景，以及近年来国内外学者对之研究的视角转变，以为评判相关英译研究提供参照。

一　《天工开物》及其研究流变

《天工开物》由明代的江西奉新人宋应星（字长庚）（1587—1666）创作。宋应星熟读儒家十三经和诸子百家经典，1615 年参加乡试一举及第，但从 1616 年至 1631 年五次负笈北上参加会试均名落孙山，遂决意于科举。学而优则仕的抱负虽未能实现，但是往来于家乡和京城，他目睹了晚明农民起义和官场腐败造成的民生凋敝，也从坊间见闻了有关农业和手工业技术有关的知识。1634 年至 1638 年出任江西分宜县教谕

---

[1] Joseph Needham, *Science and Civilisation in China*. Vol. 4, Part 2: *Mechanical Engineering*, Cambridge: Cambridge University Press, 1965, p.171.
[2] 陈立夫：《中国科学之发展》，台湾"中央"文物出版社 1978 年版，第 13 页。

期间，宋应星转向"与功名不相关"的实学并刊出《天工开物》、《野议》（政论文）、《话音归正》（音韵学）、《原耗》（有关政治和经济的杂文）、《思怜诗》（诗歌集）、《谈天》（讨论"天"的文章）、《论气》（解释声音等自然科学现象）、《卮言十种》（介于自然科学和社会科学）等①。这些作品多因战火佚失。新中国成立后，《野议》《思怜诗》《谈天》《论气》得以发现，由上海人民出版社1976年合订成《明·宋应星佚著四种》出版。

就《天工开物》而言，1637年宋应星在好友涂绍煃的资助下刊出，故此本被称为"涂本"。涂本体例为宋应星序、正文十八章（分上、中、下三卷）和123幅古朴真实的工艺流程图（每章的插图被置于章末）。各章从经典文献中找出两个古雅的字为标题并按"贵五谷和贱金玉"②的顺序排列。《天工开物》在历史上首次系统地总结了明代工农业两大领域的十八个生产部门的科技（参见表1-2），科技建树之广为中国古代任何科技著作所不能及，因而在中国科技史上书写了浓墨重彩的一笔。

至于《天工开物》创作背景，首先，明末爆发的农民起义和社会矛盾造成生产停顿和民不聊生，关外的少数民族政权危及明朝统治根基③。宋应星对科技的关注寄予了希望恢复农业生产和社会秩序的治国安邦之策④。其次，科场失意的经历昭示了其读书人身份，而且没有线索表明他的家族与科技有关联。加之坊间调查是撰书的最主要来源⑤，原书带有主观经验，且不乏政治、经济、军事等世俗主题的表述。再者，宋应星创造性地运用古代"天人合一"的哲学思想，书写了强调

---

① 潘吉星：《天工开物导读》，中国国际广播出版社2009年版。
② 《天工开物》创作于明清政权更迭之际，成书仓促致使内容来不及仔细考证和修改润色，章节顺序实际并未按照"贵五谷而贱金玉"的原则合理排列。
③ 陆世仪：《明季复社纪略》，载陈力编《中国野史集粹》（1），巴蜀书社2000年版。
④ 邱汉生、邱锋：《宋应星的唯物主义自然学说和对明末的社会批判——读新发现的宋应星佚著四种》，《文物》1975年第12期；Dagmar Schäfer, *The Crafting of the 10,000 Things: Knowledge and Technology in Seventeenth-Century China*, Chicago: University of Chicago Press, 2011.
⑤ 潘吉星：《宋应星评传》，南京大学出版社2011年版，第138页。

人与"天"的整体和谐统一,又重视人的主观能动性的科技哲学①。

　　自 1637 年问世以来,《天工开物》有诸多版本流传。涂本刊刻仓促而未仔细校对,导致出现错字、漏字、颠倒字。涂本还传入了日本,被日本书商于 1769 年翻刻("菅本")。清初的书商杨素卿对之翻刻并校勘错字,如将"我朝"改为"大明朝"②,成为清代国内流通的唯一版本。18 世纪后半期,清朝借编《四库全书》之名清查书籍,书中有"蛮"、"夷"等"反清"字样而逐步淡出图书出版市场,以至民国初少有人知道此书。1914 年我国近代地质学家丁文江在云南进行地质考察时读到引用《天工开物》的《云南通志》,后为之发掘奔走呼告。1927 年国内藏书家陶湘在天津依据日本菅本刊刻《天工开物》(简称"陶本"),并附有丁文江序跋。陶本校对了文字,对插图几乎全部绘制。此后《天工开物》多次再版,各版本的文字和插图有不同程度的差异。

　　长期以来,《天工开物》主要被视为一部单一地记录中国古代科技的著作。究其原因,20 世纪 20 年代初就有人知晓宋应星四种佚著,丁文江为了将《天工开物》整合到国家现代化和民族形象构建的进程中而予以否认。20 世纪 70 年代末,中国科技史研究的执牛耳者李约瑟也不愿承认这一事实,以"凸显那些有益于时代关怀和理想的内容"③,从而深刻地影响了《天工开物》研究主要从科技层面入手。尽管如此,宋应星佚著的出版使更多学者从科学、政治、经济、哲学等多角度对《天工开物》进行研究,并产生了标志性成果——《〈天工开物〉研究——纪念宋应星诞辰 400 周年文集》④。近年来,国内外以潘吉星和薛凤(Dagmar Schäfer)为代表的科技史专家结合宋应星四种佚著对

---

① 潘吉星:《天工开物导读》,中国国际广播出版社 2009 年版;张岱年:《中国哲学大辞典》,上海辞书出版社 2010 年版。
② 潘吉星:《〈天工开物〉版本考》,《自然科学史研究》1982 年第 1 期。
③ Dagmar Schäfer, *The Crafting of the 10, 000 Things: Knowledge and Technology in Seventeenth-Century China*, Chicago: University of Chicago Press, 2011, p. 264.
④ 丘亮辉:《〈天工开物〉研究——纪念宋应星诞辰 400 周年文集》,中国科学技术出版社 1988 年版。

《天工开物》进行了语境化解读，还原了其中科技知识的生成与宋应星政治、经济、军事等思想之间的关系，也揭示了《天工开物》作为科技典籍的本质特征。

表1-2 　　　《天工开物》涂本体例及各章科技内容①

卷次	章节	科技内容	插图数
上卷	乃粒	粮食作物的种植和栽培及相关生产工具	13
	乃服	养蚕、缫丝、丝织、棉纺等生产技术和工具、设备、操作要点	12
	彰施	植物颜料尤其是蓝靛的提取、染料的配色及媒染方法	0
	粹精	粮食作物的收割、脱粒、谷物加工技术和工具	13
	作咸	海盐、池盐、井盐等盐的产地及制盐技术	5
	甘嗜	甘蔗种植，制糖技术和工具	2
中卷	陶埏	砖瓦和瓷器的制造过程及景德镇烧瓷技术	13
	冶铸	铸钟、釜和钱的技术与设备	7
	舟车	船舶与车辆的结构和使用方法	5
	锤锻	制造铁器和铜器的工艺过程	3
	燔石	采煤、烧石灰、矾石、硫磺和砒石的技术	6
	膏液	油料植物籽实的产油率，油的性状、用途和提制油脂的技术	3
	杀青	纸的种类和原料，造竹纸和皮纸的工艺过程与设备	5
下卷	五金	金、银、铜、锡、铅、锌等金属矿的开采、冶炼和加工技术	13
	佳兵	箭、弩、干等冷武器和火药及火器的制造技术	5
	丹青	供作颜料使用的朱和墨的制作工艺	8
	曲蘖	酒母、药用神曲、红曲的原料种类、配比、制造技术和用途	2
	珠玉	珍珠、宝石、玉、玛瑙和水晶开采	7

二　《天工开物》英译及相关研究综述②

囿于资料获取渠道等因素，已有汉籍外译著述对《天工开物》英

---

① 潘吉星：《天工开物导读》，中国国际广播出版社2009年版。
② 本小节的内容来自许明武、王烟朦发表在2020年第3期《中国科技翻译》上的文章《科技典籍〈天工开物〉英译及其研究述评》，第54—57页。

译史的描述存在舛误和遗漏。因此，本部分拟基于第一手史料回顾《天工开物》英译概况，并在此基础上综述相关研究。

（一）《天工开物》英译撷拾

《天工开物》英译肇始于19世纪。潘吉星[①]和马祖毅、任荣珍[②]介绍了19世纪法国汉学家儒莲（Stanislas Julien）《天工开物》法文节译文及其英文转译文，此处不赘。《天工开物》的发掘者丁文江于1925年节译了《舟车》章，经由英国汉学家翟理斯（H. A. Giles）修订后发表于国际汉学杂志《水手之镜》（*The Mariner's Mirror*）。抗日战争时期，近代化学史家和化学教育家李乔苹所著《中国化学史》援引《天工开物》近五分之一的内容，后其将此书译成英文 *The Chemical Arts of Old China* 于1948年在美国出版。1950年，英国伦敦大学科陶德艺术学院讲师汉斯福德（S. Howard Hansford）所著 *Chinese Jade Carving* 节译了《珠玉》章片段。在中国学者王玲等人协助下，李约瑟自20世纪50年代起在《中国科学技术史》丛书第三卷、第四卷第二分册摘译了《天工开物》。在特定的历史语境下，这些节译文有助于吸引读者的阅读兴趣，为日后趋于完整的译介奠定了基础。

1966年，美国宾夕法尼亚州立大学出版社出版了执教于宾夕法尼亚州立大学的任以都（E-tu Zen Sun）（1921—　）及其先生孙守全（Shiou-chuan Sun）（1911—1981）历时十载翻译的《天工开物》，自此《天工开物》以完整的面目进入英语读者的视野（简称"任译本"）。任译本依据1959年上海中华书局影印涂本，部分插图选自陶本。译本标题是"T'ien-kung K'ai-wu: Chinese Technology in the Seventeenth Century"，体例包括译者序（Translators' Preface）、译者札记（Translators' Notes）、正文和插图、参考文献（Bibliographies A-B）、术语表（Glossary）、附录（Appendixes A-D）和索引（Index）。

大约在任译本翻译之际，我国台湾省教育部门开始组织将《天工开

---

① 潘吉星：《明代科学家宋应星》，科学出版社1981年版；潘吉星：《中外科学技术交流史论》，中国社会科学出版社2012年版。

② 马祖毅、任荣珍：《汉籍外译史》，湖北教育出版社1997年版。

物》全书译成英文①。翻译工作于 1957 年初完成，但是因为人事变更和出版经费等问题，译稿迟迟未能出版。节译过《天工开物》的李乔苹（1895—1981）也是译者之一，经其不懈努力，译稿最终由中华文化学院（China Academy）出版社于 1980 年出版（简称"李译本"）②。李译本标题为"Tien-kung-kai-wu：Exploitation of the Work of Nature"，文图依据陶本《天工开物》。陶本章节顺序同涂本，155 幅插图被置于章末，书后附有丁文江《重印〈天工开物〉卷跋》和《奉新宋长庚先生传》。译本内含译者序、插图列表、附录为中国度量衡单位、索引。

进入 20 世纪 90 年代，随着中国国际影响力提升和中华文化"走出去"步伐加快，我国政府发起典籍英译工程《大中华文库》（汉英对照），希冀有组织和有规模地将最能反映中国传统文化的典籍推向世界。《天工开物》因显著的科技价值和魅力而入选《大中华文库》，英文版由我国当代外语学者王义静、王海燕和刘迎春翻译并由广东教育出版社于 2011 年出版（简称"王译本"）。王译本的标题"Tian Gong Kai Wu"采用现代汉语拼音法，翻译底本参照上海古籍出版社 1993 年版《天工开物译注》。译本内含《大中华文库》工作委员会主任杨牧之《总序》、当代科技史专家潘吉星《前言》、目录、英汉对照形式的正文（原书序被删去；插图共计 129 幅）、附录（古今度量衡单位换算表、二十四节气、中国朝代更迭表、古今地名表）。

21 世纪以降，德国科技史学家薛凤（Dagmar Schäfer）2011 年所著 *The Crafting of the 10000 Things：Knowledge and Technology in Seventeenth-Century China* 节译了《天工开物》部分文字。

正如任何作品的翻译是其在异域文化语境中经典化的过程，《天工

---

① 赵庆芝：《李氏主译〈天工开物〉始末》，《中国科技史料》1997 年第 3 期。
② 1955 年，我国台湾省教育部科学委员会主任委员李熙谋召集李乔苹等 15 位专家翻译《天工开物》。译稿于 1957 年完成，但因出版经费等问题未能出版，后一度不知所踪。李乔苹为之不懈寻找，最后找到一份复印的手稿，亲自修订和完善译稿。1978 年，他将译文寄给中华文化大学创办者张其昀，由其协助出版。李乔苹或许出于敬意在目录中标出 15 位译者负责翻译的章节，将四章标为本人翻译。考虑到他对译稿进行过整体修订和完善，并对译本出版有居功至伟之功，此译本可以视为李乔苹译本。

开物》英译文尤其是早期的任译本和李译本两个英文全译本使国外读者全面了解和接触到这部科技典籍，进而为这部作品在英语世界确立起经典地位方面发挥了重要作用。

（二）国内外《天工开物》英译研究概况

1. 国内《天工开物》英译研究现状

鉴于中国知网（CNKI）上检索到的《天工开物》英译研究文献较少，本书结合涉及该类研究的学术论文和著作进行梳理，最后将所得文献的主题分为译史钩沉、语义信息转换、翻译语言特征：

（1）译史钩沉

这类研究为《天工开物》英译和译者翻译事迹述介，以及翻译成因探析。潘吉星先后在《明代科学家宋应星》《〈天工开物〉版本考》《天工开物译注》《天工开物导读》和《宋应星评传》等论著中提及李译本及先前的英译文和译本[1]。他还在《〈天工开物〉在国外的传播和影响》[2]一文提及王译本，并认为这是《天工开物》在21世纪继续受重视的体现。费振玠和曹洸、胡省三、马月飞、陈福宇、马祖毅和任荣珍所述并无二致[3]。个别文献的挖掘深入，如赵庆芝[4]揭示了李译本的翻译缘起和曲折的出版经历，为研究李译本和译者李乔苹提供了依据；许明武、王烟朦[5]探究了社会环境变迁、目标语读者变化和李乔苹认识的提升等因素促使李氏后来没有采用其《中国化学史》英译本中的

---

[1] 潘吉星：《明代科学家宋应星》，科学出版社1981年版；潘吉星：《〈天工开物〉版本考》，《自然科学史研究》1982年第1期；潘吉星：《天工开物译注》，上海古籍出版社1993年版；潘吉星：《天工开物导读》，中国国际广播出版社2009年版；潘吉星：《宋应星评传》，南京大学出版社2011年版。

[2] 潘吉星：《〈天工开物〉在国外的传播和影响》，《北京日报》2013年1月28日第20版。

[3] 费振玠、曹洸：《从〈天工开物〉外译情况谈科技翻译》，《上海科技翻译》1988年第2期；胡省三：《宋应星的科技成就及其国际影响》，《丽水师专学报》1990年第S1期；马月飞：《〈天工开物〉传播历程研究》，硕士学位论文，河北大学，2017年；陈福宇：《晚明工程技术典籍的传播与翻译——基于〈园冶〉与〈天工开物〉的共性考察》，《重庆交通大学学报》（社会科学版）2017年第6期；马祖毅、任荣珍：《汉籍外译史》，湖北教育出版社1997年版。

[4] 赵庆芝：《李氏主译〈天工开物〉始末》，《中国科技史料》1997年第3期。

[5] 许明武、王烟朦：《基于〈天工开物〉英译本的科技典籍重译研究》，《语言与翻译》2017年第2期。

译文。

（2）语义信息转换

杨维增认为，"天工开物"的含义是"人凭借天工开发万物"或"人凭借自然界的工巧和法则开发万物"，任译本序中的"The Creation of Nature and Man"强调人工与天工协作，是宽泛的意译。其建议直译为"Develop Products by Following Nature's Ingenious Way"或"Develop Products by Adopting Nature's Artistry and Working Rules"[①]。陆朝霞[②]结合定量和定性分析法考察了任译本对《乃粒》《粹精》章的农作物生产与加工术语的翻译，最后发现任译本以归化为主，有文化内涵的术语用异化策略。同时，译本存在术语翻译不统一和上下级术语区分不清等问题。罗梦秋[③]从目的论视角评判王译本对长度单位、面积单位、重量单位、容积单位、时间单位和货币单位的翻译，结果表明该译本遵循忠实原则而对计量单位音译，但音译加注法似乎更有效。赵越[④]所著《〈天工开物〉词汇研究》在"《天工开物》英译本译文分析"一章从任译本和李译本选取129组句段与原文比照，评析了词义翻译的"优劣"，并就有异议的译文给出新的译词或译文。

（3）翻译语言特征

杨梅构建了《天工开物》和任译本平行语料库，并对译本中的逻辑连接词和译者在正文中添加的方括号注释进行了分析[⑤]。结果显示任译本存在强制显化、选择显化、语用显化和翻译本身固有显化，具体通过变化动词形式，添加介词短语、意义更具体的词、修饰语或限定词和文化信息，或用非强制性关系词"that"等手段来实现。显化动机归结

---

① 杨维增：《论"天工开物"的本义及其认识论价值》，《中山大学学报》（社会科学版）1991年第2期。
② 陆朝霞：《中国古代农业术语汉英翻译研究——以任译本〈天工开物〉为例》，硕士学位论文，大连海事大学，2012年。
③ 罗梦秋：《目的论视角下中国明清典籍中计量单位的英译研究》，硕士学位论文，大连海事大学，2017年。
④ 赵越：《〈天工开物〉词汇研究》，吉林大学出版社2017年版。
⑤ 杨梅：《科技典籍英译的显化研究——以〈天工开物〉任译本为例》，硕士学位论文，华中科技大学，2018年。

于英汉语法和中西文化之差、科技文体重衔接的特点与译者主观能动性等因素。

2. 国外《天工开物》英译研究现状

截至2018年11月30日，谷歌学术搜索收录698条含"tiangong kaiwu"的文献，除去11篇任译本的英文、德文、法文书评，并无探讨《天工开物》英译的专文和专著。11篇任译本的外文书评（详见第六章）大致分为两类。第一类阐述《天工开物》的科技成就和章节内容，在开篇或文末对译文进行扼要点评，以褒扬之声见长①。第二类就翻译得失论述，如Bodde认为，任以都和孙守全的专业知识和合译解决了专业术语翻译之难，译本不足之处在于索引、注释、参考文献和术语表未详尽解释或收录专有名词或相关中文文献②。Chan指出，任译本娴熟地翻译了专业术语、含义未变的术语以及模糊不清的论证和典故，同时指摘了11处疑问之处③。

3. 国内外《天工开物》英译研究：总结与反思

上述研究涵盖基础的翻译史，又包括译文分析；既运用了传统定性手段，又借助定量方法，这皆为本书提供了有益的参考和借鉴。尽管如此，现有研究与《天工开物》的地位、其英译现状及中华文化对外译介需求并不匹配：

首先，《天工开物》英译研究价值尚未被充分挖掘。相关研究规模小，成果少。国外书评的篇幅限制了研究深度，且发表时间均在任译本初版不久。国内研究重史实而缺乏学理提升，近几年研究的视角逐渐丰富，深度有所提升，仍零散未形成体系。

---

① Luther Carrington Goodrich, "T'ien-kung K'ai-wu: Chinese Technology in the Seventeenth Century", *Journal of the American Oriental Society*, Vol. 87, No. 1, 1967; Kiyosi Yabuuti, "T'ien-kung K'ai-wu: Chinese Technology in the Seventeenth Century", *Technology and Culture*, Vol. 8, No. 1, 1967; Lo Jung-pang, "T'ien-kung K'ai-wu: Chinese Technology in the Seventeenth Century", *Journal of Asian Studies*, Vol. 26, No. 2, 1967.

② Derk Bodde, "T'ien-kung K'ai-wu: Chinese Technology in the Seventeenth Century", *The Annals of the American Academy*, Vol. 369, No. 1, 1967.

③ Albert Chan, "T'ien-kung K'ai-wu: Chinese Technology in the Seventeenth Century", *Monumenta Serica*, Vol. 27, 1968.

其次，翻译批评的方法和手段过于传统。上述文献主要是对译本和译文评价的应用翻译研究，所用方法偏向强调"怎样译"和"不该怎样译"，最后得出非此即彼的结论，少有探索影响翻译活动的制约因素。这种以个人标准为主和缺乏客观数据及解释的研究限制了结果的适用性。

再者，研究内容和主题相对聚集和单一。研究者重点探讨科技问题而忽略了《天工开物》有百科全书式特点，其人文价值还是近年来原书研究重点关注的部分。与此同时，翻译不是语言符号的简单转换，其运作有赖于译者，又会受制于出版、意识形态等内外部因素。

再次，研究视野和思路有待开阔和拓展。国内外学者注重译本内部研究，而译文和译本只是直观的翻译产品，为什么译、在哪里译、译什么、怎样译和译后的效果都是翻译活动必然要涉及的环节，尤其为目的语读者所接受是翻译的最终使命。

第三节 研究范围和目标

因为翻译包括"语言转换活动，还包括文本的选择、文本的生成和文本生命的历程等过程"[①]。本书以翻译的动态意义为切入点，既将原文和译文进行对比，又探讨文本的选择、生产、传播和接受。基于第一节和第二节两节综述，加之节译文的篇幅和流通方式决定了其研究视角不及英译本多样化，本书选取任译本、李译本、王译本为研究对象，以全方位发现《天工开物》英译全部议题，并部分解决科技典籍英译研究存在的问题。概言之，本书的目标主要包括如下三点：

第一，详尽地收集《天工开物》英译本及其译者的资料。客观地描写翻译现象只是翻译研究的第一步，解释和探索是推动翻译研究纵向发展的助推力。外部资料的丰富与否关系到译者的翻译行为和翻译现象的阐释力度，进而影响本书的客观性、说服力和创新性。

第二，系统地对《天工开物》三个英译本进行研究。借助科学客

---

① 许钧：《翻译论》（修订本），译林出版社2014年版，第55页。

观的方法从译本选材、生成着手，进而考察三个译本对原书科技内容和人文内容的迻译与阐释，以及对原文风格的转换和再现，最后调查它们在英语世界的实际影响力。当然，本书更注重揭示研究结果背后的影响和制约因素。

第三，总结科技典籍英译的理想方式和路径。对《天工开物》三个英译本进行多维研究是为了总结有益的经验，再根据当前的出版体系、国外受众、翻译规范等外部环境，反观科技典籍译介如何"有所为"和"有所不为"，从而在中华文化成功地"走出去"方面发挥应有的作用。

第四节　研究问题和方法

本书尝试回答如下问题：

一、《天工开物》三个英译本的英译者怎样参与了译本的选择和塑造？

二、《天工开物》三个英译本如何再现和处理了原文语义和语言风格？

三、《天工开物》三个英译本在海外取得了哪些接受成效且有何差异？

四、《天工开物》英译研究对于科技典籍和中华文化外译有什么启示？

为解决上述问题，笔者前期对王译本的译者开展访谈[①]，以获取有关译本和译者的一手资料如翻译手稿，并穷尽收集三个英译本的资料以及它们的海外传播数据如印刷量和再版、国外图书馆馆藏量、亚马逊图

[①] 笔者对王译本的译者进行了访谈（参见附录二）并获取到翻译手稿。2018年笔者在海外访学时通过任以都之子美国华盛顿州立大学历史系 Raymond Sun 副教授与其取得了联系，在征得同意后将访谈问题打印出寄给任教授，其中还谈到获取翻译手稿的想法。2019年初笔者邮件联系 Raymond 咨询访谈进展，Raymond 告知年近百岁的任教授的身体状况和精力，她作答起来非常吃力，所以笔者至今未收到答复。

书网读者评论。在具体研究时，本书采取如下方法：

一、跨学科研究法。除了异化翻译理论、译者姿态理论和语料库翻译学，本书还运用跨学科理论，例如法国社会学家布迪厄社会实践理论中的三个核心概念"场域"、"惯习"、"资本"，从更接近翻译本质属性的视角审视译者与其他社会行为者如何生成译本；从哲学的价值评价视阈出发，审视《天工开物》三个英译本是否和在多大程度上符合了目标受众的需求和价值取向。

二、文本细读法。细读《天工开物》以区分科技与人文内容并结合相关研究思考文字背后蕴藏的思想情感，再总结原文特征和独特之处。同样，细读其三个英译本正文及序跋等副文本以整体把握译本的翻译策略和译者的翻译思想等，尽量避免下结论的随意性和主观性。

三、定量分析法。本书对《天工开物》的科技内容分类并对其三个英译本的翻译策略进行定量统计，进而借助语料库技术手段量化原文风格和三个英译本的翻译风格，以客观描述和分析此类以信息功能为主的内容和语言形式的转换，增强研究结果的客观性和说服力。

四、定性分析法。定量与定性方法结合符合翻译活动的复杂性和艺术性。《天工开物》蕴含了不少以呼唤功能为主的政治、经济和军事等人文内容，以及语言以审美表达功能[①]为主的修辞格风格，对此只能依靠传统的定性分析法探讨它们的再现与否。

五、比较分析法。本书立足于翻译的根本属性对比《天工开物》三个英译文与原文，并从译本生成方式、内容形式翻译、接受效果等维度对三个译本进行单独比较以发现有益的译介规律和经验，且将译本与翻译手稿对比，以总结影响和制约翻译活动的内外部因素。

第五节 研究框架

本书分为七章，各章自成一体又前后照应，是相互并列或递进的

[①] Katharina Reiss, *Translation Criticism: The Potentials and Limitations*, London and New York: Routledge, 2000.

关系。

第一章导论从典籍翻译研究蓬勃开展的背景下引入尚未得到充分研究的科技典籍，并在梳理科技典籍英译文/本的基础上综述国内外相关英译研究，进而考察《天工开物》英译及其研究，以确定研究范围，之后陈述研究目标、研究问题与方法、研究创新和论文框架。

第二章借助法国社会学家布迪厄社会实践理论中的三个核心概念"资本"、"惯习"和"场域"重构社会语境中的《天工开物》三个英译本的译者与之译本生成。首先分析译者任以都为了追逐象征资本如何运用各种资本塑造译本的学术化；其次考察译者李乔苹的惯习如何影响翻译选材、翻译观和宏观翻译策略的个性化；最后探究译者王义静、王海燕和刘迎春所处国家翻译场域及其中强大的规范如何促成了制度化的译本选材、副文本和英译文。

第三章依托韦努蒂异化翻译理论及其中的归化和异化翻译策略，并区分翻译策略与翻译方法和翻译技巧，并将科技内容分为科技术语、科技哲学、科技谬误。之后量化并结合具体的译例定性考察245条科技术语，体现"天人合一"科技哲学的62条"天"字和15处"人"字词语及20处科技谬误的翻译策略，并重点探索三个译本翻译策略异同的主客观因素。

第四章批判地借鉴译者姿态理论考察《天工开物》中看似与弘扬中国古代科技成就无益的人文内容的阐释和迻译。《天工开物》依托宋应星的政治、经济、军事思想而作，并且不乏直接的表述。本书审视三个英译本在序跋和章节设置等副文本层面的挖掘和阐释，再借助定性手段分析相关文字的迻译以及宋应星社会理想和时代抱负的再现与否，进而从文化身份视角探索深层次的成因。

第五章依托语料库翻译学审视《天工开物》语言风格及其三个英译本的翻译和传达。本章分析原语风格的字词标记、句法标记、章法标记和修辞标记，在此基础上借助语料库技术量化《天工开物》三个英译本的词汇、句法和语篇风格，并寻求传统的定性对比手段分析构成风格的修辞格艺术的翻译。另外，现象描写只是手段，解释和探索是最终目的。

  第六章依据哲学的价值评价理论，借助译本再版和发行量、学术书评和被引、海外图书馆馆藏量、国外普通读者评论等指标调查《天工开物》三个英译本在域外受众中的价值认可度，在此基础上从出版社声誉、销售渠道、编辑审校等层面思考三个英译本如何更好地满足目标读者的价值取向，以促进《天工开物》更有效地弘扬中国古代科技成就和中华文化。

  第七章结论总结研究发现，再次思考科技典籍的定义，科技典籍英译原则以及科技典籍英译研究范式，最后指出本书存在的不足和展望未来可加强之处。

第二章　布迪厄社会学视角下《天工开物》英译者与其英译本生成之关系

翻译是一项发生和作用于社会历史语境中的跨文化交际活动，并且具体依赖于具有实践性和社会性的译者实施。因此，近年来对译者和翻译的社会性研究已然成为译学研究的最重要内容[①]。而新兴的社会学视角翻译研究将翻译视为发生在社会情景中的活动，并重点考察和揭示作为翻译主体和社会行为者的译者的行为表现及如何与各种主客观因素和参与者互动，最终促成了翻译文本。布泽林（Hélène Buzelin）谈到，"在翻译研究中，社会学路径是一种最新出现和富有活力的发展趋势"[②]。在各种社会学理论中，法国社会学家布迪厄（Pierre Bourdieu）社会实践理论（Theory of Social Practice）最大的特点是关注人以及个人如何通过实践和外部规范与社会联系起来，从而兼顾了译者的社会性和实践性。与其他太过形式化、抽象化的社会学理论相比，布迪厄社会学理论也具有较强的可操作性[③]，因而在译学领域影响最大、运用最广。

[①] Jeremy Munday, *Introducing Translation Studies: Theories and Applications* (4th edition), London and New York: Routledge, 2016, p. 236.

[②] Hélène Buzelin, "Sociology and Translation Studies", In Carmen Millán and Francesca Bartrina (eds), *The Routledge Handbook of Translation Studies*, London and New York: Routledge, 2013, p. 195.

[③] 邢杰、陈颢琛、程曦：《翻译社会学研究二十年：溯源与展望》，《中国翻译》2016年第4期；Moira Inghilleri, "The Sociology of Bourdieu and the Construction of the 'Object' in Translation and Interpreting Studies", *The Translator*, Vol. 11, No. 2, 2005.

鉴于此，第二章首先借助社会实践理论重构社会语境下《天工开物》三个英译本的英译者如何参与各自译本的选择和生产。

布迪厄社会实践理论致力于消解西方传统的主观唯心主义和客观主义、行动者个体和社会结构之间的分歧和二元对立思维。因为主观主义将社会和世界视为个体经验和认识的结果，对客观环境的影响考虑不足；客观主义强调外界环境独立于个体之外，忽略了个体能动性[1]。相反，布迪厄的社会实践理论主张个人与社会的互动和共生。他关注的实践"是人的'实际'活动"和"人类一般的日常性活动"[2]，其实践观围绕行动者实践的场所、方式和手段等相互关联的社会实践基本问题。为此，布迪厄提出了构成社会实践理论基本框架，以及类似实践空间的"场域"（field）、实践逻辑的"惯习"（habitus）和实践工具的"资本"（capital）[3] 三个密不可分的核心概念。因此，为了更好地认识布迪厄的社会实践理论，有必要详细介绍和梳理作为主要理论工具的"场域"、"惯习"和"资本"的含义及三者之间的关系。

（1）场域

布迪厄认为实践具有时间性和空间性，同时是不确定的，而传统社会学和实践观中的实践场所概念带有实体论倾向。为此，他提出的场域是一空间概念，是"各种位置之间的客观关系所形成的网络或布局"[4]，即行动者在惯习的驱使下凭借拥有的资本进行实践的场所。因为行动者在场域中的位置不同，所以会争夺更多对自身有利的资本资源，从而维持或提升他们在场域中的地位，甚至改变场域的结构和其中的力量格局。因此，场域的本质是斗争以及由此产生的历史性[5]。

---

[1] 王悦晨：《从社会学角度看翻译现象：布迪厄社会学理论关键词解读》，《中国翻译》2011年第1期。
[2] 宫留记：《布迪厄的社会实践理论》，河南大学出版社2009年版，第11页。
[3] 宫留记：《布迪厄的社会实践理论》，河南大学出版社2009年版，第10页。
[4] Pierre Bourdieu and Loïc J. D. Wacquant, *An Invitation to Reflexive Sociology*, Chicago: University of Chicago Press, 1992, p. 97.
[5] Pierre Bourdieu and Loïc J. D. Wacquant, *An Invitation to Reflexive Sociology*, Chicago: University of Chicago Press, 1992, p. 101.

总结起来，场域的特征包括：首先，场域是一个关系空间。布迪厄曾将场域比作物理场，其中的"粒子"像在磁场中那样受到各种引力和斥力的作用。但是他的注意力不在粒子本身，而在"客观关系系统的基本作用"[①]，即参与者相互之间的关系本身。其次，场域之间相对独立又相互关联。整个社会由形形色色的场域组成，不同场域有着独特的运作法则。例如学术场域以高学历和丰富的科研成果为规则，商业场域强调经济基础、人际关系和管理经验，学术成果可以带来经济效益或者得益于赞助，又反过来为商业发展提供智力支持。再者，权力场域处于支配地位。场域所处的社会空间（如国家）被布迪厄命名为权力场域或"元场域"，因为其中以经济资本和社会资本为主要规则而决定社会结构和分配资本，也是诸场域的集合体和斗争场所。

从场域角度研究人文与艺术涉及三个必不可少且内在相关的步骤[②]：首先，分析特定的场域与权力场域相对的位置。该场域相对于元场域以及其他场域的关系有助于揭示权力场域的制约作用。其次，明晰行动者或群体所处位置之间的客观关系结构。场域中占据不同位置的行动者和群体机构为了争夺资源而相互竞争，无形之中形成了各种力量关系。所以这一步等于研究行动者拥有的资本类别和数量。再者，考察行动者的惯习。社会行动者通过将一定的政治、经济和文化条件内化成思维和行为倾向系统；而在所研究场域里的某些轨迹中，可以发现促使惯习或性情倾向成为事实的线索和信息。

（2）惯习

布迪厄的另一个核心概念"惯习"强调个体与客观的社会结构相互渗透，如何产生以及产生了哪些场域运作的规则。他提出惯习是"镶嵌在性情倾向系统中的、作为一种技艺存在的生成性能力"[③]，"是

[①] Pierre Bourdieu, *The Field of Cultural Production*, New York: Columbia University Press, 1993, p. 107.

[②] Pierre Bourdieu and Loïc J. D. Wacquant, *An Invitation to Reflexive Sociology*, Chicago: University of Chicago Press, 1992, pp. 104–105.

[③] Pierre Bourdieu and Loïc J. D. Wacquant, *An Invitation to Reflexive Sociology*, Chicago: University of Chicago Press, 1992, p. 122.

适应特定领域要求的一种反映，它是个人历史的产物，而且受人幼年形成经历的影响，还是整个家庭和阶层集体的历史产物"①。惯习源于行动者长期的实践活动，经过一定时期积累的经验便会内化成人们的意识，指导和影响个人和群体的感知、行为。因此，惯习具有双重结构，一方面表征为行动者内心情感结构中的主观精神状态，指导人们的活动；另一方面转化为行动者在现实生活中的客观实践②。布迪厄还强调，惯习和习惯"都包含有生存活动中所获得的经验性因素"③，但是习惯往往表现出自发性、机械性和重复性，惯习则具有创造性和再生产性。

根据布迪厄的论点④，惯习的特征可归纳如下：①持久性。作为一套稳定的秉性系统，惯习的获得基于人从幼年时代起积累和习得的经验、认知以及教育等，而且一旦获得便深刻地影响我们的思考模式和行为方式。②历史性。惯习是行动者在以往的实践经历中形成的，社会结构本身也源于一代又一代人的努力和推动。惯习的社会历史经验性使行动者在新的社会实践中唤起原有经验，又不断地对历史经验性进行调整和改进。③建构性。作为一个开放的性情倾向系统，惯习又是"建构和被建构的结构"⑤。一方面，惯习为行动者在特定历史时期的家庭成长经历、教育背景以及身处的社会环境所建构；另一方面，行动者的惯习指导现在或将来的实践，而且在场域中占据有利地位的行为者能够通过行为建构新的规范，甚至推动社会结构调整和变革，这便是惯习的建构性所在。换言之，行动者在场域中与其他个体互动的过程中形成惯习，又通过惯习影响场域。④无意识性。惯习并非行为者用意识控制的

---

① Pierre Bourdieu, *In Other Words: Essays towards a Reflexive Sociology*, Stanford: Stanford University Press, 1990, p. 91.
② 宫留记：《布迪厄的社会实践理论》，河南大学出版社2009年版，第148页。
③ 宫留记：《布迪厄的社会实践理论》，河南大学出版社2009年版，第147页。
④ Pierre Bourdieu, *In Other Words: Essays towards a Reflexive Sociology*, Stanford: Stanford University Press, 1990; Pierre Bourdieu and Loïc J. D. Wacquant, *An Invitation to Reflexive Sociology*, Chicago: University of Chicago Press, 1992.
⑤ Pierre Bourdieu, *Outline of a Theory of Practice*, Cambridge: Cambridge University Press, 1977, p. 170.

和主观意志的产物,而是自然地呈现积累起来的历史经验,使之以无意识的方式运作。

(3) 资本

布迪厄将资本界定为"积累的劳动(以物质化或'合并'、内化的形式)。当这种劳动在排他性的基础上被个体或群体占有时,就能使他们以具体的或劳动的形式占有社会资源"[①]。作为行动者的社会实践工具,资本包括经济资本、文化资本、社会资本三种基本形式,它们可转化为更高级别的象征资本。各种资本之间亦可相互转化。

经济资本相当于经济学意义上的资本概念,是由生产的土地、劳动、货币等不同因素,经济财产以及各种收入和经济利益所组成的[②]。布迪厄认为,经济资本是基础性的资本和其他类型资本的根源,而且能直接转换成资金或制度化为产权形式[③]。因此,经济资本贯穿于社会行动者的整个实践过程。

文化资本在布迪厄的资本理论中占有重要地位,是行动者对某种文化资源的占有或文化能力的外显[④],并有三种存在状态[⑤]:①身体化文化资本,即长久的个性化秉性、才能和习惯,成为区别不同行动者惯习的重要组成部分,其存在和运用决定行动者在场域中选用的策略。正因如此,这种文化资本最重要,是其他形式文化资本的基础。②客观化文化资本,即诸如绘画、工具、词典、书籍等在物质和媒体中被客观化的文化产品。③制度化文化资本,即在学术上得到合法的制度保障和认可的文化资本,具体表征为行动者拥有的学术头衔和证明文化能力的资格证书,因而与身体化文化资本和自学者的文化资本有所不同。

---

① Pierre Bourdieu, "The Forms of Capital", In John G. Richardson (eds), *Handbook of Theory and Research for the Sociology of Education*, New York: Greenwood Press, 1986, p. 241.

② 宫留记:《布迪厄的社会实践理论》,河南大学出版社2009年版,第116页。

③ Pierre Bourdieu, "The Forms of Capital", In John G. Richardson (eds), *Handbook of Theory and Research for the Sociology of Education*, New York: Greenwood Press, 1986, p. 242.

④ Pierre Bourdieu, "The Forms of Capital", In John G. Richardson (eds), *Handbook of Theory and Research for the Sociology of Education*, New York: Greenwood Press, 1986, p. 243.

⑤ Pierre Bourdieu, "The Forms of Capital", In John G. Richardson (eds), *Handbook of Theory and Research for the Sociology of Education*, New York: Greenwood Press, 1986.

第二章 布迪厄社会学视角下《天工开物》英译者与其英译本生成之关系

社会资本是指行动者凭借加入一个较为稳定并在一定程度上制度化的社会关系网络，从而积累起真实存在的或虚拟的资源总和[①]。例如行动者的家族、阶层、高校或政党身份使之得以借助和使用该身份网络中其他成员的资本。由此可见，社会资本的多少在很大程度上取决于行动者所处关系网和团体规模以及其中包含资本的数量和质量，所以又被称为社会关系资本。

象征资本表示积累的声誉、名气、奉献和荣耀的程度，并且建立在对知识和认可的辩证基础之上[②]。象征资本是其他资本成功运用的结果，也不像经济资本那样易于衡量和计算。它通过无形的、看不见的方式存在和运作，产生的力量却比有形的和看得见的方式更加有效和正当化。

就场域、惯习和资本三个概念之间的关系，首先，场域、惯习和资本都无法孤立地发挥作用，彼此之间共生互动、相互依存。场域是惯习和资本形成的空间，惯习下意识地被场域建构并反过来建构场域的结构，资本决定场域的结构。其次，实践是场域、惯习和资本共同作用的产物。布迪厄将三者的关系用公式表达为：[（惯习）（资本）] + 场域 = 实践[③]，由此表明社会实践是场域中行动者惯习和资本共同作用的结果，实践受到行动者的性情倾向系统与其在场域中所处地位的双重影响。

综上，场域和惯习的客观性和主观性使社会结构和个体惯习统一和联系起来。场域中的行动者并非客观的社会结构的被动产物，也不是完全自由的主体。所以布迪厄的实践观克服了主观与客观、个体与社会的二元对立，真正实现了社会理论的综合。前文提到译者是翻译主体，为什么译和译什么等都有赖于译者付诸实践。尽管翻译研究的"文化转向"

[①] Pierre Bourdieu, "The Forms of Capital", In John G. Richardson (eds), *Handbook of Theory and Research for the Sociology of Education*, New York: Greenwood Press, 1986, p.249.

[②] Pierre Bourdieu, *The Field of Cultural Production*, New York: Columbia University Press, 1993, p.7.

[③] Pierre Bourdieu, *Distinction: A Social Critique of the Judgement of Taste*, Cambridge and Massachusetts: Harvard University Press, 1984, p.101.

彰显了译者主体性，但是以往的翻译理论尤其是多元系统理论对翻译活动的个体考虑不足，呈现出一种去个体化的特征①。因此，借鉴布迪厄社会实践理论有助于全面把握社会历史语境下的译者如何凭借长期形成的惯习和不同数量与质量的各种资本参与场域内的竞争，最终促成翻译实践。

比较之下，场域和惯习凸显影响翻译的宏观社会语境，后者更注重译者个体行为，资本的类型和数量反映出主体性彰显程度。《天工开物》三个英译本的特点和相关资料显示外部因素对任译本、李译本、王译本的影响依次递增。因此，本章分别重点借助"资本"、"惯习"和"场域"重构任以都②、李乔苹、王义静等在特定时期如何积极参与或被动接受译本的生成和建构。当然，正如三个概念都是在其存在的关系之中才有意义，译者的翻译行为始终是在三个概念相互关联的网络中发生的，本章侧重于运用一个概念分析时并不代表将之与另外两个概念分离或割裂开来。

第一节　译者资本对《天工开物》任以都英译本的影响③

沃尔夫（Michaela Wolf）提出，"每个参与者竭力追求最大化的经济资本和象征资本是推动场域不断发展的驱动力"④。资本与场域和惯习相互依存，资本的运作离不开场域⑤，身体化文化资本与译者的成长

---

① Theo Hermans, *Translation in Systems: Descriptive and System-oriented Approaches Explained*, Manchester: St. Jerome Publishing, 1999, p. 118.

② 除《天工开物》外，孙守全没有翻译过其他作品。各种资料均表明任以都是翻译《天工开物》的主力，其借助理工科出身的先生孙守全的帮助和身份来增强译文准确性和译本权威性。所以本书的分析主要围绕任以都。

③ 本节的主要内容来自许明武、王烟朦发表在 2017 年第 1 期《中国翻译》上的文章《任译〈天工开物〉深度翻译的"资本"视角解读》，第 92—97 页。收入时有所改动。

④ Michaela Wolf, "Mapping the Field: Sociological Perspectives on Translation", *International Journal of the Sociology of Language*, Vol. 207, 2011, p. 7.

⑤ Pierre Bourdieu and Loïc J. D. Wacquant, *An Invitation to Reflexive Sociology*, Chicago: University of Chicago Press, 1992, p. 101.

经历相关,是惯习长期作用的结果①。因此,在分析任以都翻译《天工开物》拥有或可利用的资本及其追逐的资本之前,有必要简要考察其所处场域和自身惯习。

一 译者任以都的资本及追逐的资本

随着新中国成立和 20 世纪 50 年代美国介入越南战争,中国和远东研究开始在美国学术场域成为一门显学,如 1958 年的"国防教育计划"预计增加授予东亚语言和研究专业学位的大学数量②。在教育场域,美国大学的"一般学生对亚洲问题非常有兴趣,修习有关课程的人数越来越多",却"对东方文化毫无概念"③。国际上以英国剑桥大学李约瑟、日本京都大学薮内清、马来西亚马来亚大学何丙郁为代表的科技史研究人士的科技典籍研究需求有增无减。

身处上述多个场域的任以都拥有多重身份,其所持资本并不限于翻译场域。首先,经济资本是转化成其他资本的来源④。任以都回忆,"家父、家母对于子女的教育相当关心,选择学校也自有一套标准"⑤。她幼时在北京的英国教会学校就读,后在香港接受英式中学教育,1941 年赴美国求学直至获得博士学位。任以都及其家庭投入的经济资本使她积累了语言和熟稔中西文化的身体化文化资本。其次,在 20 世纪 30 年代的学生抗日运动中,她始倡用国货并"始终以为买国货、用国货是件很要紧的事"⑥。其父亲任鸿隽还是"五四"时期"科学救国"的倡

---

① Robert Moore, "Capital", In Michael Grenfell (eds), *Pierre Bourdieu: Key Concepts*, Durham: Acumen, 2008, p.106.
② 于子桥:《2000 年美国东亚研究现状》,《国际政治研究》2001 年第 3 期。
③ 张朋园等:《任以都先生访问记录》,"中央"研究院近代史研究所 1993 年版,第 68 页。
④ Pierre Bourdieu, "The Forms of Capital", In John G. Richardson (eds), *Handbook of Theory and Research for the Sociology of Education*, New York: Greenwood Press, 1986, p.252.
⑤ 张朋园等:《任以都先生访问记录》,"中央"研究院近代史研究所 1993 年版,第 14 页。
⑥ 张朋园等:《任以都先生访问记录》,"中央"研究院近代史研究所 1993 年版,第 21 页。

导人和中国近代科学奠基人之一。"家父对科学教育的热心……也许使我日后对中国科技史产生兴趣，有着潜移默化的启发作用"①，自己则"从历史方面着眼，认为科技发展对中国文化自古以来有很重要的影响"②。加之20世纪40年代初肄业西南联大历史专业到50年代初在美国获得历史学博士学位，再到执教宾夕法尼亚州立大学历史系，这些成长、学习和教学经历使其形成了研习中国古代经济史和传播中国科技史的惯习，也内化成翻译《天工开物》的身体化文化资本。而在《远东季刊》(*The Far Eastern Quarterly*)、《太平洋历史评论》(*Pacific Historical Review*)、《哈佛亚洲研究》(*Harvard Journal of Asian Studies*)等海外汉学期刊发表的学术论文和书评，在英文论文集中撰写的《清代的矿工》《中国技术史：中西对比的思考》等和所著《清末的铁路运动与英国投资》(*Chinese Railways and British Interests*, 1898 – 1911) 及《中国经济史文选》(*Selected Essays in Chinese Economic History*)，以及翻译的《中国社会史研究文献选》(*Chinese Social History: Translations of Selected Studies*) 和《清代六部成语注解》(*Ch'ing Administrative Terms: A Translation of the Terminology of the Six Boards with Explanatory Notes*) 等客观化文化资本，延续了其学者和译者惯习并夯实了英文功底、经济史知识和中国科技传播方式的身体化文化资本。此外，任以都求学的美国瓦萨女子大学 (Vassar College) 历史系非常出名，她曾认为"主修历史是件相当光彩的事情"③，而后在名头响亮的哈佛女校获博士学位。良好的教育文凭加之高校教师身份等构成了其制度化文化资本，共同构成了参与场域中竞争的筹码。

需要指出，象征资本由其他资本转化而成，与另外几种资本尤其是社会资本的界限有重复之处，正如布迪厄承认，"社会资本和象征资本

---

① 张朋园等：《任以都先生访问记录》，"中央"研究院近代史研究所1993年版，第29页。
② 张朋园等：《任以都先生访问记录》，"中央"研究院近代史研究所1993年版，第14页。
③ 张朋园等：《任以都先生访问记录》，"中央"研究院近代史研究所1993年版，第46页。

第二章 布迪厄社会学视角下《天工开物》英译者与其英译本生成之关系

联系紧密，以至于有时无法将它们区分开来"①。学术成果、教育背景、大学任职等文化资本本身是一种象征资本，任以都翻译的中国历史著作还在学界获得认可，为她赢得了一定的声誉。美国科学技术史学家席文（Nathan Sivin）称赞其"翻译的历史文献非常知名"②。社会资本相当于任以都所处的阶层、高校教师或政党成员身份，并得以享有该关系网络中成员共同拥有的资本。与圈内专业人士的关系起到象征资本的作用，从而增加译者博弈的砝码，帮助他们在场域中取得成功。"科技翻译子场域中具有相关领域专业知识是其象征资本的重要部分。"③ 任以都最直接的社会关系是执教于美国宾夕法尼亚州立大学矿冶系的丈夫孙守全。孙守全为麻省理工学院冶金科学博士，拥有自然科学教育背景。另外，任以都博士毕业后曾先后担任美国的中国学开拓者兼哈佛大学教授费正清（John K. Fairbank）和汉学家拉铁摩尔（Owen Lattimore）的助理，构成了其在学界和汉学领域的社会资本，在某种程度上也是身份象征。

充足的资金支持能够保障翻译活动的顺利开展。但是象征资本为少数精英持有，译者在场域内获得的象征资本越多，越有利于占据比较高的位置和获得成功，甚至能够左右场域的发展方向。因此，象征资本是译者提升在场域中的地位和改善自身形象的重要保障，译者短期内会追逐经济资本，"最终都是服务于译者对象征资本和场域认可的追求"④。

从1956年至1960年，大约在翻译《天工开物》之初，任以都为了照顾家庭而暂停在宾夕法尼亚州立大学的教学工作，但是先后成功申请到了美国学术团体协会和哈佛女校的资助，从而能够安心"待在家里

---

① David Swartz, *Culture and Power: The Sociology of Pierre Bourdieu*, Chicago: University of Chicago Press, 1997, p.92.
② Nathan Sivin, "T'ien-kung K'ai-wu: Chinese Technology in the Seventeenth Century", *Isis*, Vol.57, No.4, 1966, p.509.
③ 王悦晨：《从社会学角度看翻译现象：布迪厄社会学理论关键词解读》，《中国翻译》2011年第1期。
④ 徐敏慧、宋健：《翻译场中的译者筹码》，《东方翻译》2017年第3期。

做研究"①。据此可以判断她多少会将经济资本视为译本成功的标志，而其翻译活动有经济保障，象征资本应当是其更看重和努力追求的目标。具体而言，身为尚未取得美国国籍的东方人和女性，她在宾夕法尼亚州立大学一直是兼职，即使成了正式教师，校方给的职称仍是 visiting lecturer②。其决心"要好好的做出一点成绩，让他们晓得，女性其实也能做好正经事"③。她还谈道，之所以在家继续学术研究，是因为否则"再想回到学术界，希望就很渺茫了。我绝不能让自己的名字在历史学界给人遗忘了"④。综上，任以都追求的象征资本是译作获得宾夕法尼亚州立大学同行的认可，赢得评定职称的筹码，长远来看则是在学界和历史研究领域积累声誉。

二 译者任以都的资本追逐与其学术化英译本

《天工开物》译作迎合美国中国研究的需要，赢得历史研究和科技史研究等专业人士的肯定，并在对东方感兴趣又知之甚少的美国大学生中产生影响力，任以都方能增加一定数量的象征资本和在学术与翻译场域中斗争的筹码。为此，她投入和有效地运用了各种直观的、隐蔽的资本资源，并在以下几方面深刻地影响了其《天工开物》英译本的学术化。

（一）底本插图

任以都是《天工开物》英译史上唯一对版本进行学术考证的译者。其梳理了涂本、杨本、菅本、1927 年陶本和坊间流行的 1933 年商务印书馆本。涂本插图"简单清晰"（simplicity and clarity），"契合了宋应

---

① 张朋园等：《任以都先生访问记录》，"中央"研究院近代史研究所 1993 年版，第 62 页。
② 张朋园等：《任以都先生访问记录》，"中央"研究院近代史研究所 1993 年版，第 64 页。
③ 张朋园等：《任以都先生访问记录》，"中央"研究院近代史研究所 1993 年版，第 71 页。
④ 张朋园等：《任以都先生访问记录》，"中央"研究院近代史研究所 1993 年版，第 63 页。

星的教诲（didactic）初衷而非美学（esthetic）意图"①，却长期不得见。其他版本尤其陶本的插图参照清代《古今图书集成》等文献重新绘制，"增强了视觉效果却无益于技术主题"②。实际上，饮誉国际汉学界的杨联陞1954年在汉学杂志《哈佛研究研究》（*Harvard Journal of Asiatic Studies*）上指摘了《天工开物》日文译者没有留意到巴黎国家图书馆收藏的世界上为数不多的1637年初刻本③，表达了西方汉学家一睹涂本插图的期许。任以都在译者序中提到，"我们要特别感谢哈佛大学杨联陞教授，他从一开始就鼓励我们并提供了很多有益的建议"④。杨氏有"海外汉学第一人"之称，任以都强调这类社会资本，为译本赢得圈内人士的知悉和认可带来了直接的效益，成为隐蔽的经济资本和象征资本。更重要的是她引用了杨联陞的版本观点，并选取1959年上海中华书局影印的《天工开物》涂本为底本，首次完整地向英语读者呈现了明代插图的原貌，亦凸显了她掌握学术动态的文化资本。《乃粒》《乃服》《粹精》《作碱》章还保留30幅陶本插图（参见表2-1）。涂本和陶本的插图被置于章末，任以都则将它们与正文内容对应。这是自觉地践行身体化文化资本和客观化文化资本的体现，满足了专业人士的期待，又带领普通读者领略中国古代科技的"大观园"。西方专业人士的书评对此赞誉有加，如美国汉学家富路德（L. C. Goodrich）评价这种做法兼顾了熟悉中国历史的学者和一般学生⑤，使任以都收获了预期的象征资本。

---

① Sung Ying-hsing, *T'ien-kung K'ai-wu: Chinese Technology in the Seventeenth Century*, University Park and London: The Pennsylvania State University Press, 1966, p. x.
② Sung Ying-hsing, *T'ien-kung K'ai-wu: Chinese Technology in the Seventeenth Century*, University Park and London: The Pennsylvania State University Press, 1966, p. x.
③ Yang Lien-sheng, "Tenkō kaibutsu no kenkyū [Studies on The T'ien-kung k'ai-wu] by Yabuuchi Kiyoshi", *Harvard Journal of Asiatic Studies*, 17 (1-2), 1954, p. 310.
④ Sung Ying-hsing, *T'ien-kung K'ai-wu: Chinese Technology in the Seventeenth Century*, University Park and London: The Pennsylvania State University Press, 1966, p. x.
⑤ Luther Carrington Goodrich, "T'ien-kung K'ai-wu: Chinese Technology in the Seventeenth Century", *Journal of the American Oriental Society*, Vol. 87, No. 1, 1967.

表 2 – 1　　　　　任译本的插图和翻译注释分布统计

	章节	涂本插图数	陶本插图数	章末注释数量	方括号注数量
	原书序	—	—	1	5
上卷	乃粒	12	6	15	78
	乃服	12	7	19	195
	彰施	—	—	9	59
	粹精	13	9	7	63
	作咸	5	8	8	46
	甘嗜	2	—	13	57
中卷	陶埏	12	—	11	90
	冶铸	7	—	14	47
	舟车	5	—	12	76
	锤锻	5	—	6	38
	燔石	6	—	15	61
	膏液	3	—	9	36
	杀青	5	—	10	37
下卷	五金	13	—	18	99
	佳兵	8	—	5	58
	丹青	5	—	8	40
	曲蘖	2	—	4	26
	珠玉	7	—	15	85
	合计	122	30	199	1196

例 1. 盖去水非取水也，不适济旱。用桔槔、辘轳，功劳又甚细已。(p.20)[1]

任译：They serve to eliminate excess water from the fields before planting rather than to irrigate and are, therefore, not suitable as a rem-

---

[1] 宋应星：《天工开物》，上海古籍出版社 2016 年版，第 20 页。本书之后的引用仅列出页码。

edy against drought. As to other devices, such as the counterweight lever [Figure 1.13] and pulley well [Figure 1.14], they are still less efficient. (p.13)① (为避免冗赘的注释,本书之后从三个英译本中选取的译例仅标注页码。)

原文提及水稻防旱的汲水工具桔槔和辘轳。涂本附桔槔图(左),陶本重新绘制(右)并为辘轳配图(中)。单就桔槔图而言,陶本勾勒了比涂本精巧的景物,人物穿着却与明代的不相符。桔槔利用竖立的架子为杠杆原理,陶本的绘制也不如涂本直观。任以都还原"不是艺术品但阐释文本"②的涂本插图,解答了学界的疑惑。而加入陶本依清代

图2-1 《天工开物》涂本桔槔图(左)和
陶本辘轳图(中)、桔槔图(右)③

---

① Sung Ying-hsing, *T'ien-kung K'ai-wu: Chinese Technology in the Seventeenth Century*, University Park and London: The Pennsylvania State University Press, 1966, p.13.
② Luther Carrington Goodrich, "T'ien-kung K'ai-wu: Chinese Technology in the Seventeenth Century", *Journal of the American Oriental Society*, Vol.87, No.1, 1967, p.80.
③ Sung Ying-hsing, *T'ien-kung K'ai-wu: Chinese Technology in the Seventeenth Century*, University Park and London: The Pennsylvania State University Press, 1966, p.12, p.25; Sung Ying-sing, *Tien-kung-kai-wu: Exploitation of the Work of Nature, Chinese Agriculture and Technology in the XVII Century*, Taipei: China Academy, 1980, p.42.

文献绘制的辘轳图并标出"Ch'ing addition"折射出其精益求精的文化资本，辅助读者理解相关内容主题的同时又竭力打造迎合研究和教学的学术性译本。

（二）深度翻译策略

在译文层面，任以都践行了深度翻译策略，即"一种学术性翻译，设法用评注和附注将文本置于深厚的语言和文化背景之中"①，包括文内注释和章末注释。任以都的语言和专业知识等文化资本之高不言而喻。如富路德等西方学者评价，"频繁出现的方括号注释和解释补充的章末注释降低了西方读者理解的难度"，"让人钦佩译者的能力和知识与作者宋应星相当"②。

1. 文内注释

任以都在译者札记（Translators' Notes）中指出，"译文中方括号（［］）内的文字为译者所加，以使文本意思更清晰"③。《天工开物》的文言表述省略了中文读者熟知的信息，句子和段落之间的逻辑关系有些隐蔽和松散。译本中方括号注释数量达1196处（参见表2-1），平均每章（含原书序）63处。1000多处详尽的文内注释主要针对原文不翔实或所指不明确的地方。英语读者尤其普通人士借助与原文浑然一体的注释阅读译文，便于流畅地阅读和获取信息。这有赖于任以都扎实的中英文功底和作为历史学者的文化资本，以及对其他资本的合理转化和利用，"避免了一般读者可能会遇到的大多数问题"④。例如：

例2. 又乘雨湿之后牛耕起土，拾其数寸土内者。垦耕之后，其块逐日生长，愈用不穷。西北甘肃、东南泉州郡皆锭铁之薮也。燕京、遵化与山西平阳皆砂铁之薮也。（p. 158）

---

① Kwame Anthony Appiah, "Thick Translation", Callao, Vol. 16, No. 4, 1993, p. 817.
② Luther Carrington Goodrich, "T'ien-kung K'ai-wu: Chinese Technology in the Seventeenth Century", Journal of the American Oriental Society, Vol. 87, No. 1, 1967, p. 81.
③ Sung Ying-hsing, T'ien-kung K'ai-wu: Chinese Technology in the Seventeenth Century, University Park and London: The Pennsylvania State University Press, 1966.
④ Nathan Sivin, "A Chinese Classic", Science, 153 (3737), 1966, p. 731.

第二章 布迪厄社会学视角下《天工开物》英译者与其英译本生成之关系

任译： [To get the ore beneath the earth surface] the earth is ploughed over after rain and the ore pieces lying several inches deep in the soil are picked up [Figure 14.8]. These pieces will increase with each ploughing and are inexhaustible [*sic*]. Large quantities of the lump ore... in the southwest. On the other hand, granular ore [hematite, Fe_2O_3 and/or limonite, $Fe_2O_3 \cdot 3H_2O$] is found in large amounts in Tsun-hua near Peking and P'ing-yang in Shansi. (p. 248)

这段译文出现4处方括号注。第一处使译文逻辑和语义更清晰。第二处确保犁地拾铁插图与文字匹配。第三处插入的评论引导读者辩证地阅读。宋应星认为铁矿用之不竭有违现代科学常识，而"*sic*"一般"用在括号中，表示前面所引的文字虽有错误或疑问，却是原文"[1]。此外，砂铁为中国古代炼铁的主要原料之一。任以都借助孙守全的身体化文化资本，在译文中补充方便相关学者理解的现代化学式。这充分表明她拥有非常高的文化资本，深谙中英两种语言文化之间的差异。译者的能力和知识储备不言而喻，自然会吸引更多的象征资本。

2. 章末注释

文外注释是学术型译者的关注点及其研究功底的直接展示[2]。任以都在每章末用一定数量的尾注拓展阅读。全书18章（含原书序）的章末注释共计199条（参见表2-1），涵盖历史典故、人物、地名、节日、工农业生产工具和流程等方面。加入历史文化背景和科技知识语境是对正文的延伸和补充，批判的观点则有助于引导读者分辨。插入的纵横中西历史和不同学科的解释、说明和评论昭示了任以都作为执教美国大学的学者文化资本，以及"对中西两种文明的科技传统了然于胸"[3]。

---

[1] 陆谷孙：《英汉大词典》（第2版），上海译文出版社2007年版，第1860页。
[2] 徐敏慧：《汉学家视野与学术型翻译：金介甫的沈从文翻译研究》，《中国翻译》2019年第1期。
[3] Lo Jung-pang, "T'ien-kung K'ai-wu: Chinese Technology in the Seventeenth Century", *Journal of Asian Studies*, Vol. 26, No. 2, 1967, p. 304.

而且文外注释融入或参阅了大量的研究文献。对学术著作和论文的引用更是任以都的客观化文化资本的体现，对之利用是对中国历史文化感兴趣的学生享受阅读和拓展知识的重要渠道，也是译本为所引用的专业人士认同的方式之一。试看下例：

例3. <u>凡去秕，南方尽用风车扇去</u>。北方稻少，用扬法，即以扬麦、黍者扬稻，盖不若风车之便也。（p. 158）

任译：In the south the winnowing machine * is used throughout for the elimination of husks [Figures 4.4 and 4.5]．（p. 82）

任以都对"winnowing machine"作补充："The winnowing machine with attached rotary fan was invented by the ancient Chinese, according to Needham. For a description of this machine, see R. P. Hommel, China at Work (Boylestown, Pa., 1937), pp. 74 - 77."（Sung, 1966：106）。介绍风车扇的构成和引用李约瑟观点强调风车扇为中国古人发明，"增加了有趣的解释"①。加入学术文献拓展风车扇的构造亦彰显了任以都的学者身份及其译本的学术化。这种再现中华文明的模式推动英语读者对中国科技的充分认识并产生由衷的尊重，折射出其自觉地弘扬中国古代科技文化的身体化文化资本，也容易引发目标读者的共鸣。

3. 译本附录

附在译文之后的参考文献或资料均可视为附录。任以都为其《天工开物》英译本附上参考文献、术语汇编和一般意义上的附录，占译本篇幅的六分之一。这与追求通俗化和市场化翻译的译者明显不同，契合了专业人士的阅读期待。

第一部分参考文献列出74条中文文献，第二部分为章末注释参考的

---

① Lo Jung-pang, "T'ien-kung K'ai-wu: Chinese Technology in the Seventeenth Century", *Journal of Asian Studies*, Vol. 26, No. 2, 1967, p. 304.

369条英文期刊和书目。"对书中历史和技术主题感兴趣并想要进一步探究的读者来说,这些文献可作为基本的素材。"① 从李约瑟(1958)在 Babel 上的发文和相关资料来看,科技史研究人士重视术语翻译。术语汇编以汉英对照形式列出古代人名、地名、书名和《天工开物》中农业、制盐、染料、金属冶炼、酿酒、医药等领域的883条术语,有利于读者找到相应的英文名称。任以都还在常规的几项附录中列举中国朝代更迭年份,二十四节气历法,古代重量和测量单位与国际公制单位的换算,中国古代35项技术发明或发现及西传,如火药在中国与欧洲的使用时期和年份及二者时间差。显而易见,这是任以都为追求被学界认可的象征资本而践行扎实的文化资本,译本也如期地被相关专业人士赋予一定的象征资本②。

概言之,20世纪50年代末至60年代初,身处学术、教育和科学等场域中的美籍华裔任以都带着研究明清经济史和翻译古代经济著作的惯习将《天工开物》译成英文。为了使译本获得任教的宾夕法尼亚州立大学和学界的认可,她将依靠经济资本支持的教育和学习经历中习得的文化资本、学术关系等社会资本、学术声誉等象征资本投入翻译,最终影响了译本的学术化面貌。这主要体现在译者对版本插图的筛选和精细安排,在译文中践行体现深度翻译策略的文内注释和章末注释,以及为译本添加有利于学术研究的附录。译本甫一出版斩获数十篇中国历史和中国科技史研究学者的学术书评的推崇,被盛赞为李约瑟《中国科学技术史》丛书的"学术参照"(scholarly companion)③。任以都收获了象征资本,提升了她在学术场域内的位置。加上先前的学术成果和《天工开物》英译本,她于1967年升任副教授,1970年成为宾夕法尼亚州立大学历史系首位女教授。

---

① Sung Ying-hsing, *T'ien-kung K'ai-wu: Chinese Technology in the Seventeenth Century*, University Park and London: The Pennsylvania State University Press, 1966, p. 2.

② Ho Peng-Yoke, "T'ien-kung K'ai-wu: Chinese Technology in the Seventeenth Century", *Harvard Journal of Asiatic Studies*, Vol. 27, 1967; Lo Jung-pang, "T'ien-kung K'ai-wu: Chinese Technology in the Seventeenth Century", *Journal of Asian Studies*, Vol. 26, No. 2, 1967.

③ Lo Jung-pang, "T'ien-kung K'ai-wu: Chinese Technology in the Seventeenth Century", *Journal of Asian Studies*, Vol. 26, No. 2, 1967, p. 303.

第二节　译者惯习对《天工开物》李乔苹英译本的影响[①]

惯习相当于人的生平或社会轨迹[②]。译者惯习可分为初始惯习和专业惯习[③]，前者指家庭、阶级和接受的教育等早期的社会经历的影响，对译者感知翻译行为的恰当与否至关重要；后者帮助译者判断如何成为优秀的译者和怎样赢得同行的认同等。与译者相关的其他场域的成长过程、教育背景、工作经历等社会轨迹与译者惯习有非常大的关系[④]。由此习得下意识的、稳定的思维方式和行为习惯影响译者的行为倾向。随着环境变迁和译者在场域中地位的变化，译者惯习在不断地建构，以契合特定文化空间中的翻译目标。惯习与文化资本有交集，场域又是译者翻译的场所，没有场域的存在，对译者惯习的描述缺乏合理性。

一　译者李乔苹惯习形成的社会轨迹

李乔苹出生于清末，早年成长、学习和教育经历使他对自然科学产生了喜爱并演变为个人惯习，亦内化为他从事科学研究的文化资本。他自幼对自然科学现象感兴趣："我在家塾时，当窃取书房用红砂，以纸包而烧之，覆以茶杯盖，火熄后开盖，以纸擦盖里黑烟，旋见粒粒水银，随手而出，殊感兴趣。"[⑤] 1911 年他负笈北上，因志于习工而考取了当时的最高工业学府——北京工业专门学校，并选择了应用化学科。学

---

① 本节的主要内容来自王烟朦、梁林歆发表在 2022 年第 2 期《外国语言文学》上的文章《李乔苹译者惯习及对其〈天工开物〉英译本的影响考察》，第 91—102 页。
② Pierre Bourdieu, *The Field of Cultural Production*, New York: Columbia University Press, 1993, p. 56.
③ Reine Meylaerts, "Habitus and Self-image of Native Literary Author-translators in Diglossic Societies", *Translation and Interpreting Studies*, Vol. 5, No. 1, 2010, p. 2.
④ Reine Meylaerts, "Habitus and Self-image of Native Literary Author-translators in Diglossic Societies", *Translation and Interpreting Studies*, Vol. 5, No. 1, 2010, p. 15.
⑤ 李乔苹：《七十回忆》，台湾（出版社不详）1964 年版，第 4 页。该回忆录以书籍流通，却没有出版信息。书末有 1964 年 3 月 29 日写于台北等信息，此处为方便标注而视之为 1964 年的出版物。

校于 1923 年更名为国立北京工业大学,他回校攻读化学学士学位。在化学教育领域,他先后被聘为国立北平大学工学院机械系副教授、中国大学化学系教授、国立东北大学工学院化工系教授、国立沈阳医学院化学科教授,1948 年离开大陆后在台湾大学、台湾师范大学等高校讲授工业化学和无机化学等课程。为了振兴中国化学教育事业,他亦践行文化资本,编写了《有机化学工业》《无机化学通论》《最新常用化学》《初中理化》《高中化学》等教科书,提升了在国内学术场域中的位置。此外,亲历战争之下的山河动荡和国破民殇凝固了他热爱中华文化和坚持科学救国的惯习。1937 年日本发动卢沟桥事变,身在北平的他"悲愤填膺,彻夜未眠"[①]。"惟我习自然科学,欲发扬文化,其惟从事于科学史之著作乎?"[②] 文化不亡则国家不亡,于是他埋首有关化学的典籍和科技典籍,历时三载编成《中国化学史》,书中首次全面系统地梳理了中国古代化学和科技成就,在增强民族自信心和声援国人抗击日本侵略者方面功不可没。《中国化学史》大获成功,增加了身处学术场域的李乔苹的象征资本。1946 年在华的李约瑟慕名拜访[③],演变成他的社会资本。尽管 1948 年赴台湾探亲因政治格局嬗变而与大陆分离,李乔苹始终保持着对中华文化的认同感和归属感。1966 年移居美国爱荷华(Iowa)城,他坚持在我国台湾和美国的报纸杂志上发表弘扬中国科技成就的文章[④],并在中文著述中将"爱荷华"写作"爱我华",赤子之心可见一斑。

　　早在 1910 年,李乔苹参加家乡福建提学司署招考的留美预备生名列第二名,后因变故而未能如愿。留学美国之志并未因此打消,他坚持充实英文水平,为日后从事翻译活动打下了坚实的身体化文化资本。得益于以上初始惯习和文化资本,他认为弘扬中华文化离不开英文著作,《中国化学史》出版旋即便被他自译成英文。美国麻省理工学院有机化学教授戴维斯(T. L. Davis)和哈佛大学汉学家魏鲁男(James R. Ware)

[①] 李乔苹:《七十回忆》,台湾(出版社不详)1964 年版,第 29 页。
[②] 李乔苹:《七十回忆》,台湾(出版社不详)1964 年版,第 30 页。
[③] 李乔苹:《七十回忆》,台湾(出版社不详)1964 年版,第 38 页。
[④] 赵慧芝:《著名化学史家李乔苹及其成就》,《中国科技史料》1991 年第 1 期。

亲自校审排印，并在出版前多次就西方读者和汉学家关心的问题与李乔苹探讨，译本于1948年在美国出版并取得了预期的成效，西方报刊和学界赞誉有加①。这标志着李乔苹习得专业的译者惯习之发端，了解到科学著作的翻译方式和英语读者的需求与阅读期待。另一方面，从20世纪60年代末至70年代初，他在我国台湾的《中外杂志》上翻译了《核子菇形云的扩展》，并率先将李约瑟《中国科学技术史》节译成中文，还参与到我国台湾发起的《中国科学技术史》物理卷的翻译中。这些翻译实践有别于科技典籍英译，却夯实了他熟稔西方读者期待的译者惯习。

二 译者李乔苹惯习在其英译本中的个性化表征

在独特的人生阅历和社会轨迹中，李乔苹形成了专注化学等自然科学研究的学者惯习，以及悉力翻译中国古代科技著作以挽救民族危亡和弘扬中国古代科技文明的译者惯习。这些稳定性和持久性的惯习贯穿于他的翻译实践，在《天工开物》英译本中表征为别具一格的选材、翻译观、宏观翻译策略②。

（一）译材选择

1955年7月，李乔苹同窗兼冶金专家沈宜甲告知我国台湾省"教育部有英译《天工开物》的计划"③并希望他参加。次日，李乔苹等15位来自各生产部门或学术机构的专家和学者参加了时任台湾省"教育部"科学委员会主委兼行政院原子能委员会执行秘书李熙谋主持的会议。李熙谋希望尽快地将《天工开物》全书译成英文，以供西方汉学家参考和学生学习④。李乔苹看似受委托而翻译《天工开物》，在所

---

① 赵慧芝：《著名化学史家李乔苹及其成就》，《中国科技史料》1991年第1期。
② 邢杰：《译者"思维习惯"——描述翻译学研究新视角》，《中国翻译》2007年第5期；汪宝荣：《葛浩文英译〈红高粱〉生产过程社会学分析》，《北京第二外国语学院学报》2014年第12期。
③ 李乔苹：《宋应星——中国最伟大的科技著作家（上）》，《"中央"日报·副刊》1974年3月2日第5版。
④ Sung Ying-sing, *Tien-kung-kai-wu*: *Exploitation of the Work of Nature*, *Chinese Agriculture and Technology in the XVII Century*, Taipei: China Academy, 1980, p. i.

第二章 布迪厄社会学视角下《天工开物》英译者与其英译本生成之关系

处的政治权力场域中处于被支配地位。实际不然,长期研究和翻译这部科技典籍的惯习是他欣然接受翻译任务的根本原因。1934年他首次接触《天工开物》便爱不释手,此后与之结下了不解之缘。《中国化学史》章节标题如炼丹、冶铸、煮咸、陶埏、髹漆、色染均效仿《天工开物》章节标题,不但如此,其中援引原书近五分之一的文字和35幅插图,并选冶铜图为封皮。将之自译成英文强化了他喜爱《天工开物》的个人惯习,也初步形成了翻译此书的惯习。其次,我国台湾的《"中央"日报·副刊》曾刊载李乔苹的文章《宋应星——中国最伟大的科技著作家》。在明代科技典籍中,他盛赞《天工开物》"包括科技的范围最广,给予近代学者和我个人的助益最多"[1]。因此深谙宋应星《天工开物》在中国科技史场域中的象征资本,将这一象征资本投入到译入语有利于扩大原著的影响力,对弘扬中国科技文明大有裨益。

《天工开物》版本也是译材选择的环节之一。李乔苹在译序中谈到,与会者一致同意采用1929年重印的陶湘本(附丁文江跋)[2]。版本选择似乎亦受制于权力场域和场域中的其他参与者。涂本长期不得见,上海中华书局1959年出版了影印本才使世人得以窥见真貌。译本1955年翻译时涂本尚未被发现,但20世纪70年代李乔苹在美国校对和修订译稿时远离了我国台湾的政治场域,却仍旧采用陶本。究其原因,涂本插图真实古朴,陶本插图精细美观。与历史学者任以都相比,李乔苹是自然科学领域的学者,他看重陶本插图中工具和机械的构造以及具体的操作[3],所以学者惯习下意识地影响了他的选择。

---

[1] 李乔苹:《宋应星——中国最伟大的科技著作家(下)》,《"中央"日报·副刊》1974年3月4日第5版。

[2] Sung Ying-sing, *Tien-kung-kai-wu*: *Exploitation of the Work of Nature*, *Chinese Agriculture and Technology in the XVII Century*, Taipei: China Academy, 1980, p. i.

[3] 李乔苹:《宋应星——中国最伟大的科技著作家(下)》,《"中央"日报·副刊》1974年3月4日第5版。

表2-2　　　　　　　　李译本中的插图和注释数量统计

	章节	插图数	章末注释数量		章节	插图数	章末注释数量
	原作序	—	4	中卷	锤锻	3	3
上卷	乃粒	20	6		燔石	6	20
	乃服	20	2		膏液	4	13
	彰施	—	4		杀青	5	—
	粹精	22	4	下卷	五金	13	10
	作碱	14	—		佳兵	12	—
	甘嗜	2	—		丹青	6	9
中卷	陶埏	12	—		曲糵	2	6
	冶铸	9	4		珠玉	9	12
	舟车	5	—	合计		164	97

试看图2-2，涂本插图中的劳动者用网巾束发，体现了这种服饰在明代没有社会阶级区分，承载了丰富的历史文化内涵①。其次，芭蕉叶和石头是中国南方地区的原型景观②，表明棉籽分离对气候的要求比较敏感。两相比较，陶本插图的艺术性略胜一筹，轧棉机和操作手法的线条清晰。在惯习的驱使下，李乔苹坚持用164幅陶本插图（参见表2-2），以他长期形成的学术秉性为弘扬《天工开物》代表的科技成就"添砖加瓦"。

（二）翻译观

译者惯习和学者惯习会使李乔苹对翻译活动和《天工开物》形成总的认识，不自觉地成为翻译《天工开物》的指导思想和纲领标准。爬梳他在英文译著作中谈到的翻译缘起和目的，可将其翻译观概括为：悉力传达原书信息，完整地再现科技内容又确保可理解性。

---

① Albert Chan, "T'ien-kung K'ai-wu: Chinese Technology in the Seventeenth Century", *Monumenta Serica*, Vol. 27, 1968, p. 446.

② Robert E. Hegel, *Reading Illustrated Fiction in Late Imperial China*, Stanford: Stanford University Press, 1998, p. 221.

第二章 布迪厄社会学视角下《天工开物》英译者与其英译本生成之关系

图 2-2 《天工开物》涂本（左）和陶本（右）赶棉图比照①

李乔苹是有强烈的家国情怀的学者，他认为"提到中国文化，外国人士钦佩中国古人在哲学和文学领域取得的杰出成就，惘闻实用艺术领域的典籍"②。19世纪末国人接触欧洲文明和应用科学之后竟宣称所有重要的科学发现均起源于欧洲，提供似是而非的证据和模棱两可的例子还被国外学者引用③。于是他在所著《中国化学史》中援引《天工开物》等科技典籍，向世人证明在西方近代科学出现以前，中国古人已经有许多科学发现。20世纪70年代初，他撰文盛赞《天工开物》涉及农工业、交通工具、燃料、矿石、化工、矿业、兵工等领域，科技价值为其他科技典籍所无法比拟，并推测李约瑟《中国科学技术史》冶金、纺织和化学分册会扩大对原书的引用（李乔苹，1974）。种种经历和习

---

① Sung Ying-hsing, *T'ien-kung K'ai-wu: Chinese Technology in the Seventeenth Century*, University Park and London: The Pennsylvania State University Press, 1966, p. 61; Sung Ying-sing, *Tien-kung-kai-wu: Exploitation of the Work of Nature, Chinese Agriculture and Technology in the XVII Century*, Taipei: China Academy, 1980, p. 104.

② Li Ch'iao-ping, *The Chemical Arts of Old China*, Easton: Journal of Chemical Education, 1948, p. vii.

③ Li Ch'iao-ping, *The Chemical Arts of Old China*, Easton: Journal of Chemical Education, 1948, p. vii.

55

惯必然使他英译《天工开物》优先"追求译文与原文的信息量极似"①，以最有效的方式纠正西方对中国科技文明的不副实的偏见。

李乔苹还具有明晰的读者意识。他始终将目标读者定位为西方汉学家、历史学家以及研习中国历史文化的学生。而《中国化学史》援引的科技典籍成书年代久远，中国古人认识事物的方式与西方不同，加之部分观点因时代所限，"有必要从当代科学和化学的视角进行仔细地阐释和解读"②，确保一般学生真正吸收和理解。这种利用现代科学知识阐释的翻译观也转化成其《天工开物》英译本中适量的文内注释和章末注释，成为李乔苹惯习的外在体现。

（三）整体翻译策略

李乔苹从事中国古代科技文献研究和自然科学著作创作的学者惯习，以及践行科学翻译实践以实现有效地传播中国古代科技文明的译者惯习使他游走于原语文化和译语文化之间，协调中华文化传承者和英语文化调节者的身份，因此套用、诠释和变通等一以贯之的翻译策略在其译本中运用普遍。

1. 套用策略

李乔苹在英文《中国化学史》中节译过《天工开物》，也汉译过节译了《天工开物》等科技典籍的李约瑟《中国科学技术史》，这些经历使他翻译《天工开物》全书时保持原汁原味，又用约定俗成的和符合西方读者对中国古代科技专有名词的认识的策略。首先是原书标题的翻译。20世纪50年代李熙谋主持的翻译会议拟将英文标题定为"Development of Materials by Natural Power"③，出版前李乔苹将之改为"Tien-kung-kai-wu: Exploitation of the Work of Nature"。前半部分音译延续《中国化学史》的译法，后半部分依据《中国科学技术史》的译法。这种

---

① 余承法：《全译方法论》，中国社会科学出版社2014年版，第3页。
② Li Ch'iao-ping, *The Chemical Arts of Old China*, Easton: Journal of Chemical Education, 1948, p. vii.
③ Sung Ying-sing, *Tien-kung-kai-wu: Exploitation of the Work of Nature*, Chinese Agriculture and Technology in the XVII Century, Taipei: China Academy, 1980, p. i.

第二章 布迪厄社会学视角下《天工开物》英译者与其英译本生成之关系

做法可上溯至《中国化学史》英译本，李乔苹计划将英文标题定为"The Dawn of Chemistry in China and its Industrial Application"①，李约瑟建议改为"The Chemical Arts of Old China"。李约瑟和《中国科学技术史》在中国科技史和汉学研究领域的影响力不言而喻，套用国外专业人士和汉学家熟知的翻译方式有助于提高译本进入西方学术场域的门槛。这种译者惯习在《天工开物》英译文中比比皆是，再看下例：

例4. 或以载油之艰，遣人僦居荆、襄、辰、沅，就其贱值桐油点烟而归。（p. 258）

李译：In order to avoid the difficulties of transporting oil, workers are sent to stay at King（荆）（now Kiangling）, Siang（now Siangyang）, Ch'en（辰）（now Chenki）, and Yuan（now Yuanling）, to buy *t'ung* oil at a low price for making lampblack.（p. 430）

李乔苹音译专有名词和地名"荆"、"襄"、"辰"和"沅"，再在括号中加上中文名称和英文释义。音译是保留原语文化内涵和表达方式的重要手段，"给受众传递最真实的信息、享受最本源的原语文化"②。其弊端是妨碍不谙中国古代科技和文化的国外读者的记忆，增加他们的阅读负荷，配以必要的英文解释能迎刃而解。如此一来，译文保留了古代科技的文化内涵，又很好地帮助读者理解和感悟原文。这类书写方式在李乔苹翻译过的《中国科学技术史》中俯拾即是，试看下例：

Thus the +10th-century *Hua Shu*（Book of Transformation）, which he classed as an "ethical treatise", contains in effect a considerable amount of important materials on Taoist science and philosophy of the Thang period. The numerous scientific aspects of a work such as the *Thung Chih*（Historical Collections）, +1150, are not recognised. There are also strange omissions, no-

---

① 赵慧芝：《著名化学史家李乔苹及其成就》，《中国科技史料》1991年第1期。
② 熊欣：《音译理论及音译产生的背景》，《中国科技翻译》2014年第1期。

tably the *Lun Hêng* (Discourses Weighed in the Balance) of +83, and the *Wu Ching Tsung Yao* (Compendium of Military Technology) of +1040. (注：专有名词的中文名称以页面脚注的形式标出。)①

李乔苹对文化负载词和专有词项的翻译效仿英国科技史专家李约瑟《中国科学技术史》的行文风格。前文提到他的译者惯习受到李约瑟的影响，其本人是我国台湾最早呼吁汉译《中国科学技术史》的人士，20世纪70年代初率先节译出《中国科学史内容概要》《中国科学思想史》《中国数学史大要》《中国天文史大要》《中国物理学史大要》5篇。基于此前形成的译者惯习，李乔苹采取了这种易于为西方学者所接受的翻译套用策略。

2. 诠释策略

李乔苹从事化学等自然科学研究的学者惯习使他深知"中国科学发达当早在二三千年以前"②。生平亲历了抗日战争和1949年与大陆的分离，他始终不忘宣扬中国古人对世界文明和科技发展曾做出的杰出贡献，为祖国赢得荣誉。凡此种种影响着他在《天工开物》英译本中借助注释和附注来诠释原书观点，以向西方学人展示中华民族昔日所取得的科技成就，同时助推读者真正理解原文和原语文化。陶本《天工开物》附近代地质学家丁文江《重印天工开物卷跋》和《奉新宋长庚先生传》介绍了宋应星生平事迹，对《天工开物》的地位进行了中肯的评价。李乔苹选择此版并将丁文江的考证译出，反映出他竭力诠释原作地位的惯习。而且译文中有适量的文内注释和97条章末注释（参见表2-2），它们既是信息补充，又是译者的见解和评论，例如：

例5. 重千钧者系巨舰于狂渊，轻一羽者透绣纹于章服。使冶钟铸鼎之巧，束手而让神功焉。莫邪、干将，双龙飞跃，毋其说亦有征焉者乎？（p.188）

---

① Joseph Needham, *Science and Civilisation in China*. Vol.1: *Introductory Orientations*, Cambridge: Cambridge University Press, 1954, p.45.
② 李乔苹：《中国化学史》，商务印书馆1940年版，第1页。

第二章 布迪厄社会学视角下《天工开物》英译者与其英译本生成之关系

李译：Hence, then, the legend of the famous swords "Kan Chiang"（干将）and "Maya"（莫邪）（dated 600–500 B.C.）may, perhaps, be believable. (p. 275)

原文出自《锤锻》章，大意是中国古代的锻造工艺高超，所以有名剑干将和莫邪的传说。译文加入括号注释，告知目标读者这一神话传说发生在春秋时期，而后章末注释详细介绍了这一历史典故的内涵，并引出中国古代冶铁技术在世界科技史上的地位："This story provides one of the proofs that, as some of the world's authoritative historians say, China was the first country in the world in which iron metallurgy was discovered and developed. Even Egypt was far behind China in this respect. Moreover, steel was also known and made in the ancient China, and at the same time they had iron."[①] 由此可见，本处注释诠释了中国古代科技的源远流长，契合李乔苹的学者惯习和翻译选材惯习。

3. 变通策略

《天工开物》表述存在逻辑不够严谨的问题，文本穿插着紧扣科技主题的信息和与此不太相关或毫无关联的事实[②]。亦步亦趋地"忠实"有违英语读者的思维方式和阅读习惯，势必阻碍对原书和中国古代科技文化的认可。《中国化学史》大量地引用《天工开物》等科技典籍，因而李乔苹在其《中国化学史》英译本中灵活采用了改译、译述和调整顺序等变通策略[③]。这种译者惯习延续在《天工开物》翻译实践中：

例6. 水性定时，淀沉于底。近来出产，闽人种山皆茶蓝，其数倍于诸蓝。山中结箬篓，输入舟航。其掠出浮沫晒干者，曰靛花。(p. 132)

---

① Sung Ying-sing, *Tien-kung-kai-wu: Exploitation of the Work of Nature*, *Chinese Agriculture and Technology in the XVII Century*, Taipei: China Academy, 1980, p. 284.
② 梅阳春：《西方读者期待视域下的中国科技典籍翻译文本建构策略》，《西安外国语大学学报》2018年第3期。
③ Li Ch'iao-ping, *The Chemical Arts of Old China*, Easton: Journal of Chemical Education, 1948.

李译：The precipitate subsides to the bottom after setting. The floating foam, skimmed out and dried, is called "indigo flower"（靛花）. The quantity of *Cha Lan* recently cultivated in mountains by the Fukienese, is double that of species. On the mountains, the plants are packed in bamboo hampers, for shipping. （pp. 113 – 114）

原文介绍如何提取植物中的蓝靛，中间突然插入不直接相关的"近来出产，闽人种山皆茶蓝"。译文没有固守原文语序，而是稍加调整（前文已解释 *Cha Lan*）。优化句子顺序后的行文更流畅，迎合了英语读者的表达习惯和规范，有利于被他们接受。这是他熟知英汉规范和目的语读者阅读体验的译者惯习的外在体现。

由是观之，译者李乔苹的人生阅历别具一格，他出生于风雨飘摇和列强入侵的清末，亲历了日本帝国主义侵略和与祖国大陆的两次分离，形成了志在实业救国和科学报国的初始惯习。因此他考取工业学校习工和从事化学教育事业，而著成多部化学教材和《中国化学史》使他进一步形成了知悉中国古代科技的学者惯习，并认识到英文著作于弘扬中国科技的重要性。加之自学英文和从事的英汉和汉英科技翻译实践，他积累了一定的语言文化资本，也形成了如何兼顾西方学术场域和教育场域中的汉学家和中华文化研习者的阅读习惯。这些惯习使李乔苹在权力场域中欣然接受翻译《天工开物》的任务，并依据他所认同的中文版本。同时，他形成了着力传达中国古代科技事实，并从现代学科视角加以阐释来兼顾译文接受的翻译观，并在翻译时广泛地使用套用、诠释和变通等翻译策略，从而使世界上出版的第二部《天工开物》英文全译本烙上了独特的个人印记。

第三节　译者所处场域对《天工开物》王义静等英译本的影响

布迪厄将权力场域国家定义为"不同种类的资本的集中过程的结果"[①]。

[①] 高宣扬：《当代法国思想五十年》（下），中国人民大学出版社2005年版，第525页。

经过长期的各种权力或资本集中,一种超越各种资本类型之上的元资本(中央集权资本)产生了,国家因为持有该资本而能够对不同的场域和其中流通的资本施加影响①。在此基础上,布迪厄提出分析具体的场域涉及三个有内在联系的环节:①该场域相对于权力场域的位置;②行动者或群体在场域中的位置之间的客观结构;③行动者的惯习②。

一 译者王义静等所处场域的特征

为了增进国外民众对中国的了解和打开外交新局面,1954年召开的首届全国文学翻译工作会议倡导将翻译纳入国家体制③,自此我国开始有计划、有系统和有组织地对外译介中华文化,并逐步确立起国家行政机构对重大翻译活动和翻译工作者的领导权。及至20世纪90年代,对外开放进一步深入,国家在开放的基础上积累起丰厚的经济资本,国际地位空前提高,彼时每年向西方输出的图书版权却不及引进来的十分之一④。西方世界对中国的历史和现状知之甚少,很多人了解到的是被曲解的事实,西方读者拒绝中国的政治却不排斥文化⑤。这一时期的《大中华文库》(汉英对照)、"中国图书对外推广计划"、"中华学术外译项目"等国家主动策划和资助的翻译活动巩固了行政机构对外宣传翻译的主导权。以王义静、王海燕和刘迎春《天工开物》英译本隶属的《大中华文库》(汉英对照)为例,工程由国家新闻出版总署和国务院新闻办公室于1993年策划实施。党和国家领导人多次予以肯定和重视,并将之作为外交"国礼"⑥。确切地说,他们所处对外型国家翻译场域。这种翻译场域以意识形态为根本导向,服务于国家的政治考量和自利的战略目标,由国家权力机关和当局发起、推动和监管⑦。因此,

---

① 宫留记:《布迪厄的社会实践理论》,河南大学出版社2009年版,第68页。
② 宫留记:《布迪厄的社会实践理论》,河南大学出版社2009年版,第58页。
③ 任东升、赵禾:《建国初期翻译制度化的确立与效应》,《上海翻译》2018年第3期。
④ 于友先:《积累文化 推进交流》,《中国出版》2000年第11期。
⑤ 杨牧之:《我的出版憧憬》,湖南人民出版社2017年版。
⑥ 杨牧之:《我的出版憧憬》,湖南人民出版社2017年版,第223—226页。
⑦ 任东升、高玉霞:《翻译制度化与制度化翻译》,《中国翻译》2015年第1期。

王义静等所处的翻译场域位于权力场域之中,处于被支配地位,但是接近权力场域的统治阶级。

国家翻译场域中的实际操作流程比较复杂,一般实施翻译实践的机构包括行政部门和翻译机构,译者群体包括译本选稿人、中外译者群、译文审稿人三部分①,还涉及承担党和国家外宣工作的出版单位(如中国外文出版发行事业局)。以《大中华文库》(汉英对照)为例,工程总监纂委员会、工作委员会、编辑委员会等机构纷纷成立,文库被列入国家"八五"规划和"九五"重点图书出版规划以及国家出版基金资助项目。中国外文出版发行事业局和湖南人民出版社等近20家出版社参与。译文经过严格的"五审":出版社社内三审,然后总编委会选取外文局专家或中外文学界专家[杨宪益、季羡林、沙博理(Sidney Shapiro)、林戊荪、刘重德等]四审,总编委会总编辑或副总编辑最后五审②。作为赞助者的国家和翻译机构能够调动的实现再生产的经济资本、文化资本、社会资本和元资本充足,译者的资本种类和数量相对处于劣势,他们既不参与选材环节,又受制于翻译策略,更不介入译文编辑和译本出版③。译者的权力也明显低于译文校审人和出版编辑。这种情况下产生了一种特定的规范,即社会团体共有的价值观或看法(如什么是对与错、充分或不充分等)转化而成的、适用于具体情形的行为规则④。翻译规范则包括影响译本选择的预备规范,又涵盖宏观翻译策略的初始规范与微观的、实际的语言操作规范⑤。

身处这一场域中的译者主要得益于良好的文化资本进入场域,确切地说是外部素养和中英文功底等身体化文化资本,或对某一领域比较熟悉,其实也是他们的惯习。同时,场域中翻译规范的向导力极大,译者

---

① 任东升:《从国家叙事视角看沙博理的翻译行为》,《外语研究》2017年第2期。
② 杨牧之:《我的出版憧憬》,湖南人民出版社2017年版,第222页。
③ 任东升、高玉霞:《翻译制度化与制度化翻译》,《中国翻译》2015年第1期。
④ Gideon Toury, *Descriptive Translation Studies and beyond* (Revised edition), Amsterdam/Philadelphia: John Benjamins, 2012, p. 63.
⑤ Gideon Toury, *Descriptive Translation Studies and beyond* (Revised edition), Amsterdam/Philadelphia: John Benjamins, 2012, pp. 81–82.

为了适应规则和胜出，就必须接纳翻译规范并将之内化为自身的惯习，同时反过来延伸规范。如国家翻译实践旨在构建译本权威和服务于国家政治目标和文化战略，身处其中的外国译者的"译文大都十分忠实于原文"，本土译者"更加忠实原文"①。

二 译者王义静等在场域中生产的制度化英译本

权力场域左右了翻译场域的运行规则和发展方向，译者王义静、王海燕、刘迎春所处的地位使他们无法随意翻译，或改变翻译规则。为了契合国家在国际文化和政治场域中赢得象征资本，同时切实获得赞助人的认可和增加在场域中的象征资本，他们竭力使翻译行为契合场域中的翻译规范，并将规范与自身下意识或不自觉的惯习结合。他们是语言转换的译者，还是践行国家意志和政治使命的"公务员"，由此产生的《天工开物》英译本在选材、副文本和翻译策略运用方面均带有制度化特征，表现为"浓郁的意识形态性、强制性"②。

（一）翻译选材

《大中华文库》工作委员会主任兼总编辑杨牧之介绍，《天工开物》等110种选题精良，征集了季羡林、杨宪益和任继愈等知名专家的意见，"工委会三次座谈，两次发调查表，征求全国著名高校和中科院、社科院、军科院专家的意见，反复论证"③。而王义静、王海燕、刘迎春翻译选题《天工开物》由典籍翻译大家汪榕培推荐（参见附录二）。因此，预备翻译规范——译什么由在翻译和权力场域中占据有利位置的其他参与者和机构决定。但是接受翻译任务从根本上取决于王义静等的资本和惯习。《大中华文库》前身为1992年湖南人民出版社策划编辑的"汉英对照中国古典名著丛书"，湖南人民出版社也一直承担《大中华文库》的出版工作并享有良好的声誉。汪榕培先生于20世纪90年代

---

① 耿强：《国家机构对外翻译规范研究——以"熊猫丛书"英译中国文学为例》，《上海翻译》2012年第1期。
② 任东升、高玉霞：《翻译制度化与制度化翻译》，《中国翻译》2015年第1期。
③ 杨牧之：《我的出版憧憬》，湖南人民出版社2017年版，第220页。

初应出版社之邀翻译了《庄子》等典籍，读者反映颇好。王义静、王海燕、刘迎春长期在理工科高校从事科技英语和术语翻译教学与研究，且王义静是汪榕培在大连外国语学院任教的首届本科生，刘迎春曾师从汪榕培攻读博士学位和从事非文学典籍翻译研究。他们的文化资本、社会资本和非文学翻译研究的学者惯习无形之中演变成译者惯习，从而欣然接受了汪榕培先生推荐翻译科技典籍《天工开物》的任务。

为了体现《大中华文库》的权威性，原书版本也被精心挑选。各出版社服从文库工作委员会的筛选。就三位译者而言，广东教育出版社编辑邹靖华向他们提供上海古籍出版社1993年潘吉星校勘出版的《天工开物译注》。第一章提到，《天工开物》成书仓促，宋应星实际并未很好地贯彻"贵五谷贱金玉"的理念安排章节顺序。潘吉星校对的版本保存涂本插图，对错字、颠倒字加以复校，并重新排列章节顺序（上卷：乃粒、粹精、作咸、甘嗜、膏液、乃服、彰施；中卷：五金、冶铸、锤锻、陶埏、燔石；下卷：杀青、丹青、舟车、佳兵、曲蘖、珠玉）。国家权力场域掌控充足的元资本尤其是文化资本，在版本选择方面体现出计划性和高效性，从这方面看，产生的译本容易树立权威和促进原作的经典化，也有利于获得中华文化被接受的象征资本。

（二）副文本元素

伴随在文本周围的封皮、序言等副文本是"有意识设置的文本'门槛'，并且很可能会影响文本的接受方式"[①]。受制于国家权力场域和出版场域的出版及翻译规范，王译本副文本的制度化特征尤为鲜明。

首先，译本封面、封底、书脊、前扉、扉页由《大中华文库》总编辑委员会印刷小组精心设计和印制，如封面和封底为象征中华民族历史波澜壮阔和从未中断的黄河壶口瀑布，书脊为长城，书标为寓意扣开中华文化大门的故宫门环，体现出国家主导的翻译行为的计划性、统一性和一致性。

[①] Kathryn Batchelor, *Translation and Paratexts*, London and New York, Routledge, 2018, p. 142.

第二章 布迪厄社会学视角下《天工开物》英译者与其英译本生成之关系

其次,《大中华文库》选题的英译本选自知名译家的旧译或由国内外译者重新翻译。外文出版社和湖南人民出版社是出版《大中华文库》译作的"领头羊",其他出版社由它们后来吸收加入。且看两家出版社出版的第一辑 11 种典籍,湖南人民出版社出版的英国汉学家韦利(Arther Waley)《论语》英译本删去了注释、导言[1],外文出版社出版的杨宪益、戴乃迭(Gladys Yang)《红楼梦》英译本也没有任何译注。这种规范成为其他出版社普遍遵守的模式,并潜移默化地内化成王义静等遵守的翻译规范,也演化为他们初入该场域的译者惯习,因此不难理解其译本不用脚注、尾注,而是加入了少量的文内注释。

再者,《大中华文库》工作委员会等国家机构中具有较高象征资本的人员决定删去《天工开物》原书序,用凸显有益于国家文化外交策略的新序言代替,因而承载了浓厚的意识形态。宋应星对明代工农业生产技术的记述在中国科技史上留下了浓墨重彩的一笔,而第一章介绍到,他熟读四书五经,五次赴京科举不第是著书的直接动机,反对八股文对读书人思想的束缚是《天工开物》中科技知识生成的最初动机。试看宋应星 1637 年序中的表述:

> 年来著书一种,名曰《天工开物》卷。伤哉贫也,欲购奇考证,而乏洛下之资;欲招致同人商略赝真,而缺陈思之馆。随其孤陋见闻,藏诸方寸而写之,岂有当哉?……丐大业文人弃掷案头,此书与功名进取毫不相关也。(pp. 2 - 3)

宋应星说自己因贫穷而无法购买书籍对内容考证,或缺少场所与志同者讨论,并强调著作对追求功名利禄毫无用处,其实是不愿与官场文人同流合污,有傲骨的封建文人形象跃然纸上。国家为强化《天工开物》作为科技作品在民族形象构建和科技交流方面的价值,"请研究有

---

[1] 刘重德:《关于大中华文库〈论语〉英译本的审读及其出版——兼答裘克安先生》,《中国翻译》2001 年第 3 期。

素的专家撰写导言"①,并选取科技史专家潘吉星的序言,对原书序进行了替换。新序言开篇将《天工开物》成书背景置于17世纪欧洲的历史大变革时代,称赞《天工开物》代表的中国古代科技成就,并提出:

  宋应星具有与欧洲同时代的科学家伽利略(G. Galilei)、维萨里乌斯(A. Vesalius)和阿格里柯拉(G. Agricola)等类似的气质,多才多艺、学识渊博,他有长途旅行的经历,对各种错误观念持批判态度,注重实践并基于自身观察、调查和试验从事写作。(p. 18)

  这里突出作者与西方近代自然科学家的共同点,宋应星作为封建读书人和曾致力于科举取士的形象在一定程度上被改写,《天工开物》的科技价值被有意放大。国家翻译场域中的王义静等熟知自身所处的位置,接受了这一规则。

  最后,副文本插图不只是工农业技术的简单描述,更是宋应星叙事策略的一部分。王义静、王海燕和刘迎春积极践行文化资本和学者惯习,将插图与译文内容一一对应,但是在权力场域中,他们生产完译文之后便无权修改或参与译本设计。服从国家机构指令的广东教育出版社及责任编辑和责任技编对插图进行把关。他们将译者在正文中添加的"Figure 1-1"全部删去,而且对插图进行了重新加工。

  图2-3出自陶埏章,描绘了造圆形瓷器和瓷坯过利的工艺。宋应星将两个过程置于同一幅插图寓意生产程序紧密关联,图中无过多的景物强调场地的特殊性。比照笔者从译者王义静、王海燕、刘迎春处获得他们提交广东教育出版社的译文,出版的译本将之拆解成两幅,并借助现代技术绘制了屋顶和树木等场景。与另外两个译本相比,王译本插图的艺术性"更胜一筹",但是主观地"肢解"插图和为之加入现代元素的可行性有待推敲。

---

① 杨牧之:《搭起沟通东西方的文化桥梁》,《中国出版》2000年第11期。

第二章　布迪厄社会学视角下《天工开物》英译者与其英译本生成之关系

图2-3　《天工开物》涂本陶埏章插图（左）和
王译本对应插图（中、右）①

（三）译文表达

操作层面的翻译方法、特质文化信息的处理以及能否进行删减或调整也不可避免地受制于权力场域和国家翻译场域的规范，作为"信"的翻译规范是译者遵守的首要原则②。译文要向原文靠拢，以产生忠实于原作文化内涵和恪守原语文化的充分性翻译，当然也可以适度地兼顾译入语语言文化规范，提升翻译的可接受性③。中华人民共和国成立之后，国家发起大规模的典籍英译实践产生了"中国英语"（China English）表达，即汪榕培所言的"中国人在中国本土上使用的、以标准英语为核心、具有中国特点的英语"④。这种凸显中华文化主体地位的翻译语言特征包括：（1）词汇层面频繁使用标有原语标签的文化负载词而非英语文化替代词；（2）句式趋向意合，与篇章衔接同遵循标准英

---

① 宋应星：《天工开物》，上海古籍出版社2016年版，第217页；Song Yingxing, *Tian Gong Kai Wu*, Guangzhou: Guangdong Education Publishing House, 2011.
② 耿强：《国家机构对外翻译规范研究——以"熊猫丛书"英译中国文学为例》，《上海翻译》2012年第1期。
③ Gideon Toury, *Descriptive Translation Studies and beyond* (Revised edition), Amsterdam/Philadelphia: John Benjamins, 2012, p.79.
④ 汪榕培：《中国英语是客观存在》，《解放军外国语学院学报》1991年第1期。

语语法而又允许适度偏离，代表了中国人典型的思维方式和形式逻辑；（3）总体流露出生硬的汉语表达，但是不影响英语读者理解①。王义静、王海燕和刘迎春为本土译者，他们在国内接受英语教育和所从事英语教学是习得和提高双语文化能力的主要渠道，王义静和刘迎春又曾师从汪榕培先生。因此，在翻译规范和惯习不自觉地驱使下，他们运用自身的资本，在译文中广泛使用了中国英语表达。

各个国家和民族的历史背景、社会制度、经济水平、政治体制和地理位置存在不同程度的差异，这必然会在不同民族的语言表达方面留下印记，词汇层面体现为蕴含丰富的文化内涵的文化负载词。作为 17 世纪的工艺百科全书，《天工开物》包含奈达（Eugune A. Nida）②划分的生态、物质、社会、宗教和语言五类文化负载词。表 2－3 显示，译者主要使用了国家翻译实践中频繁出现的现代汉语拼音音译法和直译法③。若用近似的英文词汇和表达替代或删减淡化，势必导致科技文化内涵之真流失。音译或直译的译文正是中国英语的形式之一，这一做法能够完整保留明代历史和有别于近现代西方科技的中国古代科技信息，也是取得适度的陌生化效果和激发读者阅读兴趣的手段之一。王义静 1990 年获得英国曼彻斯特大学硕士学位，海外学习经历必然使她意识到要顾及英语读者的接受，她和王海燕、刘迎春为部分文化负载词加入文内注释，对比译稿与正式出版的译本，如"the Land of Chu（part of Hubei, Hunan, Anhui and Jiangxi Provinces nowadays）"和"6000 *li*（3000km）"④，经过匿名专家评审和编辑校对后，括号内的补充文字全然不见，强化了"向读者传播原汁原味的中国文化"⑤的外部翻译规范。

---

① 任东升、马婷：《汉语经典翻译"中国英语"的文化主体地位》，《当代外语研究》2014 年第 2 期。
② Eugene A. Nida, *Toward a Science of Translating*, Shanghai: Shanghai Foreign Language Education Press, 2004.
③ 耿强：《国家机构对外翻译规范研究——以"熊猫丛书"英译中国文学为例》，《上海翻译》2012 年第 1 期。
④ 参见三位译者提交广东教育出版社的译稿，以下章节的相关引用均出于此而不再标注。
⑤ 许多、许钧：《中华文化典籍的对外译介与传播——关于〈大中华文库〉的评价与思考》，《外语教学理论与实践》2015 年第 3 期。

表 2-3　　　　　　　　王译本中的文化负载词翻译撷拾

文化负载词分类		译例
生态	地名	婺源（Wuyuan）、景德镇（Jingdezhen）、太平府（Taiping Prefecture）
	山川/河流	九华山（Jiuhua Mountain）、金沙江（Jinsha River）
	植物/农作物	香稻（fragrant rice）、穬麦（*kuang* wheat）、稻尾（rice tails）
	矿产资源	马牙硝（horse-tooth-shaped crystals）、狗头金（dog-head gold）、石髓铅（stone marrow lead）
物质	工农业器具	木砻（the wooden *long*）、提花机（the draw-loon frame）、花楼（figure tower）
	交通工具	四轮大车（four-wheeled cart）、海舟（sea-going vessels）
	加工产品	龙袍（dragon robes）、琉璃瓦（*liu-li-wa*）
社会	计量单位	尺（*chi*）、寸（*cun*）、斤（*jin*）、亩（*mu*）
	风俗节日	社种（*she* planting）、清明（Pure Brightness）
宗教	民间传说	螺母（mussel mothers）、龙神（dragon gods）、玉神（jade gods）
语言	成语/谚语	寸麦不怕尺水（A *cun* high wheat is not afraid of a meter of deep water.）
	人名	宋子（Songzi）、庄子（Zhuangzi）

例7：凡缸窑、瓶窑不于平地，必于斜阜山冈之上，延长者或二三十丈，短者亦十余丈，连接为数十窑，皆一窑高一级。盖依傍山势，所以驱流水湿滋之患，而火气又循级透上。（p. 340）

王译：Both vat kilns and flask kilns are not built on level ground, but along hilly slopes, with twenty or thirty *zhang* as the longest one and over ten *zhang* as the shortest. Decades of kilns are connected together, with the next one higher than the former one. As kilns are built along the slopes, water can run down to avoid moisture while fire can climb up gradually. （p. 341）

王译本在句法和语篇层面亦忠实原文，如惯用短句的句式特点和无人称的衔接方式。例5原文介绍缸窑、瓶窑建在有坡度的山坡上，再告

69

知这样可以避免潮湿和加大火力，体现了中国人的先果后因的逻辑思维。译文音译古代计量单位"丈"，句式结构紧贴原文。中国英语译文读起来有些生硬，衔接不够严谨，却再现了中国古人记载科技知识的方式，属于"爱国主义与国际主义最好的结合方式"①。

综上，作为国家主导翻译实践的一部分，王译本所在的翻译场域与一般市场化翻译场域都离不开译者文化资本的运作，不同之处在于该场域与掌控了凌驾于各种资本之上的国家权力场域接近。《大中华文库》旨在服务对外开放国策，促进世界文化多样化发展和帮助国家在世界政治格局中占据有利位置，相关国家翻译机构和行政机构是发起者、赞助者和实施者，他们主导着有利于实现这一政治、经济、文化利益的翻译和出版规范。因为国家行为的权威性和强制性，翻译选材和副文本带有一系列制度化特征，王义静等的译者主体性彰显极为有限。对于初入这一场域的他们来说，为了契合对外宣传策略，同时为自身赢得赞助人的肯定和积累一定的象征资本，他们运用文化资本和下意识地由强大的外部规范转化而成的译者惯习，在译文中使用了凸显中华文化身份和民族认同的"中国英语"，以契合忠实的翻译伦理。

第四节　小结

法国社会学家布迪厄的社会实践理论反对个人与社会或结构与行动的"二元对立"，将之运用于翻译研究既重视了译者主体性，又将翻译事件置于特定的社会历史背景下，有利于解读译者行为和解释译作生成的各种机制。因此，本章分别重点借助该理论中的三个核心概念"资本"、"惯习"和"场域"着重分析了《天工开物》英译者任以都、李乔苹、王义静等与各自英译本产生和鲜明的特征。任以都的翻译是自发性行为，受到的外部制约因素少，其主要目的是在美国学术场域中赢得象征资本，因而充分运用了各种文化资本、经济资本、社会资本和象征

---

① 季羡林：《从〈大中华文库〉谈起》，《群言》1995年第8期。

资本，最终产生了典型的学术性译本。李乔苹 1955 年受我国台湾省"教育部"委任而翻译《天工开物》，外部规范必然会产生深刻的影响，但时隔二十年在美国再度对译稿进行修订时，他先前从事古代科技研究和中外科技文献翻译的惯习发挥了主要作用，译本底本、翻译观和整体翻译策略最终映射出其先前习得的学者惯习和译者习惯。王义静、王海燕和刘迎春翻译的《天工开物》隶属于我国发起的典籍英译出版工程《大中华文库》（汉英对照）。实际上，他们处于自 1954 年起逐步形成的对外型国家翻译场域。这一翻译场域与权力场域相互交织，他们接受译什么和副文本设计，而且在接受外部翻译和出版规范的前提下，在译文层面运用文化资本和在此场域中习得新的惯习，以满足国家主导翻译活动的要求。所以这部世界上第三部《天工开物》英译本烙上了鲜明的本土化和制度化印记。如下第三至第五章将探讨三个英译本具体如何译，第六章考察译后效果，而本章的研究发现能够为揭示这些现象提供重要依据。

第三章 《天工开物》中的科技内容及其三个英译本翻译策略

李约瑟、陈立夫对《天工开物》代表的中国古代科技成就给予的积极评价在此不赘。近代地质学家丁文江称赞，"三百年前言工业天产之书，如此其详且明者，世界之中，无与比伦"①。且《天工开物》科技建树范围之广为其他科技典籍所不及，正如潘吉星将之与《齐民要术》《农书》《农桑辑要》《考工记》《营造法式》《本草纲目》《梦溪笔谈》等科技典籍进行对比后提出，"历史上只有《天工开物》第一次从专门科技角度，把工农业的十八个生产领域的技术知识放在一起加以综合研究，使之成为一个科学体系"②。概括起来，原书的科技内容集中体现为科技术语、科技哲学和科技谬误。首先，原书蕴含了丰富多样的科技术语和专业概念。它们继承了明代以前农业和手工业领域三十个部门的生产技术，又反映出明末资本主义萌芽时期的工农业水平。其次，根植于中华文化土壤的《天工开物》洋溢着优秀的科技哲学，即宋应星记录自然和工艺技术，又强调人与自然相协调以及人在资源开发过程中的能动性。由此呼应了"中国传统哲学中形成的儒道互补的文化结构决定了中国古代的科技文化本质上是一种追求天与人、自然与社会和谐统一的整体主义精神"③。再者，成书于近四百年前的《天工开物》中部分观点从现代科学视角审视是错误的。科学技术处于不断的进步和发展之

---

① 丁文江：《丁文江自述》，安徽文艺出版社2014年版，第32页。
② 潘吉星：《天工开物导读》，中国国际广播出版社2009年版，第19页。
③ 马佰莲：《论中国传统科技的人文精神》，《文史哲》2004年第2期。

第三章 《天工开物》中的科技内容及其三个英译本翻译策略

中,人对客观世界的认识必然为所处时代影响,因而并不总是正确的。同时,宋应星的主观误识间或出现。从表面上看,构成作品科技主题的科技谬误与前两点科技价值相矛盾,却是一种绕不开的科技文化现象,其翻译关系到如何辩证地认识和继承中国古代科技和科技典籍。

如何弘扬《天工开物》中科技术语和科技哲学代表的中国古代科学技术文明和优秀的哲学理念,以及存科技谬误之本真还是引导读者对之辩证地理解,这些目标的实现需要翻译策略的制定和实施,即"为实现特定的翻译目的所依据的原则和所采纳的方案集合"[1]。需要指出,此处的翻译策略指 Lörscher 划分的局部翻译策略(local strategy)[2],即微观层面的词汇和语言结构处理方式,而非第二章提到的语篇层面的整体翻译策略(global strategy)。与此同时,本章借助美籍意大利学者韦努蒂(Lawrence Venuti)的异化翻译理论及其中的理论概念——异化翻译策略和归化翻译策略,以审视《天工开物》三个英译本对相关科技内容的翻译。

韦努蒂的异化翻译理论受到了德国思想家施莱尔马赫(Friedrich Schleiermacher)的启发。19 世纪初,施莱尔马赫在题为"论不同的翻译方法"的演讲中提出翻译真正的问题在于怎样将译文读者和原文作者联系起来,并认为译者有两条道路可选择:要么尽量尊重原文作者,使读者适应原文作者;要么尽量尊重读者,使原作者向读者靠近[3]。施莱尔马赫将这两种途径分别命名为"陌生化"和"顺化"。他本人倾向于让读者适应作者的策略,因为陌生化翻译给读者带来一种阅读原文的感觉,从而有助于强调异质文化在目标语文化体系中的价值。韦努蒂认为施莱尔马赫对翻译的本质认识超越了以往强调字对字直译的忠实翻译

---

[1] 熊兵:《翻译研究中的概念混淆——以"翻译策略"、"翻译方法"和"翻译技巧"为例》,《中国翻译》2014 年第 3 期。

[2] Wolfgang Lörscher, *Translation Performance, Translation Process, and Translation Strategies: A Psycholinguistic Investigation*, Tübingen: Gunter Narr, 1991.

[3] Friedrich Schleiermacher, "On the Different Methods of Translating", In André Lefevere (eds), *Translation/History/Culture: A Sourcebook*, Shanghai: Shanghai Foreign Language Education Press, 2004, p. 49.

观，作为语言表征手段的翻译无法完全透明和绝对地反映原作，因此将其二分法誉为"文化革新的工具"[1]。然而，施莱尔马赫提倡的陌生化策略只是针对受教育程度较高的文化精英。通过将所倡导的翻译策略纳入文化政治的议程中，施莱尔马赫希望借助有限的文化精英这一社会群体的文化权威，以及他们的陌生化翻译来发展民族语言，推动民族文化的形成和演变。为此，韦努蒂批评了施莱尔马赫观点的不彻底性[2]。通过批判地继承施莱尔马赫的思想，韦努蒂在所著《译者的隐身》（*The Translator's Invisibility*）中提出了"异化"（foreignizing）和"归化"（domesticating）的概念，前者"保留原文语言和文化特色，使目标语读者感受到异域文化的存在和魅力"[3]，后者恪守目的语语言和文化规范，产生流畅易懂和目标受众易于接受的译文。

韦努蒂倡导异化翻译，这与他翻译意大利实验派诗歌和小说的经验密切相关，因为他发现当代英美文化中的译者处于隐身状态。首先，译者倾向于将译文转换成流畅、地道和可读的英文，从而造成了一种"透明的幻觉"；其次，目标语文化中的出版商、评论者和读者青睐的不是译文，而是看似原创文本的译作[4]。究其根源，作者占主导的观念使译文被认为是派生的，质量和重要性位居其次，所以英语文化中盛行遮蔽翻译行为的做法。虽然归化占主导的翻译考虑到大多数目标语读者的需求和主流的翻译规范，产生的译文易于被选择、阅读和接受，但是消解了被译入语的语言和文化要素，而且"用种族中心主义思想，迫使异语文本顺从目标语文化价值观"[5]无益于弱小民族的身份构建。相

---

[1] Lawrence Venuti, "Strategies of Translation", In Mona Baker (eds), *The Routledge Encyclopedia of Translation Studies*, London and New York: Routledge, 1998, p. 242.

[2] Lawrence Venuti, *The Translator's Invisibility: A History of Translation* (Second edition), London and New York: Routledge, 2008, p. 87.

[3] Lawrence Venuti, *The Translator's Invisibility: A History of Translation* (Second edition), London and New York: Routledge, 2008, p. 15.

[4] Lawrence Venuti, *The Translator's Invisibility: A History of Translation* (Second edition), London and New York: Routledge, 2008, p. 1.

[5] Lawrence Venuti, *The Translator's Invisibility: A History of Translation* (Second edition), London and New York: Routledge, 2008, p. 15.

反，异化翻译揭示译文生成的复杂因素，尤其彰显了译者翻译活动的价值和译文的独立性。与施莱尔马赫不同，韦努蒂认为异化翻译不应该理解为单纯的逐字对应或在译文中保留原文词汇①，只有把译文与译文生成的宏观文化话语结合起来，将特定的翻译实践和价值取向结合起来，才能对其概念作出明确的界定：

> 异化翻译是一种不寻常的文化实践，它发展在接受情景中处于边缘地位的语言和文化价值观，包括因为与主流的价值观差异显著而被排斥的异域文化。一方面，异化翻译对异语文本进行以本族主义为中心的挪用，将翻译作为再现另类文化的场点，从而将翻译纳入本土的文化政治议程；另一方面，正是这种不寻常的立场使异化翻译能够彰显原语的文化差异，发挥文化重构的作用，并且使得那些非本族主义的译文得到认可，还有可能影响译入语中的文学经典。②

由此可见，异化翻译也是干预英语国家的文化霸权和不平等的文化交流的文化手段。因为异化"采用目的语文化中主流价值观所排斥的方法翻译所选择的异域文本"③，避免将主流文化的价值观强加给原语文化和作品无疑有助于遏制本族中心主义、文化霸权主义和文化自恋。且"颠覆存在于译入语语言中的等级观"④能够促进民族身份的重构。不但如此，异化翻译引入文化地位处于弱势的民族的语言结构，引导目标读者接触真实的原语文化和充分感受其魅力，从而能够丰富目的语词汇和表达方式以及文化多样性，甚至可以推动目的语本土文学的发展和变革。

---

① 韦努蒂：《幽默文学的翻译：对等、补偿、话语》，载周发祥等编《国际翻译学新探》，百花文艺出版社2006年版，第172页。
② Lawrence Venuti, *The Translator's Invisibility: A History of Translation* (Second edition), London and New York: Routledge, 2008, p.125.
③ Lawrence Venuti, "Strategies of Translation", In Mona Baker (eds), *The Routledge Encyclopedia of Translation Studies*, London and New York: Routledge, 1998, p.242.
④ Lawrence Venuti, "Strategies of Translation", In Mona Baker (eds), *The Routledge Encyclopedia of Translation Studies*, London and New York: Routledge, 1998, p.242.

在《翻译的丑闻》(*The Scandals of Translation*) 一书中，韦努蒂进一步将异化和"少数化"(minoritizing) 翻译结合起来，以夯实异化翻译理论的基础。为了打造少数化或异化的译文，他在将19世纪的意大利小说家的作品翻译成英文时，有意识地在语言层面保留异质性元素，如严格遵循原文的句法结构，并用古语、现代俗语和俚语，或采用英式拼写，从而使译者"显身"和让读者意识到他们阅读的是译作[①]。在他看来，好的翻译是少数化翻译，它使标准方言和文学经典接纳相对异国情调的、次标准和边缘化的作品，从而释放被排斥在主流文化价值观之外的语言[②]。

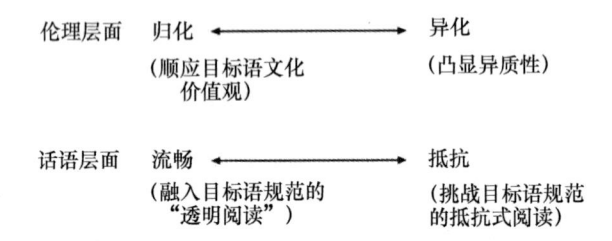

```
伦理层面    归化  ←――――――→  异化
           (顺应目标语文化           (凸显异质性)
            价值观)

话语层面    流畅  ←――――――→  抵抗
           (融入目标语规范的        (挑战目标语规范
            "透明阅读")             的抵抗式阅读)
```

图 3-1 伦理层面和话语层面的归化和异化[③]

更重要的是，韦努蒂也认识到任何译作都不是完全的归化或异化。二者"不是一对截然不同的和二元对立的术语"[④]，归化不等于异化，但是异化的翻译必须借助归化的语言。此外，韦努蒂谈道，"'归化'和'异化'从根本上表明了异域文本和文化被对待的伦理态度，以及翻译文本之择和相关翻译策略所产生的伦理态度；而'流畅'和'抵

---

① Lawrence Venuti, *The Scandals of Translation*, London and New York: Routledge, 1998, pp. 13-20.

② Lawrence Venuti, *The Scandals of Translation*, London and New York: Routledge, 1998, p. 11.

③ Jeremy Munday, *Introducing Translation Studies: Theories and Applications* (4th edition), London and New York: Routledge, 2016, p. 228.

④ Lawrence Venuti, *The Translator's Invisibility: A History of Translation* (Second edition), London and New York: Routledge, 2008, p. 19.

抗'从根本上表明了与读者认知过程相关的翻译策略的话语特征"①。因此，归化和异化与译者的伦理选择相关，都是为了扩大译入语文化的范畴，二者在不同层面的运作关系如图3-1所示。

综上，韦努蒂异化翻译理论针对将弱势地位的民族文化译入强势文化，《天工开物》英译与此相符。归化和异化是可供选择的翻译倾向，又可用于考察翻译结果和状态。然而，这对理论术语经常与直译、意译等概念混淆使用，熊兵②对此进行了澄清，其观点的可操作性强，而且有助于以更加全面客观的定量方法考察《天工开物》中科技内容的翻译策略，故本书加以借鉴。

毋庸置疑，归化和异化映射了译者对待原文和译文的文化态度和价值取向，因而属于最宏观、宽泛的概念。比较之下，翻译方法是特定的途径、步骤和方式，翻译技巧是微观层面具体实施的技能③。归化策略需要翻译方法意译、仿译、改译和创译的运用，构成异化策略的翻译方法包括零翻译、音译、逐词翻译、直译④。增译、减译、分译、合译、转换等翻译技巧则构成了意译法、仿译法、改译法、创译法、直译法。顾名思义，增译是在译文中加入原文没有的字词、句子或段落等注释，减译与之相反。二者均旨在流畅地表达原作和原作者的思想，使之更好地被受众接受或服务于特定的翻译目的；分译和合译是对句子切分或合并；转换是在语音、词汇、句法、语义、语篇、文化等层面将原语语言单位或结构转化为目的语中具有对应、类型或异质属性的语言单位或结构⑤。为了清晰地呈现翻译策略、翻译方法和翻译技巧的关系，本书将之勾勒

---

① Lawrence Venuti, *The Translator's Invisibility: A History of Translation (Second edition)*, London and New York: Routledge, 2008, p.19.
② 熊兵：《翻译研究中的概念混淆——以"翻译策略"、"翻译方法"和"翻译技巧"为例》，《中国翻译》2014年第3期。
③ 熊兵：《翻译研究中的概念混淆——以"翻译策略"、"翻译方法"和"翻译技巧"为例》，《中国翻译》2014年第3期。
④ 熊兵：《翻译研究中的概念混淆——以"翻译策略"、"翻译方法"和"翻译技巧"为例》，《中国翻译》2014年第3期。
⑤ 熊兵：《翻译研究中的概念混淆——以"翻译策略"、"翻译方法"和"翻译技巧"为例》，《中国翻译》2014年第3期。

成图3-2（8种翻译方法的定义将在接下来的分析时界定）。

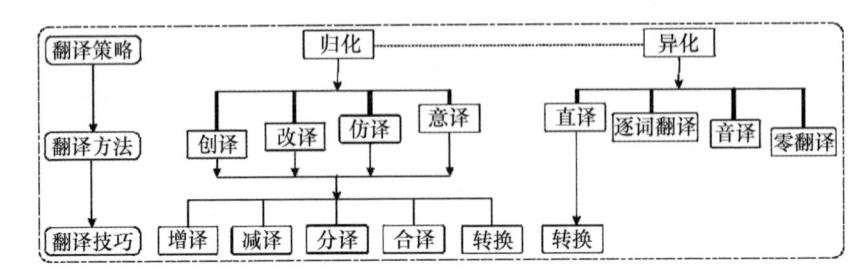

图 3-2 翻译策略、翻译方法和翻译技巧的关系
（粗线长短示意归化或异化程度）

第一节 《天工开物》中的科技术语及其英译策略[①]

科技术语翻译是《天工开物》英译研究者关注的重点，现有研究却以规约式和定性方法为主。而《天工开物》中的科技术语形式精简，有微言大义和"诗无达诂"[②] 等特点，不同译者的理解和阐释难免有所差异。因此，本节采取定量和定性相结合的方法来描写和解释《天工开物》三个英译本对科技术语的翻译策略。

一 《天工开物》中的科技术语分类

伴随着科学技术发展进程中取得的一系列发明和成就，相关术语得以形成。科技术语是"科学技术领域中的专有词或表达方式"[③]，对之进行"实事求是地分类，是对翻译实践的尊重，总结出的科学翻译类

[①] 本节的部分内容来自王烟朦发表在2022年第2期《中国翻译》上的文章《基于〈天工开物〉的中国古代文化类科技术语英译方法探究》，第156—163页；王烟朦、许明武发表在2020年第5期《中国科技术语》上的文章《〈天工开物〉中信息型科技术语英译策略对比分析》，第46—51页。收入时有所改动。

[②] 魏向清：《从"中华思想文化术语"英译看文化术语翻译的实践理性及其有效性原则》，《外语研究》2018年第3期。

[③] 方梦之、范武邱：《科技翻译教程》，上海外语教育出版社2015年版，第32页。

型也就符合客观规律"①。分类的前提是认识它们的特点。谭亚平将科技术语分为表达科技原理的术语、说明科技概念的术语、描述科技产品的术语、记录科技符号的术语、科技缩略语 5 种②。这一分类主要基于英语科技文本以及现代科技术语的简洁性、确切性、稳定性、单义性、理据性、客观性等特点③。

通过《天工开物》十八章标题乃粒、粹精、作咸、甘嗜、膏液、乃服、彰施、五金、冶铸、锤锻、陶埏、燔石、舟车、杀青、佳兵、丹青、曲糵、珠玉可窥见，原书论及明末以前的农作物种植和加工、食盐、制糖、油脂提取、丝织、植物染料和染色方法，金属的开采、冶炼、铸造和锻造，非金属矿产的生产，交通工具船和车辆，造纸方法，兵器技术，朱砂和墨的研制，酒曲制造，珠宝玉石开采等门类，因而原书的科技术语指工农业两大生产领域的农作物名称、自然资源、生产技术的概念、产品和原理以及工具名称、形状、工序等专有词项。它们有一般科技术语的简洁性和信息传递功能的共性，又表现出独特的个性。一方面，书面文言凝练了事实信息，从章节标题可见一斑。且赵越④统计出《天工开物》的 1443 个词汇术语，并发现单字、双字和三字术语占较大比重。另一方面，宋应星记录了依托中国几千年传统文化和明代经济社会的科技，一些科技术语被赋予了文化传承功能，发挥着社会意义、历史意义和建构意义⑤。原书的科技术语具体有如下几个特征：

第一，时代性。明朝中后期商品经济迅速发展，资本主义萌芽出现，农业汇集以往的成果又从国外引进新的产品和技术；纺织、造纸、陶瓷等手工业进一步发展；冶矿、铸造、造船、建筑、火器等部门有很大的改进，产生了一批有新义的术语如"陶车（制造陶器的机械）"。而术语的产生和消亡并存，"倭铅"、"混江龙（水雷）"、"纸药水汁（植物粘液）"已不再使用或含义发生了变化。

---

① 黄忠廉：《科学翻译的分类及其作用》，《四川外语学院学报》2004 年第 4 期。
② 谭亚平：《科技术语的构成及其分类》，《技术经济》2003 年第 8 期。
③ 方梦之、范武邱：《科技翻译教程》，上海外语教育出版社 2015 年版，第 32 页。
④ 赵越：《〈天工开物〉词汇研究》，吉林大学出版社 2017 年版。
⑤ 郭尚兴：《论中国古代科技术语英译的历史与文化认知》，《上海翻译》2008 年第 4 期。

第二，同义性。坊间调查和观察是宋应星撰写《天工开物》的主要素材，一些科技术语辅以俗称，所指事物的名称多样化，如《五金》章有"草节铅……俗名扁担铅，亦曰出山铅"，"其熏蒸旁溢者为自然铜，亦曰石髓铅"。扁担铅和出山铅均指草山铅，自然铜和石髓铅指代同一事物。此类例子不胜枚举，它们的所指别无二致。

第三，文化性。素材来源和宋应星的撰写初衷等主客观原因使《天工开物》兼有文史哲典籍的特点，如部分术语的修辞性强，文化内涵丰富。它们或与具有相同特点的事物联系起来，形象生动，如"吉安早（稻）"、"野鸡篷（船上的舵楼）"、"草鞋底（船尾两侧的木头）"、"混江龙"、"大将军（火炮）"的含义与字面意思大相径庭。"东夷铜"、"红夷炮"、"倭国刀"、"克敌弩"等科技术语映射了明末东北少数民族入侵、东南倭乱和"西学东渐"的史实。

第四，民族性。我国独特的地理位置、自然资源、人文历史、社会制度使《天工开物》中部分科技术语烙有"中华性"①。"黄河秦船"、"江南磨"、"川铜"、"光明盐"为境内特有的交通工具和矿产。古人对科技的认识还呈现出重直觉的非理性主义倾向，有时寻求带有神秘色彩的阴阳五行学说解释一些自然现象，如"神火"、"阴火"。

由是观之，《天工开物》中的科技术语与中华民族的历史文化传统、思维方式和价值观密不可分，兼"概念、符号和语境维度的多重特质"②，其分类无法依据现代学科或科技术语的分类法。根据英语科技词汇的客观性和蕴含的科技信息量，方梦之将之分为技术词（科技术语）、半技术词（有一定的技术含义）、非技术词（各领域通用的普通词汇）③。以此为参照并结合《天工开物》中科技术语的文化特质和专业程度，本书将之分为三类：

---

① 魏向清：《从"中华思想文化术语"英译看文化术语翻译的实践理性及其有效性原则》，《外语研究》2018年第3期。
② 魏向清：《从"中华思想文化术语"英译看文化术语翻译的实践理性及其有效性原则》，《外语研究》2018年第3期。
③ 方梦之：《应用翻译研究：原理、策略与技巧》（修订版），上海外语教育出版社2019年版，第262页。

一、科技术语。这类术语的指称意义稳定、明确和单一，专业内涵通常等同于字面含义，所指对象容易为不同地域和文化背景之中的读者所理解，如"麦"、"黄豆油"、"稻工"、"水利"、"硫磺"、"火药"、"锥"、"樟木"、"山榴花"。

二、半科技术语。半科技术语指带有一定地域性和历史文化内涵的自然科学和工艺技术术语，如"三峡"、"景德镇"、"春分"、"槐花（专指国槐）"。以上有时代性、同义性、民族性的许多科技术语可归为此类，其构词结构以"名词或形容词+实物名词"为主："龙凤缸"、"江南磨"、"倭国刀"、"马牙硝"等命名运用了比喻等修辞格。

三、俗语科技术语。命名具有艺术气息的科技术语和源自坊间的称谓皆属于此类。俗语科技术语蕴含修辞色彩和言外之意而要结合上下文语境推敲含义，其文化性最深厚，正式程度不高，如"救公饥"、"吉安早"、"野鸡篷"、"混江龙"、"万人敌"、"大将军"。

概之，《天工开物》中科技术语、半科技术语、俗语科技术语的区别在于被赋予的社会历史信息和文化内涵的多少。前者的翻译主要在于传播普遍性和事实性的科学技术知识，后两类科技术语代表的中国科技根植于深厚的历史语境和地域文化，翻译肩负着"知识传播与文化沟通的双重诉求"[①]。

二 《天工开物》中科技术语的英译策略

任译本附包含883条词目的术语汇编（Glossary），许多却是正文中不曾出现的科技术语和文化负载词；李译本索引（Index）列出276条术语。李乔苹为自然科学领域的学者并有丰富的科学翻译实践，对科技术语的判别似乎更见长，因为一些国内外学者摘指了任译本的科技术语翻译[②]。李译本列出的科技术语涵盖十八章章节和正文内小标题，又涉

[①] 魏向清：《从"中华思想文化术语"英译看文化术语翻译的实践理性及其有效性原则》，《外语研究》2018年第3期。

[②] 杨维增：《〈天工开物〉新注研究》，江西科学技术出版社1987年版，第396页；潘吉星：《宋应星评传》，南京大学出版社2011年版，第628页；Albert Chan, "T'ien-kung K'ai-wu: Chinese Technology in the Seventeenth Century", *Monumenta Serica*, Vol. 27, 1968.

及工农业领域的多个部分的生产技术,所以本书尝试以之为考察范围。需要指出,276 条术语中含 31 条人名与古籍名称,本节将余下 245 条与科技密切相关的术语分为科技术语、半科技术语和俗语科技术语三类(参见表 3-1),进而描写和分析三个英译本相应的翻译策略。此外,部分术语出现不止一次,同一术语在某个译本中的翻译策略可能不同甚至相矛盾,如陆朝霞[①]指出,任译本存在农业术语翻译不一致的情况,因此本书仅统计该术语首次出现的英译文。

(一)《天工开物》中 85 条科技术语的英译策略

表 3-2 的统计显示 85 条传达客观信息的科技术语在任译本、李译本和王译本中的翻译策略均以异化为主,所占比重分别为 60%、65.9% 和 55.3%。异化有利于保留原语文化特质,但是过度的异化降低了译文可读性和阅读流畅性,从而将对中国古代科技文化不甚了解的读者拒之门外。归化要求译者采用流畅的行文,减少目标语读者的陌生感。三个译本还不同程度地再现中国古代科技事实又确保译文的接受度。

表 3-1　　　　《天工开物》中 245 条科技术语的分类

科技术语	麻	粟	矾滓	矾红	砒石	盆硝	打钻	茶蓝	垩土	脂麻
	曲蘗	绵纸	生银	焚石	五谷	扁钻	乃粒	颗盐	草荡	皂矾
	滑珠	黄矾	回青	淀花	乳羔	高粱	地雷	大盐	蓼蓝	马蓝
	池盐	末盐	推刨	毛铁	黄丹	旋钻	稻宜	稻工	冰糖	崖盐
	酱黄	青蒿	擤绒	胶饴	健钢	枲麻	马蓼	麦工	白铜	蚕种
	银锈	蔗品	造糖	硫黄	牛油	丹曲	苍耳	铜绿	麦灾	水利
	盐盆	猩红	井盐	禾花蜜	红花饼	海水盐	黄豆油	方墁砖	面沙金	菜花蜜
	琉璃石	百炼钢	大晒盐	造白糖	自然铜	苏麻油	淋煎法	茶子油	冬青子油	
	苋菜子油	芸苔子油		大麻仁油		菘菜子油		樟树子油		蓖麻子油	

① 陆朝霞:《中国古代农业术语汉英翻译研究——以任译本〈天工开物〉为例》,硕士学位论文,大连海事大学,2012 年。

第三章 《天工开物》中的科技内容及其三个英译本翻译策略

续表

半科技术语	耩	筒	銶	秔	粳	蕉纱	兽糖	火纸	禹鼎	蟾酥
	浙料	槐花	清明	秋罗	绢地	处窑	珰珠	龙袍	社种	灌钢
	洋糖	鸟铳	立冬	谷雨	大青	大暑	姜石	合浦	窝弩	享糖
	苋蓝	胡粉	靛花	劳铁	倭缎	香锉	缸窑	刀砖	哥窑	兰绒
	琅玕	蓝田	丽江	绫地	罗地	络笃	土硝	官东	跑羔	标缸
	瓶窑	纬络	朴硝	紫粉	时矾	石胆	税珠	解池	傍牌	板钱
	小糖	琐里	团钢	牢盆	课船	三峡	潮墩	丁宁	宝气	紫矿
	走羔	走珠	葱岭	屯绢	桐油	菜玉	蚕浴	蓬盐	望野	吴蓝
	于阗	缊袍	芒硝	㝂芳羊	腰机式	嫩火砖	莱菔油	葱符珠	三撑弩	天鹅绒
	梢篷船	蛇头钻	小皮纸	独辕车	桑穰纸	还魂纸	红夷炮	楻板砖	橄榄金	蛾眉豆
	中夹纸	螺蛳珠	梶纱纸	起线刨	官雨珠	孤古绒	蝴蝶矾	薛涛笺	马牙硝	马蹄金
	红上纸	金背钱	满篷梢	连四纸	鹰嘴钳	龙骨拴	狗头金	火漆钱	清流船	诸葛弩
	景德镇	金齿卫	扯里狲	蜈蚣刨	扁担弩	钻风船	乌玉河	麸麦金	北极朝钟	红花子油
	遮洋浅船		百子连珠炮		揭贴呈文纸		柏仁内水油		两镀煮取法	
俗语科学技术语	来	牟	中干	地溲	杀青	怀素	溜眼	玉妖	胖袄	枭令
	羊头	汗青	蜂反	万人敌	吉安早	千钟粟	佛郎机	佛头青	大将军	浏阳早
	混江龙		高脚黄		三眼铳		无名异		婺源光	

三个英译本选择的归化和异化翻译策略得益于翻译方法仿译法、意译法、音译法、直译法、逐词翻译法，以及增译、减译、转换等翻译技巧的运用。翻译技巧最微观和细微，一种翻译方法也可能涉及几种翻译技巧。在各种翻译技巧中，增译相对明显。在词汇、句法和语篇层面增加内注释或尾注延伸了原文语境信息，也能辅助读者理解原文和帮助他们克服阅读障碍。因此，本章表格列举的翻译技巧仅限增译。音译法是用威妥玛式拼音法或现代汉语拼音移植无法找到语义最为贴切或近似的科技术语，如"p'en-hsiao（盆硝）"[①]。直译法是在"不违背译文语言

---

① Sung Ying-hsing, T'ien-kung K'ai-wu: Chinese Technology in the Seventeenth Century, University Park and London: The Pennsylvania State University Press, 1966, p. 269.

规范以及不引起错误联想或误解的前提下，在译文中保留原文的意义形象和句法结构"①，如"combed wool（搊绒）"②。逐词翻译法是一个字或单词的对译，译文如"Large dried salt（大晒盐）"③ 有亦步亦趋之嫌，却最大限度地保留了原语形式和内涵。意译法"以原文形式为标准"④，又不拘泥于原文，而是改变形式以地道流畅的语言再现原文的含义，解释性翻译和套用目的语词汇都属于意译法。仿译法介于意译法和逐词翻译法之间，指译文不受制于原文词汇和句法结构，而是通过删减浓缩或扩充增添的方式表达出原文的关键要义，取得的效果等同于原文主旨⑤。

如表 3-2 所示，李译本翻译 85 条科技术语践行的方法和技巧最灵活多样，且译本的异化比重高达 65.9%，归化比重与另外两个译本相比最低（10.6%）。李译本对原书科技术语的特质保留最为完整。王译本的归化比重达 43.5%，在三个译本中位列之最，译本倾向于译文的流畅性和英语读者的认知方式。问世于英语世界的任译本以异化为主，但具体的翻译方法以直译法为主，产生的科技术语名称符合英语语法规范，不会造成太大的阅读障碍。

例 8. 凡蓝五种皆可为淀。<u>茶蓝即菘蓝，插根活</u>。<u>蓼蓝</u>、马蓝、吴蓝等皆撒子生。（p. 131）⑥

任译：There are five kinds of indigo plants, and they all yield indi-

---

① 张易凡、许明武：《科技新词文化特征分析及翻译策略研究》，《中国翻译》2012 年第 5 期。
② Song Yingxing, *Tian Gong Kai Wu*, Guangzhou: Guangdong Education Publishing House, 2011, p. 207.
③ Sung Ying-sing, *Tien-kung-kai-wu: Exploitation of the Work of Nature, Chinese Agriculture and Technology in the XVII Century*, Taipei: China Academy, 1980, p. 153.
④ 方梦之：《应用翻译研究：原理、策略与技巧》（修订版），上海外语教育出版社 2019 年版，第 123 页。
⑤ 方梦之：《应用翻译研究：原理、策略与技巧》（修订版），上海外语教育出版社 2019 年版，第 123 页。
⑥ 本书列举原文和英译文的下画线均为作者所加，下同。

第三章 《天工开物》中的科技内容及其三个英译本翻译策略

go. "Tea indigo" is another name for the variety *Isatis tinctoria*, a plant that is propagated by sprig-planting. Others, the *Polygonum tinctorium*, "horse indigo" [*strobilanthes flaccidifolius*], and "Kiangsu indigo" [*Indigofera kiangsu*] are all seed-grown *. (p. 75)（原文和译文的下画线均为笔者所加，下同）

李译：There are five species of indigo plant, from which indigo may be produced. *Cha Lan* 茶蓝（*Isatis indigotica*）i. e. *Sung Lan*（菘蓝）, is grown by planting out the roots. *Liao Lan* 蓼蓝（*Polygonum tinctorium*）, *MaLan* 马蓝（*Strobilanthes faccidiforius*）and *Wu Lan* 吴蓝（same as *Ma Lan*）are grown up by sowing the seeds. (p. 113)

王译：There are five kinds of indigo plants, all of which yield indigo. *Isatis tinctoria* can grow once its root is inserted into the soil. However, *polygonum tinctorium*, *acanthaceous indigo* and *indigofera tinctoria* can only grow by planting seeds. (p. 217)

"茶蓝"、"蓼蓝"和"马蓝"是三种最早生长在中国的被子植物和燃料。任译本逐词翻译"茶蓝"和"马蓝"，并为"马蓝"加入意译的国际植物学名称，因此结合了归化和异化两种策略，"蓼蓝"的翻译运用了从属于归化翻译策略的意译法。它们的产地和使用情况还在章末注释中得到解释和说明："... The commonly used indigo plant in China has been and is the *Polygonum tinctorium*, chiefly found in the central and northern parts of China as well as in Manchuria ..."①，扩充了读者感悟中国古代染色技术和原料的语境。李译本统一音译并辅以意译的植物学名，归化和异化策略并举既映射出原文名称的独特性，又帮助读者快速掌握它们的所指。王译本选择归化策略，即采用英语专业人士易懂的词汇而淡化中文名称，体现了明晰的目标读者意识。再看下例：

---

① Sung Ying-hsing, *T'ien-kung K'ai-wu*: *Chinese Technology in the Seventeenth Century*, University Park and London: The Pennsylvania State University Press, 1966, p. 78.

表3-2　　《天工开物》中85条科技术语的翻译策略使用情况

	翻译策略	翻译方法/技巧	数量		比例	
任译本	归化	仿译	1	28	32.9%	100%
		仿译+意译	3			
		意译+增译	1			
		意译	23			
	异化	音译	1	51	60%	
		音译+直译	2			
		直译	42			
		逐词翻译	6			
	异化+归化	直译+意译	2	6	7.1%	
		直译+增译	4			
李译本	异化	音译	3	56	65.9%	100%
		直译	35			
		直译+音译	8			
		音译+逐词翻译	1			
		逐词翻译	9			
	归化	仿译	1	9	10.6%	
		意译	8			
	异化+归化	音译+仿译	3	20	23.5%	
		音译+增译	1			
		音译+意译	6			
		直译+意译	7			
		直译+增译	1			
		逐词翻译+意译	1			
		逐词翻译+增译	1			
王译本	归化	仿译	4	37	43.5%	100%
		意译	33			
	异化	直译	41	47	55.3%	
		逐词翻译	6			
	异化+归化	直译+意译	1	1	1.2%	

第三章 《天工开物》中的科技内容及其三个英译本翻译策略

例9. 高炉火中，坩埚足炼，撒硝少许，而铜、铅尽滞锅底，名曰银锈。（p. 150）

任译：... the refining is done in a crucible placed over a tall furnace. The silver is placed in the crucible together with a little niter. [When melted,] the copper and lead which adhere to the bottom of the crucible are called "silver rust," ...（p. 150）

李译：... we use the fire of a vertical furnace, in which the crucible is used for extended smelting. A small amount of saltpeter is to be sprayed on the surface, and the copper and lead, which is called "silver rust"（银锈）, will then remain at the bottom of the crucible.（p. 346）

王译：Place the copper, lead and silver mixed with lead in the furnace. Put charcoal in the earthen furnace to break down the three elements. The lead melts first and flows down to the bottom.（p. 241）

高温加热掺杂红铜和铅的碎银，方法是加入适量的硝石，之后铜和铅先沉入钳炉。本例"银锈"的意思直观易懂，指铜和铅的渣滓。任译本和李译本紧贴原文的词汇结构并将之译为"silver rust"，相当于践行异化翻译策略和逐词翻译法。正如熊兵指出，逐词翻译有时可能无法妥帖地再现本义，但是完整地移植原文的语言结构和字面意思有利于彰显文化身份[①]。英语人士尤其是普通读者可能对这一科技术语感到陌生，而上下文语境保证了他们的理解。相反，王译本运用了归化翻译策略以及具体的仿译法和减译技巧将之删去，使译文贴近流畅的英文表达，减少了目标语读者的阅读负荷，却不利于呈现中国古人认识科技知识的方式。

例10. 造者专用白面，每百斤入青蒿自然汁、马蓼、苍耳自然

[①] 熊兵：《翻译研究中的概念混淆——以"翻译策略"、"翻译方法"和"翻译技巧"为例》，《中国翻译》2014年第3期。

汁相和作饼，麻叶或楮叶包罨如造<u>酱黄</u>法。（pp. 315 – 316）

任译：To every 100 catties of flour [certain amounts of] the natural juices <u>of artemisia [*Artemisia apiacea*]</u>, <u>smartweed [*Polygonum posumbu*]</u>, and <u>burweed [*Xanthium strum-drium*]</u> are added, and the resultant mixture is shaped into cakes. The cakes are wrapped in hemp leaves or paper-mulberry leaves, and covered to induce fermentation, as in making <u>soybean sauce</u>. (p. 292)

李译：For every one hundred *catties* of flour, raw liquors of <u>*Ch'ing Hao* (青蒿 *Artemisia apiacea*)</u>, <u>*Ma Liao* (马蓼 A species of smartweed or *polygonum*)</u>, and <u>*Ts'ang Erh* (苍耳 *Xanthium Strumarium*)</u>, are added and mixed to form cakes. These are wrapped, or covered with hempen leaves, or leaves of paper mulberry, as in the preparation of <u>*Chiang Huang* (酱黄 the yellow of fermented soybean)</u>. (p. 430)

王译：Every 100 jin of flour should be added with the fumet of <u>*artemisia apiacea*</u>, <u>*polygonum nodosum*</u> and <u>*anthium sibiricum*</u> and kneaded into cakes which should be wrapped or covered with hemp leaves or mulberry leaves. The method is similar to making <u>yellow yeast for fermented bean sauce</u>. (p. 509)

出自《曲蘖》章的本例原文介绍了酿造医用的神曲，共涉及4条科技术语。"青蒿"、"马蓼"、"苍耳"是草本植物，宋应星将其酿制工序类比于造黄豆酱。三个英译本的翻译策略、方法和技巧有所差异。至于草本植物名称，任译本践行了归化策略，即先意译或仿译出基本含义，再添加方括号补充意译的国际通用名称；李译本先用音译法，再为"青蒿"、"苍耳"加入与任译本相同的补充，对"马蓼"则增添仿译的说明文字；王译本依据归化翻译策略和意译法，全部采用西方专业人士熟知的英文名称。就"酱黄"而言，任译本选择直译，李译本结合音译和意译，王译本运用了归化策略和意译法。相比之下，王译本陌生感最低，因而最流畅，任译本和李译本依次次之。但正如前文援引的李约瑟《中国科学技术史》所示,李译本翻译策略应当最贴近英语专业读者的阅读方式。

例11. 凡淋煎法,掘坑二个,一浅一深。(p. 152)

任译:For draining and crystallizing salt two pits are dug, one shallow and the other deep. (p. 110)

李译:The so-called "Pouring and Heating Method"(淋煎法)is as follows: Dig two reservoirs; -one deep and the other shallow. (p. 154)

王译:The way to leach and decoct salt is to dig two pits side by side, a shallow one about one *chi* deep and a deep one about seven or eight *chi* deep which will receive the brine from the shallow pit. (p. 93)

本例原文出自《作咸》章,"淋煎法"是提炼海水盐(篷盐)的办法,以获得食用盐。首先将扫来的盐料铺在四周高、中间低的席上,再用海水灌淋过滤,这种方法被称为"淋洗",之后将浅坑所淋的卤水置于锅中煎炼,待沸腾时加入皂角等使食盐凝结,即所谓的"煎炼"。整体上,三个英译本翻译方法以直译为主,不同点在于任译本和王译本用动词翻译"淋煎",李译本将动词"pour"和"heat"转换成了名词形式,最贴近原科技术语的语言结构。进一步探究三个译本遣词,李译本措辞和王译本"decoct"仅传递了"淋"或"煎"的表层含义,因为使盐结晶(任译"crystallize")是根本目的。王译本"leach"表示过滤(带有盐料的)液体[1],所以与另外两个译本相比更贴切地再现了宋应星记录的手工业生产技术。

(二)《天工开物》中135条半科技术语的英译策略

135条半科技术语浓缩了有关科学技术的事实,又蕴含一定的文化内涵,表明古代科技的产生和发展根植于中华文化的土壤。根据表3-3

---

[1] 陆谷孙:《英汉大词典》(第2版),上海译文出版社2007年版,第1085页。

的统计，三个英译本翻译半科技术语的方法和技巧比科技术语更加丰富和多样化。改译法是为达到特定的翻译目的或满足读者需求对原文进行改动，改译的内容主旨与原文有偏差①。如"若已成废器未锈烂者，名曰劳铁"②中"劳铁"的释义明确，"劳"字被赋予了拟人化色彩，李译本将之改译为"iron sparks"并增译"i. e. small granular scales"③，任译本和王译本则均译为"used iron"④。

表3-3的数据显示三个英译本的翻译策略仍均以异化为主，李译本、王译本和任译本中相关比重分别达71.1%、69.6%和65.2%。不同的翻译方法相当于归化或异化程度的差异，除直译之外，三个英译本均青睐异化程度较高的音译法和逐词翻译法。音译法和逐词翻译法的优势在于最大限度地保留原语文化内涵，并且营造出一种陌生化的艺术审美效果。这种陌生化手段有效地反映了原语文本和现实，又尝试改变审美主体的定式思维，引导他们以另一种眼光获得对原语文化的本真认识⑤。半科技术语的异化情况均明显高于科技术语的异化比重，这说明三个英译本更注重它们的民族性和文化性再现。

例12. 梓人为细功者，有起线刨，刃阔二分许。又刮木使极光者名蜈蚣刨，一木之上衔十余小刀，如蜈蚣之足。（p. 194）

任译：For very fine work the carpenters use a variety called "pick-thread plane", which has a blade about 0. 2 inch wide. There is also a kind known as "centipede plane" that is used to make the surface of wood extremely smooth; on the wooden body of the plane are laid about a

---

① 方梦之：《中国译学大辞典》，上海外语教育出版社2011年版，第123页。
② 宋应星：《天工开物》，上海古籍出版社2016年版，第189页。
③ Sung Ying-sing, *Tien-kung-kai-wu*: *Exploitation of the Work of Nature, Chinese Agriculture and Technology in the XVII Century*, Taipei: China Academy, 1980, p. 276.
④ Sung Ying-hsing, *T'ien-kung K'ai-wu*: *Chinese Technology in the Seventeenth Century*, University Park and London: The Pennsylvania State University Press, 1966, p. 189; Song Yingxing, *Tian Gong Kai Wu*, Guangzhou: Guangdong Education Publishing House, 2011, p. 303.
⑤ 陈琳、张春柏：《文学翻译审美的陌生化性》，《清华大学学报》（哲学社会科学版）2006年第6期。

dozen small blades which resemble the centipede's feet. (p. 192)

李译: The fine jobs of carpenters require the "linear plane"（起线刨）on which the width of the blade is only 2/10 *ts'un*. The plane required for the super-polishing of wood is called the "centipede type"（蜈蚣刨）, because it is fitted with dozens of small blades, in the shape of a centipede, fixed on the wooden base-plate of the plane. (p. 280)

王译: Cabinet workers use "pick thread planes" with blades as wide as two fen. There are centipede planes which can scrape surfaces really smooth and slick. On the wooden body of the plane are laid about a dozen small blades which resemble the centipede's feet. (p. 309)

表3-3 《天工开物》中135条半科技术语的翻译策略使用情况

	翻译策略	翻译方法/技巧	数量		比例	
任译本	归化	仿译	10	29	21.5%	100%
		意译	17			
		仿译+意译	1			
		意译+增译	1			
	异化	音译	11	88	65.2%	
		音译+直译	9			
		直译	39			
		逐词翻译	29			
	归化+异化	音译+增译	2	18	13.3%	
		音译+仿译	1			
		音译+逐词翻译+增译	1			
		直译+增译	5			
		逐词翻译+意译	1			
		音译+直译+增译	6			
		逐词翻译+增译	2			

续表

	翻译策略	翻译方法/技巧	数量		比例	
李译本	异化	音译	17	96	71.1%	100%
		音译+直译	16			
		直译	34			
		音译+直译+逐词翻译	2			
		逐词翻译	23			
		逐词翻译+音译	4			
	归化	仿译	3	12	8.9%	
		改译+增译	1			
		意译	8			
	归化+异化	音译+增译	10	27	20%	
		音译+仿译	2			
		音译+意译	5			
		音译+意译+增译	1			
		音译+直译+增译	3			
		音译+直译+意译	1			
		逐词翻译+增译	4			
		逐词翻译+意译	1			
王译本	归化	仿译	12	33	24.4%	100%
		意译	21			
	异化	音译	14	94	69.6%	
		直译	35			
		逐词翻译	33			
		音译+直译	12			
	归化+异化	音译+增译	4	8	6%	
		直译+增译	1			
		音译+直译+仿译	1			
		逐词翻译+增译	1			
		逐词翻译+意译	1			

第三章 《天工开物》中的科技内容及其三个英译本翻译策略

《锤锻》章的这段描述介绍推刮木料的工具——刨的制作。"起线刨"和"蜈蚣刨"的命名结构分别是"动词短语+名词"和"名词+名词",前面的修饰成分作为语义补充,并蕴含了特定的文化意象。任译本直译"起线刨"并将动词短语转换为复合词"pick-thread",李译本根据刨的功能将之意译,王译本用了异化策略和具体的逐词翻译法。任译本和王译本严格地遵循了"蜈蚣刨"的构词结构,译文践行字当词对的做法,李译本借助转换技巧用"type"代替"plane",契合了英语表达避免重复的规范。与意译法相比,直译法或逐词翻译法在生动形象地保存原文的意象方面略胜一筹。它们往往伴有上下文解释性信息,而不是突兀或孤立地出现,不会增加英语读者的阅读负荷,反而会适度激发他们探索异域文化的兴趣。再看下例:

例13. 硝化水干,倾于器内,经过一宿即结成硝。其上浮者曰芒硝,芒长者曰马牙硝,其下猥杂者曰朴硝。(p. 194)

任译:As soon as the solution is sufficiently concentrated, it is transferred into another vessel in which saltpeter crystallizes out overnight. The crystals floating on the top are called *mang-hsiao* or "wheat-beard" niter; and the longer crystals, *ma-ya-hsiao* or "horse-teeth" niter. (These are the extracted essence of the locally produced crude saltpeter.) The impure crystals in the lower part of the crystallizing vessel are known as *p'u-hsiao*. (p. 269)

李译:On standing ever night, the niter crystallizes out. The upper floating portion is known as needle niter(芒硝). When the needles are long, the product is known as horse-tooth niter(马牙硝). The lower impure portion is known as "poor"(朴硝), or crude, niter, which is further dissolved in water and cooked again... (p. 392)

王译:When saltpeter is completely dissolved in water, we can pour it into a container in which saltpeter crystallizes overnight. The upper layer of the impure crystals is called "white-beard" saltpeter, the longer crystals, "horse-teeth saltpeter", and the bottom layer crystals are called *pu* saltpeter. （p. 487）

　　硝是火药的原料矿石。"芒"原指小麦种子壳上的细刺，"芒硝"寓指其外形精细和密度小；"马牙硝"和"朴硝"折射了中国古人对硝的细致分类和寄予的文化认知，如"朴"本意为不加修饰的。任译本音译避免了归化会造成的文化流失，直译"芒硝"和"马牙硝"再加上文内注释平衡了原语和译入语文化的差异。"芒（麦尖）"和"马牙"被转换成英文复合名词，双引号带有拟人效果，有利于激发读者联想。李译本字对字翻译"芒硝"，直译"马牙硝"，"朴硝"融合了音译法和直译法，即"朴"取英文单词"poor"的谐音和表层含义"crude"。王译本对前两个半科技术语直译，并与任译本有异曲同工之处，"*pu* saltpeter"则结合了音译法和直译法。此外，在当代美国英语语料库（https：//www.english-corpora.org/coca/）和 GloWbE 全球网络英语语料库（https：//www.english-corpora.org/glowbe/）[①] 中检索"硝"的译法"niter"和"saltpeter"，前者分别出现 6 次和 19 次，后者分别出现 72 次和 51 次。因此，王译本翻译相对符合当代读者的专业认识。整体而言，三个译本较好地再现了本例半科技术语的信息性和文化性。

　　例 14. 凡海舟，元朝与国初运米者曰<u>遮洋浅船</u>，次者曰<u>钻风船</u>（即海鳅）。（p. 274）

　　任译：Of the sea-going vessels, the ships used in transporting rice during the Yuan dynasty and at the beginning of the present dynasty were known as the "<u>over-ocean shallow ships</u>"; next [in importance] were those called "<u>wind-penetrating ships</u>" (also called "sea eels").

[①] 当代美国英语语料库收录了 1990—2012 年间的 19 万篇文本的 4.5 亿个单词，GloWbE 全球网络英语语料库的语料达 19 亿。

(p. 176)

李译：The sea-going vessels used for transporting rice, in the Yuan Dynasty, and in the beginning of the Ming Dynasty, were called "<u>sheltered shallow boats</u>"（遮洋浅船）. The smaller ones were called "<u>bore-wind boats</u>"（钻风船）or "sea loaches". (p. 255)

王译：The grain boats used during the Yuan Dynasty and early Ming Dynasty are called "<u>wind-penetrating ships</u>"（"sea-going vessels"）if they are smaller. (p. 443)

陈晓珊考证，"遮洋"是用竹木制成的防护设备，是古代战船防御设备在明代的体现，反映出抗倭的历史需求①。"遮洋浅船"和"钻风船"同属海船，二者的区别在于运粮多少。"遮"和"钻"二字还带有拟人化的寓意，因而相关术语被归为半科技术语。除王译本用归化策略和减译技巧处理"遮洋浅船"，三个译本诉诸了异化翻译策略和直译法，因而既传递了科技信息，又有利于引导英语读者感悟它们的历史文化内涵。试看具体翻译，李译本"sheltered"准确，任译本将"遮洋"译成"over-ocean"有悖真实的含义。究其原因，两种海船"所经道里止万里长滩、黑水洋、沙门岛等处"②，"万里长滩"指自长江入海口至苏北的浅水海域，任以都会意成"a distance of some 10,000 *li*, going past such places as Ch'ang-t'an（Long Beach）..."③。此外，三个译本对"船"的翻译不同，任译本和王译本的"ship"主要指现代的轮船和汽船等，李译本"boat"表示的船需要借助人力和桨，更符合历史语境。

例15. <u>鸟铳</u>：凡鸟铳长约三尺，铁管载药，嵌盛木棍之中，以便手握。(pp. 308-309)

---

① 陈晓珊：《从遮洋船特征看明代战船上的防御设备》，《国家航海》2019年第1期。
② 宋应星：《天工开物》，上海古籍出版社2016年版，第274页。
③ Sung Ying-hsing, *T'ien-kung K'ai-wu*: *Chinese Technology in the Seventeenth Century*, University Park and London: The Pennsylvania State University Press, 1966, p. 176.

95

《天工开物》英译多维对比研究

　　任译：The bird pistol∗, called *niao ch'ung* is about three feet long [as shown in Figure 1.7]. An iron barrel containing gunpowder is inserted into a wooden stock, which can be conveniently held by hand. (p. 272)

　　李译："Fowling Piece of Sport Gun"（鸟铳）：This is an iron pipe about three *ch'ih* long, filled with powder. To facilitate handgripping, it is encased in a wooden rod. (p. 394)

　　王译：A bird pistol is about three *chi* long. Fill an iron tube with gunpowder. Put the iron tube onto a hand held wooden stock. (p. 491)

　　"鸟铳"的原型是轻型火器装备火绳枪，16世纪明军与葡萄牙侵略者和倭寇作战时俘获了枪支，后加以改良，使射击的精确度提升而可以射落飞鸟。"鸟铳"的机形似鸟嘴，所以被称为鸟嘴铳。三个英译本翻译策略存在显著性差异。任译本对之逐词翻译和音译，又在章末注释中援引相关研究详述这种火枪传入中国的历史及其具体所指，如"The Chinese bird pistol or bird-beak gun was probably introduced to the Chinese by the Japanese, who in turn derived their knowledge from the Portuguese seafarers, according to Davis and Ware... Mayers suggests that the term birdmouth, niao-tsui, probably refers to the bell-shaped muzzle of the early blunderbuss..."[①]。相比之下，王译本逐词翻译而舍去任何注释，李译本不拘泥于原语形式而仿译出主旨，但是"Fowling Piece"和"Sport Gun"主要代指打猎的枪支，不符合原文谈到的作战武器。因此，任译本结合归化和异化翻译策略最大限度地再现了原半科技术语的客观信息和文化内涵，并且兼顾了目标受众的理解和接受。

　　（三）《天工开物》中25条俗语科技术语的英译策略

　　《天工开物》中的俗语科技术语源于社会各阶层或民间的称谓，其

---

① Sung Ying-hsing, *T'ien-kung K'ai-wu: Chinese Technology in the Seventeenth Century*, University Park and London: The Pennsylvania State University Press, 1966, p. 278.

指称的喻义强,即以事物的功能或另一在某些方面具有相似性的事物为之命名,内涵从字里行间不太易捕捉或显得模糊。在三个英译本中,25条此类科技术语的翻译策略有很大的差异。较之科技术语和半科技术语的翻译,李译本对俗语科技术语的保留最为充分,异化的比重为80%。任译本中11条俗语科技术语的翻译策略为异化,余下14条为归化翻译,或异化之后辅以归化策略。归化策略在王译本中的比重为44%,与异化比重大致相当。这些俗语科技术语的概念范畴有独特之处和鲜明的历史文化印记,绝大多数无法等值或贴切地移植到与现代和西方科技中,异化可能会呈现给西方读者一堆生僻的词汇和文化信息,而不容置疑的是原文为大多数俗语科技术语提供了便于理解的上下文语境。据此可以推断李译本注重再现体现了民族文化传统的俗语科技术语,任译本和王译本力求减少可能会影响译文可读性的元素,因此淡化了这些科技术语包含的异质性文化和价值观念。

表 3-4　　《天工开物》中 25 条俗语科技术语的翻译策略

	翻译策略	翻译方法/技巧	数量		比例	
任译本	归化	意译	2	5	20%	100%
		仿译	3			
	异化	直译	5	12	48%	
		音译+逐词翻译	2			
		逐词翻译	3			
		直译+音译	1			
		音译	1			
	归化+异化	音译+增译	1	8	32%	
		意译+意译	2			
		音译+仿译	1			
		直译+增译	2			
		意译+增译	1			
		直译+音译+增译	1			

续表

	翻译策略	翻译方法/技巧	数量		比例	
李译本	异化	音译+逐词翻译	2	20	80%	100%
		直译	10			
		逐词翻译	5			
		音译	3			
	归化	仿译	1	1	4%	
	归化+异化	音译+增译	1	4	16%	
		音译+意译	1			
		直译+增译	2			
王译本	归化	意译	9	11	44%	100%
		仿译	2			
	异化	音译	5	12	48%	
		逐词翻译	2			
		直译	5			
	归化+异化	直译+增译	2	2	8%	

例16. 凡铸炮西洋红夷、佛郎机等用熟铜造，信炮、短提铳等用生、熟铜兼半造，襄阳、盏口、大将军、二将军等用铁造。（p.181）

任译：Refined copper is used in the casting of Western-ocean cannon, the Red-hair Barbarian cannon and French cannon. Equal amounts of refined and raw [or blister] copper are used in making such arms as signal guns and muskets. For making guns like Hsiang-yang, Chan-k'ou, First General and Second General, iron is used. ＊（p.165）

李译：Westerners cast cannons of copper. Signal cannons and short portable cannons are cast from an alloy of equal proportions of copper and bronze. Large cannons, such as "Siang Yang"（襄阳），"Djan Koo"（盏口），"Grand General", and "General No. 2", etc., (all names of ancient Chinese cannons) are made of cast iron.（p.231）

第三章 《天工开物》中的科技内容及其三个英译本翻译策略

王译：Refined copper is used in the casting of Western cannon, Dutch cannon and French cannon. Equal amounts of refined and raw copper are used in making such arms as signal guns and muskets. For making guns like Xiangyang and Zhankou, Great General and Deputy General, iron is used. （p. 309）

"佛郎机"和"大将军"在原文出现 2 次，前者是 15—16 世纪葡萄牙人传入中国的一种大炮，因明代称葡萄牙为佛郎机，此炮故被称为佛郎机。该名称蕴含了明末中西科技交流的史实和中国古人的"华夷观"；"大将军"是古代最高级别的军事指挥统帅，这一命名寓意火炮的药力威猛。任译本和王译本意译"佛郎机"，李译本对之进行归化式的仿译，任译本还为之加入章末注释"'French,' or *Fo-lang-chi*, designated people from Portugal and Spain rather than from France"①。"First General"、"Grand General"、"Great General" 可能会让西方读者感到陌生，但形容词加名词搭配是符合英语语法的直译，李译本进行增译，王译本也为"大将军"加注文内注释"names of weapons in the Ming Dynasty"，却受制于外部翻译规范在出版时被删去。意译和仿译的"佛郎机"承载的社会文化和历史内涵全然不见，任译本增译在一定程度上相对带有折中色彩。相反，"大将军"的社会意义、历史意义和建构意义被三个英译本较为完整地保留了下来。

例 17. 质本粳而晚收带粘（俗名婺源光之类），不可为酒只可为粥者，又一种性也。凡稻谷形有长芒、短芒（江南名长芒者曰浏阳早，短芒者曰吉安早）、长粒、尖粒、圆顶、扁圆面不一。（p. 7）②

---

① Sung Ying-hsing, *T'ien-kung K'ai-wu: Chinese Technology in the Seventeenth Century*, University Park and London: The Pennsylvania State University Press, 1966, p. 170.
② 宋应星在《天工开物》中加入了比正文文字体略小的补充文字，本书将之置于括号中以示区别，下同。

任译：A further variety is originally nonglutinous, which yields a late harvest of slightly glutinous grains (commonly known as the "light of Wu-yuan" variety, and is fit only for making gruel). As to shape, there are long-speared and short-speared rice (south of the Yangtse the long variety is called "early Liu-yang", and the short-speared "early Chi-an"), long-grained and pointed-grained, round-top and flat-top grains, and so on. (p. 4)

李译：Those late varieties of rice which are inherently non-glutinous, but tend to be glutinous (such varieties are commonly called Wu-yuan Awnless, etc.), are, in fact, not suitable for-brewing wines. They can be used for the preparation of porridge. This shows one of the characteristics of their kind. Some varieties of rice may have long or short awns. In the southern region of the lower Yangtze River Valley, the long-awned type is called Liu-yang Early, and the short-awned ones, the Chi-an Early. (p. 3)

王译：Another kind of rice which originally belongs to the round-grained non-glutinous rice category, ripens late and produces slightly glutinous grains (known as the rice produced in the town of Wuyuan in Jiangxi Province). It is not used to brew wine, but only used to cook porridge. The shapes of rice are different in different places, with the long-speared one and the short-speared one. The grains of rice vary from the long-grained to pointed-grained (people in the south call the long-speared rice "Liu Yang Early Season Rice" and the pointed-grained "Ji'an Early Season Rice"), or from the round-top rice to the flat-top rice, and so on. (p. 5)

宋应星将《乃粒》置于全书之首，又将稻置于该章之首。他在这里提到的三种水稻名称"婺源光"、"浏阳早"、"吉安早"来源于民间。它们的命名承载了丰富的哲理和文化内涵，准确的含义无法从字面察觉。其次，中国自古以来幅员辽阔，不同地域的土性、景观和气候等有所差异，农作物品种也因地制宜。农作物名称还反映出中国古代农耕文明的独特性和发达程度。三个英译本翻译策略有所差异。任译本用直译法翻译"婺源光"并辅以章末注释解释婺源位于江西省；李译"awnless"为形容词，置于名词之后的搭配偏离了英语语法规范，因而践行了逐词翻译法；王译本则通过仿译法概括大意，删去了英语读者可能感到生涩的概念和科技术语。同样，任译本直译"浏阳早"和"吉安早"并补充浏阳和吉安的地理位置①，李译本仍旧用逐词翻译法翻译这两个俗语科技术语而没有任何形式的补充说明，王译本译法和李译本有相似之处，但增译的"Season Rice"使前半部分"Liu Yang（Ji'an）Early"符合一般的英语语法，所以结合了直译法和增译技巧翻译了两个俗语科技术语。如是，任译本再现了俗语科技术语的"概念、符号和语境维度的多重特质"②，李译本凸显了它们的符号意义，王译本则重点关注了语境维度。

例18. 万人敌：凡外郡小邑，乘城却敌，有炮力不具者，即有空悬火炮而痴重难使者，则万人敌近制随宜可用，不必拘执一方也。（p. 310）

任译：The "killer-of-myriads" or *wan-jen-ti* is a toxic incendiary bomb for fighting enemies from the top of a garrison wall. It is conveniently use [in the present dynasty] to defend the remotely located small cities, in which the cannons are either weak in firing power or too heavy and clumsy to be effective weapons. （p. 276）

李译：8. "challenging myriad"：In the outer prefectures and/or small districts, the cities are not always provided with guns, to repulse

---

① Sung Ying-hsing, *T'ien-kung K'ai-wu: Chinese Technology in the Seventeenth Century*, University Park and London: The Pennsylvania State University Press, 1966, p. 32.
② 魏向清：《从"中华思想文化术语"英译看文化术语翻译的实践理性及其有效性原则》，《外语研究》2018年第3期。

101

the enemy. Even if they are nominally so equipped, the gun may prove too cumbersome and difficult to manipulate. The challenging myriad has been recently developed, to fill this need. (p. 395)

王译：The revolving bombs are used in frontier areas to guard the towns from being attacked by enemies where either there are no cannons to use or they are too heavy to use. In such cases, the revolving bombs are employed because they can be used under any geographical conditions. (p. 499)

与例16"大将军"命名原理相似，"万人敌"本意形容武器的杀伤力，正如宋应星在《佳兵》章描述这种燃烧式武器的威力："盖硝、黄火力所射，千军万马立时糜烂。"① 这一武器术语形象生动，被寄予了平定外敌入侵和关内战乱的期望。任译本借助意译法和转换技巧将"killer"、"of"和"myriads"三个单词翻译成符合英语语法的复合名词，并补充了音译名称，所以既还原了俗语科技术语的艺术性，又能够帮助读者捕捉字面背后的内涵。李译本"challenging myriad"运用了直译法，而"challenge"无法很好地体现出武器的杀伤功能。王译本"the revolving bombs"与原词汇结构大相径庭，是将原本隐晦的名称明晰化。是以，任译本践行归化和异化两种策略翻译"万人敌"调和了中国古代科技文化和大多数英语读者的知识背景。

例19. 凡家人杀一蜂、二蜂皆无恙，杀至三蜂则群起而螫之，谓之蜂反。凡蝙蝠最喜食蜂，投隙入中，吞噬无限。杀一蝙蝠悬于蜂前，则不敢食，俗谓之"枭令"。(p. 72)

任译：Nothing would happen if one or two bees are killed by the keepers, but if the number reaches three the entire group would swarm to attack the people. This is known as a "bee rebellion." Bees are a favorite

---

① 宋应星：《天工开物》，上海古籍出版社2016年版，第310页。

food of bats. When one of the latter gets into a beehive through a crack it will devour large numbers of them. But if a bat is killed [by the beekeeper] and hung in front of the hives, no other bat will dare eat the bees again. This is commonly known as "warning through execution". (p. 130)

李译：There is no trouble when one or two bees are killed. But when the third one is killed, they all rise up together and sting the people. This is called the "uprising of the bees"（蜂反）. Bats very much like eating bees and, when they enter the beehives, they swallow them up greedily. If one bat is killed and its body hung over and in front of the beehives, other bats will then not dare to eat the bees. This is colloquially called "scare-show"（枭令）. (p. 191)

王译：It is no harm for the breeder to kill one or two bees but if three bees get killed, all the bees will rally together to bite people, which is called "bee rebellion". The bat likes eating honeybees most, so if it seizes the opportunity to creep into bee's nest it will eat up countless honeybees. Hanging one dead bat in front of the barrel will scare away all the other bats, which is called "executing one as a warning to a hundred" in the old saying. (p. 499)

宋应星在《天工开物》中倾注大量笔墨记载农业和手工业生产技术，像本例记载自然科学现象的文字乏善可陈。例19出自《甘嗜》章，前文语境介绍蜂蜜酿制，此处描述昆虫蜜蜂的习性。"蜂反"和"枭令"烙有鲜明的拟人化色彩，因二者本指封建社会的起义和酷刑。三个译本均根据异化策略翻译"蜂反"，但任译本和王译本具体用了逐词翻译法，李译本借助直译法。"uprising"和"rebellion"的意思相近，形象地勾勒了蜜蜂群起而攻之的画面。"枭令"的译法各不相同，但是三个译本用词既符合英语规范，又明显地带有原俗语科技术语的词汇结构和意义形象，所以均是直译法的外在体现。值得肯定的是，王译本将"枭令"巧妙地转换成"杀一儆百"而又不悖原意，营造出独特的艺术审美效果，易于引发读者联想。总体而言，三个英译本均根据异化策略翻译本例俗语科技术语，实现了科学知识传播和文化交流的双重目标。

综合本节的数据和译例分析，《天工开物》中三类245条科技术语的翻译策略在三个英译本中有相通之处，亦呈现别具一格的选择。就共性而言，异化策略始终在任译本、李译本和王译本中所占比重最大。科技术语、半科技术语和俗语科技术语在任译本中的归化比重维系在30%左右，又以意译法为主。科技术语的思想文化内涵越厚重，任译本兼顾归化和异化翻译科技术语、半科技术语和俗语科技术语的比重逐步上升（8.2%＜13.3%＜32%）。陆朝霞考察了任译本对《乃粒》《粹精》两章的农作物生产和加工术语的翻译，并发现译者主要采用意译的归化策略，文化专有项的处理采用异化策略①。其结论与本书的发现有共同之处，本书的发现则揭示出任译本总体上并非一以贯之地以归化策略为主。李译本忠实程度与科技术语的文化特质鲜明与否成正比，因为异化比重不减而增（65.9%＜71.1%＜80%），归化（10.6%＞8.9%＞4%）或中西文化调和之举（23.5%＞20%＞16%）的空间越来越小。王译本对科技术语和俗语科技术语的处理要么归化，要么异化，两种翻译策略比重的差距不超过10%（43.5% V. S. 55.3%，48% V. S. 44%）。半科技术语在该译本中的翻译策略则以异化为主（69.6%）。

至于《天工开物》三个英译本中科技术语翻译策略，任译本译者序的介绍表明译者任以都对《天工开物》和中国古代科技的认同感强，但20世纪60年代美国高校中对亚洲问题感兴趣的学生对东方文化毫无概念。在主客观因素交织下，她在译本中竭力存真并力求流畅通顺，即倾向于异化翻译策略，具体以符合英语词汇和句法规范的直译法为主。随着《天工开物》中科技术语的文化内涵增强，任以都偏好先直译、音译、逐词翻译，再伴以文内注释、章末注释或意译的术语。李译本中异化为主的翻译策略和音译法、直译法、逐词翻译法或几种翻译方法结合体现

---

① 陆朝霞：《中国古代农业术语汉英翻译研究——以任译本〈天工开物〉为例》，硕士学位论文，大连海事大学，2012年。

了李乔苹追求原文的信息量近似传递，与其翻译观相符。其次，《中国化学史》引用《天工开物》近20%的文字，相关科技术语在之英译本中的翻译方法以音译法、直译法和逐词翻译法为主，如"chuan you（转釉）"①。再看李约瑟《中国科学技术史》中的明代科技术语翻译："great invincible general（*wu ti ta chiang-chü* 无敌大将军）"、"nine-arrow heart-piercing cannon（*chiu shih tsuan-hsin phao* 九矢钻心炮）"②。显然，《天工开物》中科技术语的翻译策略延续了李乔苹英译《中国化学史》的译者惯习和套用《中国科技技术史》中科技术语的英文表达的惯习，也表明译本针对的专业受众明确。王译本译者王义静等为大多数半科技术语和俗语科技术语加入文内注释，如"浏阳早"补充了"rice produced in the town of Liuyang in Hunan Province nowadays"，后经匿名翻译专家评审删去，外部翻译规范却完整强化了音译和直译科技术语的中国英语，导致该译本中各类科技术语采用归化和异化相结合的比重最小，半科技术语的异化比重最大。另一方面，王译本英译者谈到他们翻译时注重科技术语的准确性和译名的约定俗成（参见附录二）。在不能增添过多的文内注释的情况下，他们频繁地借助意译法，套用英语专业人士易于接受的英文惯用词汇（如例6）。

第二节　《天工开物》中的科技哲学及其英译策略③

伴随着宋应星哲学作品《论气》《谈天》出版，其哲学家身份逐步为人所熟知。《世界哲学家辞典》和《哲学大辞典》等哲学辞典纷纷为宋应

---

① Li Ch'iao-ping, *The Chemical Arts of Old China*, Easton: Journal of Chemical Education, 1948, p. 100.
② Ho Ping-Yu et al., *Chemistry and Chemical Technology*: *Military Technology*: *The Gunpowder Epic*, Cambridge: Cambridge University Press, 1987, pp. 335–336.
③ 本节的主要内容来自王烟朦、许明武发表在2020年第3期《外语与翻译》上的文章《〈天工开物〉中的科学技术哲学及其英译研究》，第48—53页；王烟朦、许明武发表在2018年第2期《西安外国语大学学报》上的文章《〈天工开物〉大中华文库译本中"天"的翻译策略研究》，第94—98页。收入时略有改动。

星创建词条①。具体到《天工开物》，宋应星创造性地"构造出一种中国古代技术哲学的雏形"②。因此，张岱年所编《中国哲学大辞典》将宋应星置于"中国古代科学哲学"类别之下③。潘吉星还预测宋应星在中国哲学史上的地位会获得如他在中国科技史上应有的历史地位④。

一 《天工开物》中的科技哲学探究⑤

"天人关系""是一根本性的哲学命题，而且构成了中国哲学的一种思维模式"⑥。在历史上的各种学说中，滥觞于群经之首《周易》的"天人合一"思想在封建社会产生的影响最大。这一思想涉及中国传统哲学中最重要的两个概念"天"和"人"。相比之下，后者的含义稳定和明确，前者的内涵表现出复杂性和多重性。

王国维在《观堂集林·释天》篇谈道："古文天字，本象人形。殷虚卜辞或作💃……本谓人之顶，故象人形。……所以独坟其首者，正特著其所象之处也。"⑦ 由此可见，"天"最初代表人头顶之上的苍穹。春秋以降，其内涵被不断阐释和丰富，《汉语大字典》的相关释义达17种：脑袋、刑罚、天空、天体、自然、自然的、季节、天性、特指地理空间、气候、昼夜时间、天神或上帝、神仙世界、所依靠的对象、君王、方言和姓氏等⑧。冯友兰提出⑨，古代哲学的"天"有五义：与地相对的物质之天、所谓皇天上帝的主宰之天、人生无奈何的命运之天、自然运行的自然之天、宇宙最高原理的义理之天。检索中华思想文化术语库（ht-

---

① 刘蔚华：《世界哲学家辞典》，重庆出版社1990年版；冯契：《哲学大辞典》，上海辞书出版社1992年版。
② 李亚宁：《试析宋应星的技术观和自然观的关系——兼论中国传统哲学的历史性变化》，《四川师范大学学报》（社会科学版）1988年第4期。
③ 张岱年：《中国哲学大辞典》，上海辞书出版社2010年版。
④ 潘吉星：《宋应星评传》，南京大学出版社2011年版，第558页。
⑤ 科技哲学（科学技术哲学的简称）是哲学的分支学科，但是以自然界和科技为研究对象，故本书将之归为科技主题的内容。
⑥ 汤一介：《论"天人合一"》，《中国哲学史》2005年第2期。
⑦ 王国维：《观堂集林》（上），中华书局1959年版，第282页。
⑧ 汉语大字典编辑委员会：《汉语大字典》（第1卷），湖北辞书出版社2001年版，第522—523页。
⑨ 冯友兰：《三松堂全集》（第2卷），河南人民出版社2000年版，第281页。

tps：//www. chinesethought. cn/），"天"被概括为中国古代思想中具有神圣性和终极意义的一个概念，并指出其主要意义包括：第一，自然意义上的天空或人世之外的整个自然界，运行呈现出一定的规律和秩序；第二，主宰万物的具有人格意志的神灵；第三，万事万物所遵循的普遍法则，同时也是人的心性、道德以及社会和政治秩序的依据。因此，"天"的概念体系具有开放性、包容性和动态性，但所指对象始终与人相关或有"内在联系"①。

至于《周易》开启的"天人合一"思想，《周易正义·说卦》有言："万物资始乎天，成形乎地"，"是以立天之道曰阴与阳，立地之道曰柔与刚，立人之道曰仁与义。兼三才而两之"②。这一表述主张天、地、人三才是构成客观世界的统一体，人和其他万事万物皆是天地的产物。"与天地相似，故不违；知周乎万物，而道济天下，故不过"③中的"天地"接近"天人合一"中"天"的含义，"与天地相似"指的是人道和人的行为顺应天地自然之道，与自然界和世间万物和谐统一。这种哲学观还主张人和客观自然有区别却不对立，作为有意识和主体性的人不是无为的、消极和被动的，如《周易正义·系辞上》曰"夫易开物成务，冒天下之道"④。万物之理和自然界的普遍规律须借助人的主观能动性来认识，人的活动规律契合天的规律，才能最终达到"天人合一"的境界。

如李亚宁所言，"中国古代所有科学分支都可以从《周易》中找到理论渊源"⑤，宋应星创造运用发端于《周易》的"天人合一"思想，对科学现象和工艺技术进行思索，在原书中乃至中国历史上留下了独树一帜的科技哲学，即"天工开物思想"，成为"中国哲学史和思想史上的一个伟大的里程碑"，"对近现代科学技术也有一定的影响"⑥。

"天工开物思想"集中体现为《天工开物》的命名。"天工"出自儒

---

① 汤一介：《论"天人合一"》，《中国哲学史》2005年第2期。
② 王弼、韩康伯：《周易正义》，上海古籍出版社1990年版，第185页。
③ 王弼、韩康伯：《周易正义》，上海古籍出版社1990年版，第149页。
④ 王弼、韩康伯：《周易正义》，上海古籍出版社1990年版，第157页。
⑤ 李亚宁：《试析宋应星的技术观和自然观的关系——兼论中国传统哲学的历史性变化》，《四川师范大学学报》（社会科学版）1988年第4期。
⑥ 杨维增：《宋应星思想研究及诗文注译》，中山大学出版社1987年版，第404页。

家经典《尚书·皋陶谟》的"无旷庶官，天工人其代之"①，本意是人代替天行使职能。基于以上对"天"的概念讨论，宋应星保留"天工"的本义，又为之赋予了新义。"天工"的第一层含义为其本义。首先，薛凤结合宋应星佚作解读《天工开物》后发现它们的主题一脉相承，都是为了抒发政治关怀和挽救风雨飘摇的大明王朝②。其次，囿于所处时代，宋应星的科技观未完全摆脱唯心主义神秘色彩（如珍珠由龙神和螺母守护，参见第三章第三节）。因此，原书的"天"暗指封建社会的统治者"天子"，间或指具有人格意志的神灵。"天工"的第二层含义是自然形成事物，"天"是物质的天。原书序提出"天覆地载，物数号万，而事亦因之，曲成而不遗，岂人力也哉"③。《周易正义·系辞上》有"曲成万物而不遗"④。两相比较，《天工开物》明显受到了《周易》自然哲学观的影响，宋应星借此抒发天地间数以万计事物的产生并非人力能办到。

"开物"一词意为人工开发万物，出自《周易正义·系辞上》的"夫易开物成务，冒天下之道"⑤。万物的生成不以人的意志为转移，但是"人为万物之灵"⑥，有益之物需要人工进一步开发。在客观法则和方式之下，人在资源开发和工艺生产过程中发挥主观能动性，并且顺应、效法和相协调于"天"，才能"巧夺天工"。书中多次强调了"人巧"之妙。综上，宋应星的科技哲学思想继承和发扬了《周易》"天人合一"的哲学观，"天工开物思想"可以理解为人在尊重天工的前提下凭借工艺、技巧和智慧开发万物，最终服务于人和与人有关联的"天"的和谐统一。

二 《天工开物》中科技哲学的英译策略

《天工开物》中的科技哲学概括为"天工开物思想"，即古代"天

---

① 杨维增：《论"天工开物"的本义及其认识论价值》，《中山大学学报》（社会科学版）1991年第2期。
② Dagmar Schäfer, *The Crafting of the 10,000 Things: Knowledge and Technology in Seventeenth-Century China*, Chicago: University of Chicago Press, 2011.
③ 宋应星：《天工开物》，上海古籍出版社2016年版，第1页。
④ 王弼、韩康伯：《周易正义》，上海古籍出版社1990年版，第149页。
⑤ 王弼、韩康伯：《周易正义》，上海古籍出版社1990年版，第157页。
⑥ 宋应星：《天工开物》，上海古籍出版社2016年版，第86页。

人合一"哲学观在科技层面的反映,"天"和"人"是承载这一科技哲学的核心概念和关键词。因此,本节甄别"天"和"人"构成的词汇,并考察三个英译本相应的翻译策略。

(一)《天工开物》中"天"的英译策略研究

本书构建《天工开物》正文 Excel 语料库,并检索出"天"字共出现 73 次,其中 11 条地名(天津、承天、顺天)、人名(葛天氏)、物名(天鹅绒、天窗、天平船)和颜色词(天青色、天蓝、天章)与科技哲学无太大的关联。

张政、胡文潇将"天"的意义范畴分为自然之天、义理之天和主宰之天[1]。结合冯友兰的划分[2]和《天工开物》内容,本书将余下 62 处呼应宋应星科技哲学的"天"按含义分为自然之天、人世之天、主宰之天和物质之天。表 3-5 显示,《天工开物》中的"天"多指自然之天(64.5%),命运之天和义理之天没有体现。究其原因,这与宋应星的唯物主义观密不可分,他曾在《谈天》中明确提出"天是无意志的自然的天,是可以研究、认识的"[3]。由此也说明《天工开物》中"天"的含义与之在其他传统文化和文学典籍中的侧重点有显著性差异。具体而言,自然之天折射出宋应星的巧妙地利用人工技术从自然界中获取有用之物的辩证思想。这种能动性建立在人与自然协调的基础之上。这类词的词性主要是名词和形容词,如自然、自然界、天体、天气、昼夜和自然的。其次,《天工开物》关注社会现实,主要根据宋应星数次北上会试途中的见闻。"天下"和"普天"映射了宋应星的地理空间观和天下观,二者共出现 17 次。本书将这类"天"单独定义为人世之天。再者,全书有 4 处"天"触及主宰之天,记录了封建社会的祭祀崇拜或民间神话,与宋应星不彻底的唯物主义观有关。此外,《天工开物》同天文类科技典籍的关注焦点不同,与大地相对的物质之天仅出现 1 次。

---

[1] 张政、胡文潇:《〈论语〉中"天"的英译探析——兼论其对中国文化核心关键词英译的启示》,《中国翻译》2015 年第 6 期。
[2] 冯友兰:《三松堂全集》(第 2 卷),河南人民出版社 2000 年版。
[3] 宋应星:《野议·论气·谈天·思怜诗》,上海人民出版社 1976 年版,第 2 页。

表3-5　　　　《天工开物》中"天"的指称范畴分类

含义	例子	频次	比例
自然之天	[1] 宋子曰：天生五谷以育民，美在其中，有"黄裳"之意焉。(p.36) [2] 雨水前五六日，天色晴明即开出，去外壳，斫断约五六寸，以两个节为率。(p.63) [3] 凡煤炭不生茂草盛木之乡，以见天心之妙。(p.229)	40	64.5%
人世之天	[1] 乃枋柚遍天下，而得见花机之巧者，能几人哉？(p.229) [2] 人畜秽遗、榨油枯饼、草皮、木叶以佐生机，普天之所同也。(p.10)	17	27.4%
主宰之天	[1] 祀天追远，沉吟《商颂》《周雅》之间。(p.312) [2] 天孙机杼，传巧人间。(p.87)	4	6.5%
物质之天	[1] 一逢圆月中天，即开甲仰照，取月精以成其魄。(p.323)	1	1.6%
总计		62	100%

表3-6显示，《天工开物》中"天"字及相关概念在任译本和李译本中的翻译策略以归化为主，并且两个译本均倾向于意译法和仿译法。仿译法撮其大要只译出关键信息，偏离了原文词汇和句法结构的原貌；意译法包括对原文进行解释性翻译和套用目的语惯用词汇或表达，如任译本易于将"天"意译成"Heaven"或词性被转换的"heavenly"。查阅 *DK Oxford Illustrated English-Chinese Dictionary*，"heaven"的中文释义包括：天国、极乐世界、令人高兴的事、上帝（神）、天空（用于诗歌中）①。因此，"Heaven"偏重主宰之天，是"一个极具西方宗教色彩的词汇，难以完全符合中华文化中'天'的道德、义理、主宰等多重文化内涵"②。由此印证了归化是译入语导向的，呈现给目标读者的是流畅易懂的译文，却不利于保留原文语言和文化特质。但对"主宰之天"这类封建宗教文化的关键词，异化真实地反映了宋应星朴素的科技哲学观，没有任何补充说明反而会增加阅读负荷，从而影响中国科技文明和科技

---

① 赵玮等：《牛津英汉双解大词典》，外语教学与研究出版社2005年版，第454页。
② 张政、胡文潇：《〈论语〉中"天"的英译探析——兼论其对中国文化核心关键词英译的启示》，《中国翻译》2015年第6期。

哲学传播的顺利与否。整体上，承载"天工开物思想"的文字主要被任译本和李译本淡化、改写或删减。相反，王译本翻译策略以异化为主，归化为辅。异化策略尤其是直译法，或归化和异化相结合能相对真实地保留原文的思想内涵。

表3-6 《天工开物》三个英译本中"天"的翻译策略

	翻译策略	翻译方法/技巧	数量	比例		
任译本	归化	意译	26	41.9%	67.7%	100%
		仿译	10	16.1%		
		改译	5	8.1%		
		意译+增译	1	1.6%		
	异化	直译	19	30.8%	30.8%	
	归化+异化	直译+增译	1	1.6%	1.6%	
李译本	异化	直译	21	33.9%	33.9%	100%
	归化	仿译	24	38.7%	64.5%	
		意译	10	16.1%		
		改译	6	9.7%		
	归化+异化	直译+增译	1	1.6%	1.6%	
王译本	归化	意译	11	17.7%	35.4%	100%
		仿译	10	16.1%		
		改译	1	1.6%		
	异化	直译	39	63%	63%	
	异化+归化	音译+增译	1	1.6%	1.6%	

例20. 凡蚕用浴法，唯嘉、湖两郡。湖多用<u>天露</u>、石灰，嘉多用盐卤水。(p.88)

任译：Only the silk-moth [eggs] of Chia-hsing and Hu-chou prefectures are put through the bathing process. In Hu-chou the method consists of using either <u>rain and snow water</u> or lime [water], while in Chia-hsing

111

brine is used. (p. 36)

李译: The practice of washing silkworm eggs is only observed at Kiahsing and Huchow. In Huchow, people generally wash the eggs by <u>exposing them to the open air</u>, or washing them in lime water. (pp. 50–51)

王译: This method is only adopted in Jiaxing and Huzhou Prefectures. People in Huzhou mostly use dew and lime water to bath eggs. But people in Jiaxing usually use brine to bath eggs. (p. 147)

原文介绍嘉兴和湖州地区育蚕选种的方法,即用石灰水、盐卤水浸泡蚕卵,或天露法,即"以篾盘盛纸,摊开屋上,四隅小石镇压。任从霜雪、风雨、雷电"①。通过置蚕卵于屋外,任由封建社会被赋予了神秘色彩的风霜雷电自然力去弱留强。所以"天"为自然之天,又有主宰之天的色彩,"天露"一词体现出古人对自然力的开发和利用,又折射出对"天"的敬畏之情。"rain and snow water"是以原文形式为标准进行的意译,"expose them to the open air"参照原文仿译,"dew"是意译的结果。李译本译法最接近"天露"的含义,但是三个译文中"天"的意象均无处可寻,此处蕴含的科技哲学没有被很好地保留。

例21. 凡煤炭不生茂草盛木之乡,以见<u>天心</u>之妙。(p. 229)

任译: The marvel of the <u>Heavenly Design</u> is also shown by the fact that coal is not produced in regions where grass and wood abound. (p. 205)

李译: To have coal formed, in regions where grasses and woods do not flourish, shows the greatness of Nature's way. (p. 293)

王译: It is a clever arrangement by Nature that coal is not produced in places where grass and wood abound. (p. 375)

---

① 宋应星:《天工开物》,上海古籍出版社2016年版,第88页。

第三章 《天工开物》中的科技内容及其三个英译本翻译策略

《燔石》章提到，"南方秃山无草木者，下即有煤，北方勿论"①。此处再次强调煤炭很少分布在草木茂盛之地。至于古代用于燃料和冶炼的资源，植被旺盛的地区用薪材，植被少的地区利用煤炭。在宋应星看来，这种资源互补是造物者的巧妙安排，遵从自然规律有利于更好地为人所用。然而，古代科技水平较低，古人无法客观真实地了解这种现象的成因。同样，"天"指物质的自然之天，又涉及主宰之天。毋庸置疑，"heaven"具有浓厚的基督教色彩，是西方读者所熟知的意象。任译本意译无法全面地传递"天心"的内涵。李译本"Nature's way"和王译本"Nature"贴近直译。"nature"表示自然界，首字母大写则带有拟人化的手法②，因此相对完整地传递了原文意象，有利于引导英语读者感悟中国古人对自然资源的认识和宋应星倡导的"天人合一"科技哲学。

例22. 天孙机杼，人巧备矣。（p. 229）

任译：The looms first devised by divine maidens have indeed been brought to perfection through human skill. （p. 58）

李译：This technique of weaving perfects the skillfulness of human beings. （p. 70）

王译：The weaving skills of Vega in heaven have been mastered by skillful artisans here in the country. （p. 187）

"天孙"的字面意思是"天帝的孙女"，涉及主宰之天的神话传说织女。任译本对之直译，而前文谈到承载宋应星科技哲学的这类词异化翻译而没有任何注解反而会让受众感到困惑。李译本译出大意，与上下文自然地融为一体，符合一般英语读者的认知却丢失了原本的哲理内涵。王译本则借助套译法，选用西方专业人士熟悉的文化意象"Vega in heav-

---

① 宋应星：《天工开物》，上海古籍出版社2016年版，第227页。
② 陆谷孙：《英汉大词典》（第2版），上海译文出版社2007年版，第1293页。

en"。"Vega"为拉丁词，指现代天文学上的恒星天琴座α（织女星），与天鹰座α星（牛郎星 Altair）和天津四（Deneb）组成了著名的"夏季大三角"。加之"heaven"是国外读者熟悉的概念，译文易于被科技史研究人士和专业读者理解，在一定程度上能引发熟悉中华文化的读者对中国传统神话的联想，弥补了原语文化内涵的丢失。

（二）《天工开物》中"人"的英译策略研究

本书再以"人"为关键字在《天工开物》原文 Excel 语料库中进行检索，共计得到 239 条结果，频次超过了"天"字的次数，可见宋应星重视人在资源利用和技术生产过程中的重要性。而在大多数情况下，"人"字单独使用，"贵人"、"两人"、"人间"、"秦人"、"山东人"、"商人"、"圣人"等词汇是纯粹的事实描述而与宋应星的科技哲学联系不大，"人力"在开物方面不可或缺，却不是巧夺天工的必要因素。余下 15 处关键词"人巧"及与"天工"对立又统一的"人工"则体现了人的能动性，承载了"天工开物思想"（参见表 3-7）。

任译本、李译本和王译本中体现"开物"科技哲学的"人工"和"人巧"的翻译策略均以归化翻译策略为主。若对之进一步探究，三个英译本频繁使用了仿译法和意译法（详见图 3-3）。词汇意译体现为意义的转换，仿译法以牺牲原文的词汇和句法结构为代价，而且三个译本仅单独使用这两种翻译方法而未辅助文内注释、尾注等增译技巧，由此可见，"天工开物思想"没有得到充分的保留和再现。当然，它们并非完全被归化成地道流畅的英文表达。在少数情况下，三个译本选择直译法，这种以异化策略导向的翻译方法有利于还原宋应星优秀的哲学创作理念。

表 3-7 　　《天工开物》中"人工"、"人巧"出现的频次

	原文举隅	频次
人工	[1] 凡取绵人工，难于取丝八倍，竟日只得四两余。(pp. 99-100) [2] 天道平分昼夜，而人工继晷以襄事，岂好劳而恶逸哉？(p. 75) [3] 凡色至于金，为人间华美贵重，故人工成箔而后施之。(p. 141)	9
人巧	[1] 汲灌之智，人巧已无余矣。(p. 17) [2] 饴饧人巧千方以供甘旨，不可枚述。(p. 74)	6

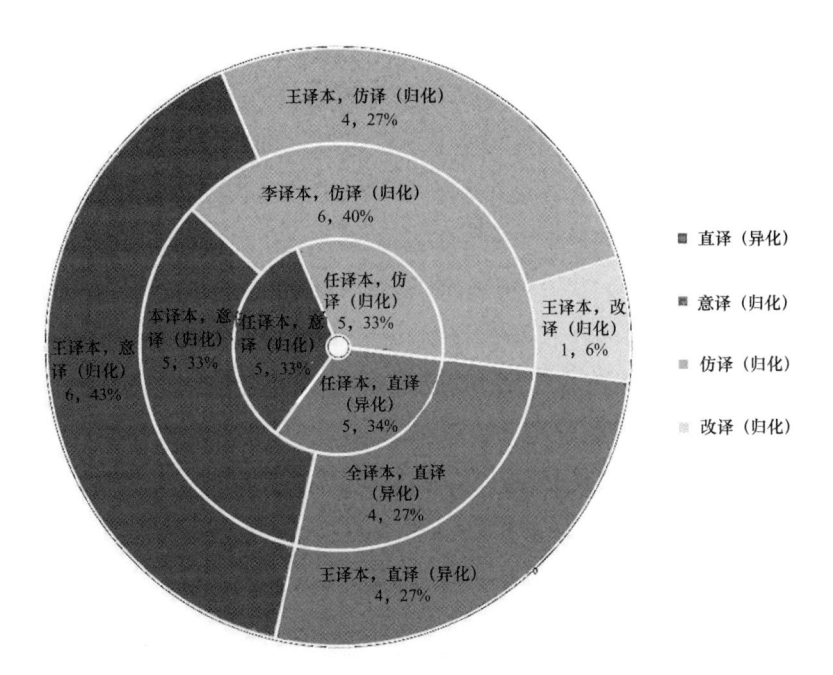

第三章 《天工开物》中的科技内容及其三个英译本翻译策略

图3-3 《天工开物》三个英译本中"人工"、
"人巧"的翻译方法和比重

例23. 将锈与底同入分金炉内,填火土甑之中,其铅先化,就低溢流,而铜与粘带余银用铁条逼就分拨,井然不紊。<u>人工</u>、天工亦见一斑云。(p. 150)

任译: Then the "rust" and the "bottom" are put together into a refining stove consisting of an earthen pot in which a fire has been made. Lead will melt first and flow out; copper and silver [when they flow out] can be separated with iron rods. All this goes to show something of the possibilities of natural creation and <u>human effort</u>. (p. 242)

李译: When combining the "silver rust" and the "furnace dust" in the "metals-separating furnace" (which consists of an earthen pitcher, with a fire inside), the lead melts first and flows into the bottom. The copper and the silver residue stuck to it is pried off with an iron bar. This is an

115

example of man's skill and the natural powers. (p. 346)

王译：Place the copper, lead and silver mixed with lead in the furnace. Put charcoal in the earthen furnace to break down the three elements. The lead melts first and flows down to the bottom. The copper and silver stay together on top. Use an iron stick to separate the silver from the copper. Both the force of nature and force of man have a part to play in obtaining silver. (p. 241)

高温加热有红铜和铅的碎银，掺入硝石使三种金属发生化学反应，铅的熔点最低而先熔化并流向低处，剩下掺杂的铜与银。因为铁的熔点最高，此时再借助人的干预用铁条将它们分离，最后得到纯银。通过描述井然有序的生产工艺，宋应星赞美"天工（自然之力）"，又颂扬与之相互配合和相辅相成的"人工"。人掌握了自然原理和遵循规律，并发挥技巧和能动性，才能实现"天人合一"。三个英译本均直译"人工"。相比之下，"effort"表示人的努力或力量，侧重物质层面，"force"强调事物的天然之力和影响。提炼碎银的方法离不开劳动力，更是人在开发万物过程中发挥智慧的结果，李译本"skill"兼顾了劳动力和人的智慧，贴近原文追求人与自然相和谐的理念。

例24. 草木之实，其中韫藏膏液，而不能自流。假媒水火，凭借木石，而后倾注而出焉。此人巧聪明，不知于何禀度也。(p. 75)

任译：Stored in the seeds of grasses and trees there is oil which, however, does not flow by itself, but needs the aid of the forces of water and fire and the pressure of wooden and stone [utensils] before it comes pouring out in liquid form. [Obtaining the hidden oil] is an ingenuity of man that is impossible to measure. (p. 215)

李译：The seeds or nuts of plants contain oil or fat, which is unable to flow out by itself. When they are subjected to water and fire, they pour out under the action of wood and stone machines. It is not clear how the

第三章 《天工开物》中的科技内容及其三个英译本翻译策略

mankind managed to invent such things. (p. 309)

王译: The seeds of grasses and trees are rich in oil, which can't flow out by itself. When people do something to the seeds of grasses and trees with the help of the forces of water and fire and the pressure of wooden and stone utensils, the oil will come out. We don't know how the skills and the wisdom of the ancient people are handed down from one generation to another. (p. 127)

大自然孕育了蕴藏油脂的草木，油脂不会自动流出，人借助水火、木榨和石磨加工油料作物的种子与果实则可以获取。草木、水火等天生之物是人工技巧施展的基础和依托，人之聪明是掌握自然法则和获得油料的必要条件。因此，潘吉星认为这句话最能表达宋应星"天工开物思想"的核心①。"人巧"诠释了技术与自然相互配合的科技哲学观，李译本用仿译法撮其概要，自然无法再现这一优秀的科技哲学。任译本和王译本选择了直译法。两相比较，"ingenuity"含心灵手巧、足智多谋②的意思，任译本融合了"聪明"和"巧"的含义。原文"人巧"和"聪明"并列，这说明前者强调技能，因此王译本仅再现了人在物质生产过程中掌握的工艺技巧。

例25. 凡苗自函活以至颖栗，早者食水三斗，晚者食水五斗，失水即枯（将刈之时少水一升，谷数虽存，米粒缩小，入碾、白中亦多断碎），此七灾也。汲灌之智，人巧已无余矣。(pp. 16 – 17)

任译: A seventh disaster is the lack of water and drying up of plants, for between the formation of the tassels and the maturing of the grains the water needed [per plant] is three pecks for the early variety and five pecks for the late variety (if the plants are short of one pint of water just before

---

① Song Yingxing, *Tian Gong Kai Wu*, Guangzhou: Guangdong Education Publishing House, 2011, p. 19.
② 陆谷孙：《英汉大词典》（第 2 版），上海译文出版社 2007 年版，第 973 页。

harvest, the grains will still be there, but their size will be small, and are easily broken when husked). <u>Human ingenuity</u> has, however, developed the arts of irrigation and watering to the utmost. (p. 12)

李译: With respect to the water required, from the time of transplanting the seedlings in the fields, to their ripening, three *tou* (斗) are needed for the later varieties. If there is any deficiency in the water supply, the rice plant will wilt and die. (If water is lacking by one *sheng* (升), at the time of harvest, even though the rice grains may not be reduced in number, they will become less plump and more rice will be broken in milling). This is the seventh form of crop disaster. It is important that <u>the farmers use all their ingenuity and skill</u> in irrigating the fields. (p. 11 – 12)

王译: From growing blades to earring up and bearing fruit, the seedlings require irrigation, without which the rice withers. The early season rice needs three *dou* of water and late season rice five *dou* (toward harvesting, a shortage of one *sheng* of water will cause the shrinkage of the grains of rice and though the number of the rice grains remains the same, and when being ground, the grains will be smashed). This is the seventh disaster. This means that irrigation is imperative and <u>the farmers are well skilled</u> therein. (p. 23)

稻苗从发芽到结抽穗遵循自然规律,更离不开农人的灌溉。宋应星精确地陈述了不同稻类需要浇水多少,并强调水稻如不及时浇灌将会枯萎或影响收成。这其中固然离不开人发挥聪明才智,把握自然之天的规律,也得益于长期的实践经验和技巧总结。因此,"人巧"被寄予了宋应星创造性发展的"天人合一"科技哲学。任译本"Human ingenuity"体现了异化翻译策略和直译法,李译本"ingenuity and skill"和王译本"skilled"是对"巧"的再现,并将"人巧"自然地融入流畅的译文表达中,因而运用了意译法。"skill"和"ingenuity"的内涵和区别已在例24

第三章 《天工开物》中的科技内容及其三个英译本翻译策略

和例25的分析中谈及,前者突出劳动技巧,后者侧重才智。而"Human"一词首字母大写有双重含义,涵盖了有意志的人和超出人意志之上的"天"。因此,任译本对直译法和转换翻译技巧的运用相对全面地再现了原文蕴含的科技哲学。

《周易》开创的"天人合一"哲学观影响深远,宋应星对之认识并非停留于理论空谈层面,而是首创性地将之用于思索其所处时代的农业和手工业领域的生产和技术实践,并在《天工开物》中书写了独特的"天工开物思想"。这一科技哲学是对"天人合一"哲学思想的继承和发扬,且原书中62处"天"字和"天"组成的词汇以及15处"人工"、"人巧"是宋应星科技哲学的载体。本节对这些重要概念的翻译策略进行了定量统计,结果发现三个英译本均以归化策略和意译法、仿译法为主,由此导致了蕴含科技哲学的文字未得到充分挖掘。相比之下,王译本中"天"的概念以异化翻译策略为主,宋应星倡导的人开发万物时尊重天、效仿天和与天和谐的理念在很大程度上得以保存。

究其原因,任译本和李译本翻译策略主要受制于客观因素,王译本则与译者的主观因素密不可分。宋应星《论气》《谈天》等哲学作品至1976年出版,自此世人得以深入解读《天工开物》中的科技哲学。任译本和李译本翻译始于20世纪50年代,彼时资料阙如使译者无从深入探究宋应星的科技哲学观。同时,任译本译者序等表明译者任以都下意识地考虑到了许多普通读者的知识体系和背景;作为专注于自然科学研究的李乔苹习惯在器物层面凸显中国古代科技。因此,《天工开物》中的科技哲学在两个译本中没有得到深究。至于王译本,国家作为翻译活动的发起者要求翻译忠实原文,致使译文以异化策略和直译法为主。尽管如此,王译本置换的科技史专家潘吉星的序表述了"天工开物思想"[1],而译者在访谈中表达的观点透露出他们重点关注《天工开物》中的科技术语和科学内容(详见附录二),而没有过多地关注原书的科技哲学。他们的

---

[1] Song Yingxing, *Tian Gong Kai Wu*, Guangzhou:Guangdong Education Publishing House,2011,pp. 18 – 19.

"中国英语"表达也夯实了外部翻译规范导向的直译法。因此可以解释王译本翻译策略以异化为主，相对有利于帮助英语读者直观地感受科技事实，同时引导读者感悟字里行间的科技哲学。

第三节 《天工开物》中的科技谬误及其英译策略

科学的发展历程表明真理在实践中产生和发展，对之探索不是一蹴而就的，因为人对自然现象和技术原理的探索总会受制于所处时代和种种主观因素。至于《天工开物》中与现代科技事实或原理相悖的内容，三个英译本究竟作何处理呢？

一 《天工开物》中的科技谬误概况

谬误有狭义和广义之分，狭义的谬误指论证或推理过程中的逻辑失误，本书取广义的定义，即与客观事实或真理相悖的认识、命题和观点。《天工开物》中的科技谬误指与如今被证实了的科学技术原理或科技史实相悖的文字。"此皆观察之不周，时代之所限。"① 潘吉星指出，找出《天工开物》的差错并非贬低原书价值，而是它们刻画了中国古代科技的真实轮廓，对科技谬误研究也可以窥探中国古代科技的发展和在继承中追求真知②。

细读《天工开物》并结合潘吉星《天工开物导读》和丁文江《重印〈天工开物〉卷跋》指摘的失误③，本书统计出20处科技悖论，并将之成因归结于主观判断、考证不足、刊刻仓促、道听途说、封建迷信五类（参见表3-8）。

---

① 丁文江：《丁文江自述》，安徽文艺出版社2014年版，第41页。
② 潘吉星：《天工开物导读》，中国国际广播出版社2009年版。
③ 潘吉星：《天工开物导读》，中国国际广播出版社2009年版；丁文江：《丁文江自述》，安徽文艺出版社2014年版。

表3-8　　　　　　《天工开物》中科技谬误的分类和实例

类别	例子	数量	比例
主观判断	[1] 如西番用贝树造成纸叶，中华又疑以贝叶书经典。不知树叶离根即焦，<u>与削竹同一可哂也</u>。(p. 242) [2] 前代何妄人，于松树注茯苓，又注琥珀，<u>可笑也</u>。(p. 330) [3] 其汞海、草汞之说无端狂妄，饵食者信之。(pp. 257-258)	3	15%
考证不足	[1] 凡蔗古来中国不知造糖，唐大历间西僧邹和尚游蜀中遂宁始传其法。(p. 63) [2] 火药机械之窍，其先凿自西番与南裔，<u>而后乃及于中国</u>。(p. 290) [3] 其琉球土硫黄、广南水硫黄，<u>皆误记也</u>。(p. 237) [4] (造纸)<u>事已开于上古，而使汉晋时人擅名记者，何其陋哉</u>。(p. 241) [5] 后晋人高居海作《于阗国行程记》，载有乌玉河，此节则妄也。(p. 333)	5	25%
刊印仓促	[1] 凡玉由彼地缠头回或溯河舟，或驾橐驼，<u>经庄浪入嘉峪，而至于甘州与肃州</u>。(p. 337)	1	5%
道听途说	[1] 江南有雀一种，<u>有肉无骨</u>，飞食麦田，数盈千万。(p. 27) [2] (铁矿)耕垦之后，其块<u>逐日生长，愈用不穷</u>。(p. 158) [3] 凡水晶未离穴时如棉软，见风乃坚硬。(p. 342) [4] 未推出位时，璞中玉软如棉絮，推出位则已硬，入尘见风则愈硬。(p. 336) [5] 凡煤炭取空而后，以土填实其井。<u>经二、三十年后，其下煤复生长，取之不尽</u>。(p. 229) [6] (金)初得时咬之柔软，夫匠有吞窃腹中者，<u>亦不伤人</u>。(pp. 140-141)	6	30%
封建迷信	[1] 凡珍珠必产蚌腹，<u>映月成胎</u>。(p. 322) [2] 凡蚌孕珠，即千仞水底，一逢圆月中天，即开甲仰照，<u>取月精以成其魄</u>。(p. 323) [3] 而宝则不然，从井底直透上空，<u>取日精华之气而就</u>，故生质有光明。(p. 328) [4] 凡玉映月精光而生，故国人沿河取玉者，多于秋间明月夜，望河候视。(p. 335) [5] 珠有螺城，<u>螺母居中，龙神守护</u>，人不敢犯。(p. 336)	5	25%
总计		20	100%

首先，宋应星是前半生投身科举的封建文人，其长期饱读儒家经典而必然对科技的认识和了解受限，如认为树叶离开根会很快枯萎，西番用贝多罗树叶抄写佛经不可信。这些观点带有主观臆断性。其次，考证不足使《天工开物》记载的科技史有失本真。《天工开物·序》提到，"伤哉贫也，欲购奇考证，而乏洛下之资；欲招致同人商略赝真，而缺陈

思之馆"①，处境贫寒是宋应星无法购置书籍或招致志同道合者考证的原因之一。且其足迹限于家乡江西和京师之间。所以可以理解他误以为造糖法、火药传自域外，造纸术起源于上古时期，琉球和广南地区不产硫磺。再者，宋应星身处时局动荡的明末清初，《天工开物》刊印仓促而没有来得及润色，记录难免有差池，如新疆向内地的路线是嘉峪→肃州→甘州→庄浪，而非庄浪→嘉峪→甘州→肃州。再次，向民众请教和坊间观察是宋应星创作的主要素材，一些有误的认识也被记录了下来。例如铁矿和煤炭开采之后很快再生，金子初得时柔软，吞入腹中对身体无害均与事实不符。宋应星对技术有浓厚的兴趣，却没有任何迹象表明他躬身践行过农业或手工业生产技术，这些观点或许从各生产部门的工匠处得知。最后，与现代科技相比，古代科技水平偏低，宋应星对一些自然现象的认识没有彻底地摆脱唯心主义，《珠玉》章频繁出现"月精"、"螺母"、"龙神"，夹杂着神秘主义和宗教色彩。

二 《天工开物》中科技谬误的英译策略

科技谬误偏离了科技史实或科学原理，有些违背常识而易于辨别，有些需要结合专业知识加以甄别。一般而言，归化的比重低意味着原语文化保留完整。纵观实现翻译策略的翻译方法，意译、仿译、创译皆迎合目的语规范和读者，译文主旨始终与原文相仿。尽管仿译会淡化科技谬误的色彩，但异化策略和寻求意译法、仿译法的归化可能造成阅读困惑和障碍，或影响域外读者对中国古代科技的误解。改译相当于适当地改写原本有误的科技命题，在原文和译入语读者之间取得平衡。仿译＋增译、直译＋增译忠实了原文，又为读者理解相关谬误提供了语境。表3-9统计了20处科技谬误的翻译策略，结果显示三个英译本的异化情况依次递增。任译本、李译本和王译本中分别有9处、5处和2处使用改译法、增译技巧。试看下例：

---

① 宋应星：《天工开物》，上海古籍出版社2016年版，第3页。

第三章 《天工开物》中的科技内容及其三个英译本翻译策略

表3-9　　《天工开物》三个英译本中科技谬误的翻译策略

	翻译策略	翻译方法/技巧	数量	比例		
任译本	归化	仿译	1	5%	15%	100%
		仿译+增译	1	5%		
		改译	1	5%		
	异化	直译	10	50%	50%	
	归化+异化	直译+改译	1	5%	35%	
		直译+增译	6	30%		
李译本	归化	改译	1	5%	10%	100%
		仿译+增译	1	5%		
	异化	直译	14	70%	70%	
	异化+归化	直译+增译	1	5%	20%	
		直译+改译	2	10%		
		仿译+改译+直译	1	5%		
王译本	归化	改译	1	5%	5%	100%
	异化	直译	17	85%	85%	
	归化+异化	仿译+增译	1	5%	10%	
		仿译+直译	1	5%		

例26. 如西番用贝树造成纸叶，中华又疑以贝叶书经典。不知树叶离根即焦，<u>与削竹同一可晒也</u>。（p. 242）

任译：Some foreigners in the west make paper out of palm leaves, but the Chinese, forgetting that leaves will wither after they are plucked from the tree, again took it to mean that it was on the leaves themselves that the scriptures were written. * <u>This notion is as ridiculous as the idea of books made of bamboo slats!</u>（p. 224）

李译：Our ancestors also made a mistake in asserting that a certain western race wrote on the leaves of a certain tree, while, in fact, they wrote on paper made from such foliage. It is a plain fact that leaves of trees

123

begin to wilt immediately, once they are plucked from the mother plants. Such sayings are as ridiculous as the story of thee bamboo tablets *. (p. 323)

王译: In addition, it was said countries in the West made paper out of palm leaves, and some Chinese believe that the leaves can be used to write Buddhist scriptures. They all ignore the fact that the leaves wither easily. Hence this saying is as ridiculous as the idea of books made of bamboo slats. (p. 391)

西域将贝树造成贝叶，域内人士认为贝叶可以用来抄写佛经。宋应星认为树叶离开根部很快干枯，这种说法好比将竹子削片后记事，荒诞可笑。事实上，经过特殊的工艺加工，印度的贝多罗树叶被制作成书写材料，而且可以保存数百年。宋应星的判断有违科学事实，三个译本均倾向于直译论点"与削竹同一可哂也"。任译本还加入章末注释，大意是贝叶是贝多罗（Pattra）树叶，并援引美国科学史家萨顿（George Sarton）《科学史》（*History of Science*）佐证古印度人在上面书写佛经①。李译本亦有翔实的文内注释，"These blunt denials of Sung Ying-sing are entirely wrong"② 开门见山地提出相反的观点，进而肯定贝叶书写和作画的真实存在："We have found carved bamboo tablets in the ancient tombs of China"③ 则对造纸术发明之前的书写载体竹简予以证实。相比之下，直译保存了原文面貌，却可能会让英语普通读者尤其不谙中国古代科技的人士获得错误的信息。增译加注则有效地避免，因为注释帮助读者辩证地理解身处17世纪的宋应星的科技观，也有利于引导他们深入理解中国古人在文化交流和文明传承方面的成就。

---

① Sung Ying-hsing, *T'ien-kung K'ai-wu*: *Chinese Technology in the Seventeenth Century*, University Park and London: The Pennsylvania State University Press, 1966, p. 232.
② Sung Ying-sing, *Tien-kung-kai-wu*: *Exploitation of the Work of Nature*, *Chinese Agriculture and Technology in the XVII Century*, Taipei: China Academy, 1980, p. 323.
③ Sung Ying-sing, *Tien-kung-kai-wu*: *Exploitation of the Work of Nature*, *Chinese Agriculture and Technology in the XVII Century*, Taipei: China Academy, 1980, p. 323.

例27. 凡煤炭取空而后，以土填实其井。经二、三十年后，其下煤复生长，取之不尽。（p. 229）

任译：After a coal mine has been depleted, the shafts are then filled with earth, and more coal will appear there again after twenty or thirty years-it is inexhaustible [*sic*]. （p. 205）

李译：When the coal is exhausted, the shaft is filled up with earth. After twenty or thirty years, the coal forms again, and repetition of the process makes the source inexhaustible (The author was wrong in this assertion). （p. 292）

王译：After the coal has been exhausted, fill the coal mine with earth. People once thought it would grow out coal again after twenty or thirty years. This is not reasonable. （p. 373）

煤炭开采后以土填实，经二三十年又能再生，取之不尽。宋应星族谱和他本人的文字都无法觅得他参加过体力劳动的线索①，这一论述很可能源于坊间听闻。现代科技的发展证实了煤炭是千百万年才得以形成的非再生能源，储量会越来越少。任译本将原文与前一句合译成长句，并转换"经二、三十年后"的顺序，译文的翻译方法偏直译。"*sic*"一词还表明了译者的立场。李译本直译痕迹明显，文内注释则对宋应星的叙述予以驳斥。王译本概括大意，仿译文与原文的意思并无二致，之后增译出评论，与前两个译本做法相似。因此，三个英译本真实地刻画了三百多年前的古人包括宋应星对煤炭资源的认识，又尝试增译出必要的文字，辅助英语读者认识到《天工开物》中的科技内容不可避免地烙有时代性和局限性。

例28. 珠有螺城，螺母居中，龙神守护，人不敢犯。（p. 340）

---

① Dagmar Schäfer, *The Crafting of the* 10,000 *Things*: *Knowledge and Technology in Seventeenth-Century China*, Chicago: University of Chicago Press, 2011, p. 137.

任译：For [the protection of] the pearls, there is a "shell fortress" under water, presided over by the shell goddess and guarded by immortal dragons, which no man dares violate. (p. 304)

李译：As to rare pearls of unusual excellence, they are protected in "shell cities"（螺城）by "shell mothers"（螺母）. Dragon spirits guard these sanctuaries, so that no human beings dare to invade them. (p. 448)

王译：Pearls reside in spiral shells with mussel mothers in them and are protected by the dragon gods from human's offence. (p. 541)

《天工开物》记载"珠在重渊"①，珍珠从深水蚌类中获取。相对于现当代科技的发达，古代科技的整体水平限制了人对自然的认识，加之珍珠的生长环境和被赋予的尊贵身份，它们被认为生成于满月之夜，为神灵看守和保护。原文介绍珍珠由螺母和龙神守护，受过科学教育的当代读者和专业人士很容易分辨错误。原文表述简洁，逻辑关联不强，任译本借助增译技巧实现仿译，使译文表达清晰流畅。在此基础上，译本使用了转换翻译技巧为"shell fortress"加入引号。双引号实则表示相反的语义，改译文与原文主旨有异，有助于避免英语读者可能会产生的阅读困惑。原文词汇的意义和句法结构在李译本和王译本中得到了近似的再现。李译本为"shell cities"和"shell mothers"添加双引号，转换了意义，与任译本有异曲同工之妙。选择巧妙地改译词汇而不是增加阅读负荷的注释，有利于给异域读者带来有趣的阅读体验。王译本则进行了忠实的直译。

综合表3-9的数据和译例，任译本中译者彰显程度最显著，任以都尝试对书中因主观判断、道听途说、考证不足、封建迷信导致的科技谬误进行不同程度的变通或改写，兼顾了普通读者的知识结构和专业人士的期待，也在一定程度上维护了《天工开物》的科技经典形象。这与她

---

① 宋应星：《天工开物》，上海古籍出版社2016年版，第340页。

致力于赢得美国历史学界和西方科技史领域的学者的首肯,并与运用的深度翻译策略密不可分。添加文内注释或在章末注释中援引文献(如例26)佐证充分表明任以都拥有非常高的文化资本,成为其译本获得成功的必要前提。李译本主要针对不符合自然科学事实的科技谬误进行阐释和点评,在很大程度上得益于李乔苹长期从事自然科学研究和科学翻译实践积累的资本。第二章的研究表明任以都和李乔苹翻译的自由度很大,为什么20处科技谬误没有全被改译或批判式地解读呢?本书认为这与译者的专业背景知识各有所长有关。如潘吉星所言,李乔苹"似乎历史方面不见长"①。任以都则治学历史和明清经济史,并寻求了矿冶专业出身的丈夫孙守全的帮助,但是他们对自然科学和中国古代科技的深入了解情况似乎略逊李乔苹一筹,如任译本将"(雀)有肉无骨"译为"a kind of boneless birds"②而未插入注解,李译本改译成"are so fat and fleshly"③;再如"凡蔗古来中国不知造糖"不符合中国古代科技史实,李乔苹依照翻译,任以都在章末注释中驳斥了这种说法,指出秦汉时期中国古人就已知悉如何制造糖浆类蔗糖,而后引证《唐史》详细介绍从印度传入结晶蔗糖的历史④。至于王译本的处理方式,其中1处将"(雀)有肉无骨"改译为"a kind of fat sparrows"⑤,1处仿译并辅以文内注释(例27),余下科技谬论被近似地移植。王译本从属的《大中华文库》"以向海外传播原汁原味的中国文化为目的"⑥,从而限制了译者的主观能动性。与此同时,该译本译者提到他们将读者群体定位在专业人士和对中国古

---

① 潘吉星:《宋应星评传》,南京大学出版社2011年版,第622页。
② Sung Ying-hsing, *T'ien-kung K'ai-wu*: *Chinese Technology in the Seventeenth Century*, University Park and London: The Pennsylvania State University Press, 1966, p. 23.
③ Sung Ying-sing, *Tien-kung-kai-wu*: *Exploitation of the Work of Nature*, *Chinese Agriculture and Technology in the XVII Century*, Taipei: China Academy, 1980, p. 19.
④ Sung Ying-hsing, *T'ien-kung K'ai-wu*: *Chinese Technology in the Seventeenth Century*, University Park and London: The Pennsylvania State University Press, 1966, p. 131.
⑤ Song Yingxing, *Tian Gong Kai Wu*, Guangzhou: Guangdong Education Publishing House, 2011, p. 43.
⑥ 许多、许钧:《中华文化典籍的对外译介与传播——关于〈大中华文库〉的评价与思考》,《外语教学理论与实践》2015年第3期。

代科技感兴趣的普通读者（参见附录二），所以他们之所以没有过多地干涉原文，是因为预设了译入语读者的背景知识。

第四节　小结

　　《天工开物》中的科技术语涉及明末及以前农业和手工业两大领域的百余种技术和生产工具的名称、工序等，承载了中国古代科技的辉煌史实和厚重的信息。宋应星还表现出了比历史上大多数哲学家的进步之处，首创性地借助"天人合一"哲学观思考自然现象和工艺技术，探索人如何遵从规律，实现人与天、自然界与社会的和谐统一。此外，人对科技的认识和科技发展水平总与时代相关，与科技事实或史实偏离的自然观和技术观存在于原书中。这类谬误是科技典籍中独特的现象。因此，科技术语、科技哲学和科技谬误在三个英译本中的翻译策略关系到中国古代器物文明和古人科技智慧的传播，以及中西科技文明和文化交流的顺利与否。

　　韦努蒂的异化翻译理论反对以强势民族文化中的主流价值观强加于翻译作品。就其中的理论概念归化和异化翻译策略而言，前者以译入语语言和文化规范为导向，产生透明、流畅易懂的译文，替换的文化意象为目的语读者熟悉；后者保留原语结构和文化特质，产生的译文在可读性方面稍逊一筹，却能够引导读者充分感受异域文化，有时还是弱小民族或在世界文化格局中处于边缘地位的国家抵抗文化侵略和反抗文化霸权的手段。作为宏观的原则和方法，归化依赖于具体的意译法、仿译法、改译法等翻译方法，异化通过直译法、音译法、逐词翻译法等翻译方法实现。各种翻译方法又不同程度地涉及微观的增译、减译、合译、转换等翻译技巧。研究结果显示，首先，任译本中科技术语、半科技术语和俗语科技术语的归化和异化比重参半，整体偏向英语读者的阅读方式。宋应星哲学著作在20世纪五六十年代尚未出版，在很大程度上影响了任以都没有深究相关科技哲学，因此，"天"和"人"及相关概念的翻译策略以归化为主，"天工开物思想"被淡化而无法引导英语读者感悟。插入章末注释或改译原文批判地解读科技谬误则体现了其明晰的受众意识,亦反映出其精益求精的翻译态度和对中国传统历史文化了然于胸的学者身份。其次,李译本最大限度地保留了各类术语的形式和内涵,翻译以异化为主,因为译者深受李约瑟《中国科学技术史》的书写方式影响,也深谙中国科技史读者的阅读期待。与任译本受制于相似的外部因素,加之译者从事现代自然科学和科技史研究的影响,李译本主要寻求归化策略翻译承载宋应星科技哲学的概念。这在科技谬误方面却体现出优势,李译本改译有误的观点或增译出辅助读者理解的正确信息,便于相关人士有效地进行科技史研究。最后,王译本中科技术语和俗语科技术语的异化程度最低,半科技术语的异化程度最高。译者王义静等人的术语翻译教学和研究使他们注重科技术语的准确性和译名的约定俗成,因此频繁使用英语惯用词汇。且其译本属于官方发起的翻译活动,要服从"忠实"的外部翻译规范,并尽量将自身隐匿于译文背后。不偏离原文又符合英语词汇和句法规范的直译法不啻为上乘之选。直译法相对有效地展示了中国古代科技和中华民族倡导的人与自然和谐共处的优秀哲学。另一方面,译者干涉原文的自由度小,译者为许多半科技术语加入的注释均被删除。但科技谬误的过度直译以及由此带给不谙中国古代科技和中华文化的英语读者的陌生感是否会影响《天工开物》接受呢?

第四章 《天工开物》中的人文内容及其三个英译本阐释和迻译的文化姿态*

宋应星前后历时十六载赴京参加科举会试映射出明代读书人崇尚科举及第的学术理想。担任教谕等文职经历亦强化了其文人身份。他为什么反其道而行，用文字记述明代读书人避之若浼的科技？对此，德国汉学家薛凤（Dagmar Schäfer）考证了宋应星族谱和四种佚作，并发现政论文《野议》中"社会政治和认识论问题标志了他对工艺技术的兴趣"[1]，"《天工开物》一书的编写，即是为了体现《野议》中政治、经济改革的思想"[2]。

1636年暮春，宋应星正偕分宜县知县游山，县卒送来的邸报载有武官陈启新"立谈而得美官"。陈氏认为满洲大清政权和农民起义使王朝面临严重的军事威胁，并上呈《论天下三大病根》斥责"科目取人"、"资格用人"、"推知行取科道"[3]将武官排斥在国家事务之外。这等于提倡武官不用参加科举考选[4]。皇帝采纳了陈启新谏言并擢升他为文官要职，但是这一任命有违常规，加之陈氏为官动机自私和个人品

---

* 本章的部分内容来自王烟朦、许明武、梁林歆发表在2021年第11期《自然辩证法通讯》上的文章《以意逆志与选择性失明——〈天工开物〉中人文内容的阐释和英译研究》，第72—78页。收入时有所改动。

[1] Dagmar Schäfer, *The Crafting of the 10,000 Things: Knowledge and Technology in Seventeenth-Century China*, Chicago: University of Chicago Press, 2011, p. 264.
[2] 王河、王咨臣：《明代杰出的科学家宋应星》，江西人民出版社1986年版，第59页。
[3] 陆世仪：《明季复社纪略》，载陈力编《中国野史集粹》（1），巴蜀书社2000年版，第578—583页。
[4] 潘吉星：《宋应星评传》，南京大学出版社2011年版，第253页。

第四章 《天工开物》中的人文内容及其三个英译本阐释和迻译的文化姿态

行低劣，不少文官对此强烈反对①，并同样贬斥《论天下三大病根》。宋应星气愤陈启新取巧官职，更悲愤朝堂人士对时局缄默不语和一概反对②，于是以在野读书人身份撰成了《野议》，就世运、进身、民财、士气、学政、催科、乱萌、风俗、军饷、练兵、屯田、盐政十二议思考明朝衰败原因，阐发了一系列卓有远见的政治、经济、军事思想，以缓解社会矛盾和挽救王朝政权，成为了"中国思想史，尤其政治、经济思想史中不灭之鸿篇"③。《野议》是表达社会理想和时代关怀的"宣言"，《天工开物》则汇集了力图使社会转危为安的举措，而且与《野议》阐发的诸多主题一脉相承。

实际上，《野议》对明代统治和社会危机的思考针对人为因素和对策，正如宋应星认为"治乱，天运所为，必从人事招致"④。《现代汉语词典》对"人文"一词的解释是人类社会的文化现象，以及以人为主体和关心人的利益的思想观念⑤。所以《天工开物》延续的《野议》中政治、经济、军事类主题文字可以统称为人文内容。这些关乎社会改良的文字体现了《天工开物》中科技知识的生成初衷，它们的翻译关系到还原宋应星作为有家国情怀的读者人、思想家、科学家的多重身份，以及对原书主旨和科技内容所依附历史语境的把握。为此，本章拟在反思和改进译者姿态理论的基础上考察《天工开物》三个英译本对相关人文内容的迻译和阐释。

由英国学者查尔斯顿（David Charlston）（2012/2013/2018）提出和发展的译者姿态理论（translatorial *hexis*）直接受益于布迪厄社会学理论体系中相对少被提及的"姿态（*hexis*）"这一概念。布迪厄最初将姿

---

① 陆世仪：《明季复社纪略》，载陈力编《中国野史集粹》（1），巴蜀书社2000年版，第583—600页。
② Dagmar Schäfer, *The Crafting of the 10,000 Things: Knowledge and Technology in Seventeenth-Century China*, Chicago: University of Chicago Press, 2011, p. 42.
③ 潘吉星：《宋应星评传》，南京大学出版社2011年版，第255页。
④ 宋应星：《野议·论气·谈天·思怜诗》，上海人民出版社1976年版，第44页。
⑤ 中国社会科学院语言研究所词典编辑室：《现代汉语词典》（第7版），商务印书馆2016年版，第1099页。

态用于区分和描述阿尔及利亚（原法国殖民地）卡比亚人的仪式化和合法化身体姿势，这些姿势是镶嵌在肢体动作中的社会秩序："身体姿态是以个体的以及系统的各种姿态组合而成的一套模式，因为它是连接在一整套涉及身体和工具的技巧层面的，而且承载丰富的社会意义和价值观，所以直接诉诸运动功能。"① 因此，"姿态"是体现共享的社会文化价值观的一种身体位置或站立方式，它包含和表达人的自尊，而人知晓哪些态度和行为方式能够被所在团体认可②。换言之，姿态可以理解为一系列社会法则的体现，这些法则具体通过被公认的社会秩序中成员个体追求荣耀表现出来。因为布迪厄还谈道，"身体姿态是政治神话在现实中的实践和体现，而且转换成永久的性情倾向，转化成持久稳定的站立、说话以及感觉和思考方式"③，所以在此有必要对"姿态"和布迪厄社会实践理论中的"惯习"概念（详见本书第二章的介绍）加以区别。尽管二者都指后天习得的一种持久稳定的秉性系统，但是"惯习"的概念远比"姿态"复杂，范围也更广。惯习顺从和内化外部规则，由此产生的实践结果是下意识的，其建构性可能会反过来影响客观的社会结构；姿态主要为人的主观经验和社会实践所塑造，其行为决策可以是无意识的，也可以是自主和自发的。另外，姿态由文化价值观决定，正如"姿态体现为个人对本书化将哪些视为荣耀或非荣耀的有所期待，这种期待由文化所决定，并通过姿势和立场表现出来"④。

在此基础上，查尔斯顿将译者姿态界定为"译者为了确立和维持荣耀、威严和专业地位而采取的策略"⑤，而且主要表现在译本的文本层面和文本之外的译者引言、脚注和目录等副文本层面。这一理论涉及翻

---

① Pierre Bourdieu, *Outline of a Theory of Practice*, Cambridge: Cambridge University Press, 1977, p. 79.
② David Charlston, "Textual Embodiments of Bourdieusian Hexis: J. B. Baillie's Translation of Hegel's Phenomenology", *The Translator*, Vol. 19, No. 1, 2013, p. 55.
③ Pierre Bourdieu, *Outline of a Theory of Practice*, Cambridge: Cambridge University Press, 1977, pp. 92 – 93.
④ David Charlston, "Textual Embodiments of Bourdieusian Hexis: J. B. Baillie's Translation of Hegel's Phenomenology", *The Translator*, Vol. 19, No. 1, 2013, p. 56.
⑤ David Charlston, "Hegel's Phenomenology in Translation: A Comparative Analysis of Translatorial Hexis", PhD. Disseration, The University of Manchester, 2012, p. 51.

译学、社会学和哲学史，因而有跨学科性。查尔斯顿指出，翻译研究的"文化转向"呼吁研究关注点从文本层面转向影响翻译的社会和文化元素，但是"这并不排除再反过来在特定的社会和意识形态语境下考察文本的语言细节"①。因此，译者姿态将文本细节与宏大的社会和历史语境结合起来，也避免了孤立地考察翻译文本和过度地夸大影响翻译的宏观语境。通过以德国哲学家黑格尔的《精神现象学》为例，查尔斯顿指出，黑格尔从不同侧面考察同一问题的辩证法具有含混性和模糊性，且其作品语言、拼写和停顿均可视为身份标志和荣耀的手段②。进而他选取英国道德哲学家贝利（J. B. Baillie）翻译的意识形态敏感的《精神现象学》，探讨其中语义范围不明确的一对关键术语的翻译。据此，查尔斯顿先考察了贝利译作产生的背景，即"英国唯心主义哲学的历史子领域的细微动态以及与此领域相关的意识形态或政治权力"③，并"区分该领域中对资本分配起结果作用的对立关系，这种对立可能影响了译者的自我定位和最终翻译决策"④。查尔斯顿发现贝利无可否认地关心原语和译入语的对等关系，但是又不局限于此，概念名称翻译的不一致现象和添加脚注这类副文本反映出他亦（以寻求荣耀的方式）重视译本中的哲理衔接，文本在目标语文化的潜在角色和接受，以及他本人在英国唯心主义哲学领域的声誉。此后，查尔斯顿进一步提出，若译者有意地干预，如增加原语文本中没有的细微差异或删除真实存在的细微之处，此时处于一种"结构的"立场；若译者的选择被视为无意识的，被目的语的资源决定或所预设，这时便处于一种"被结构的"立场⑤。

---

① David Charlston, "Textual Embodiments of Bourdieusian Hexis: J. B. Baillie's Translation of Hegel's Phenomenology", *The Translator*, Vol. 19, No. 1, 2013, p. 58.

② David Charlston, "Textual Embodiments of Bourdieusian Hexis: J. B. Baillie's Translation of Hegel's Phenomenology", *The Translator*, Vol. 19, No. 1, 2013, p. 54.

③ David Charlston, "Textual Embodiments of Bourdieusian Hexis: J. B. Baillie's Translation of Hegel's Phenomenology", *The Translator*, Vol. 19, No. 1, 2013, p. 58.

④ David Charlston, "Textual Embodiments of Bourdieusian Hexis: J. B. Baillie's Translation of Hegel's Phenomenology", *The Translator*, Vol. 19, No. 1, 2013, p. 58.

⑤ David Charlston, "Hegel's Phenomenology: A Comparative Analysis of Translatorial Hexis", In Kirsten Malmkjær, Adriana Şerban and Fransiska Louwagie (eds), *Key Cultural Texts in Translation*, Philadelphia/Amsterdam, John Benjamins, 2018, p. 224.

针对译者姿态理论，汪宝荣认为有的文化指涉词文化取向上中性的，与文化荣耀或不荣耀无关，对此译者姿态理论的适用性不强①。相反，本书认为文化荣耀的理解不应停留于词句表层所指，以《天工开物》中人文内容为例，相关文化元素和意义是中性的，但是与科技典籍《天工开物》被公认的科技经典地位"不匹配"，也与西方读者所认识注重事实论述和逻辑推理的科技作品截然不同，所以看似于弘扬中国古代科技文明无直接的益处，因而相对于科技内容来说便是不荣耀的。因而译者姿态理论对于考察《天工开物》三个英译本对人文内容的翻译和在副文本层面的阐释具有解释意义。

此外，本书认为译者姿态这一名称和内涵有以偏概全之嫌。查尔斯顿介绍贝利的译作完成于20世纪上半叶，且黑格尔作品和贝利翻译的环境均具有意识形态性，但是他仅将贝利译本中对荣耀性文化的处理归结为译者未免掩盖了其他参与者对翻译活动的影响。译者是翻译主体，但是当代翻译活动的复杂性决定了译作可能斡旋于译者、出版商、作者和学者等有意志的人，且本书第二章的研究发现《天工开物》王译本经匿名翻译专家修订译文，翻译副文本如序言由赞助人等强制性删减和替换。这些做法均为了使译本更好地获得认可和积累声誉。如此一来，本书借鉴译者姿态理论的思路，实际是考察《天工开物》中人文内容迻译和阐释的文化姿态，而这一姿态可能由译者、翻译专家和出版商等共同所为。与此同时，解释译者姿态支配的策略手段往往需要界定译者的基本书化身份，而从事中华文化外译的译者身份主要包括中国本土译者、海外具有文化归属感的华裔译者、港澳台地区的华人译者等②。而对于解释三个译本中人文内容的处理方式，本书则尽可能全面地通过考察参与塑造译本的不同参与者的身份。

---

① 汪宝荣：《寻求文化荣耀的译者姿态——〈浮生六记〉林译本书化翻译策略新解》，《外语学刊》2017年第6期。
② 汪宝荣：《寻求文化荣耀的译者姿态——〈浮生六记〉林译本书化翻译策略新解》，《外语学刊》2017年第6期。

第一节 《天工开物》政治内容及其三个英译本阐释和迻译的文化姿态

政治论首先标志了在野读书人宋应星对《天工开物》中技术问题的兴趣，这体现出其作为进步的人文思想家的身份和历史责任感，也"为明清之际后世思想家的思维开启了新的绪端"①。

一 《天工开物》包含的政治内容剖析

宋应星认为依照王朝盛衰规律，国家正处于"乱极思治之时"②。基于长期对晚明时局的观察和思考，他提出，"今天下剥肤之患，寇在中而虏在外"③。《野议》十二议顺序表明他主张弊政改革是消除农民起义和少数民族政权威胁的首要之举。《天工开物》主要延续了《野议》的两点政治改良思想：

（一）令禁苛捐杂税，节省无益上供

宋应星通过催科、军饷、盐政、乱萌四议控诉了暴政敛财和苛捐杂税造成百姓的生活日益困苦。自1618年朝廷派军作战辽东增收十分之二的税，各种赋税便接踵而至。农民受到官吏地主剥削，无法上缴粮饷则被治以重罪。他们走投无路只得揭竿而起，催征粮税的里长也"计无复之，相劝投入寇中"④。军队平乱离不开粮饷，粮饷又加剧"搜刮与加派"⑤，所以"寇盗"之患六年未息。宋应星在军饷议比较了筹集粮饷的办法，并认为"酌发内帑，节省无益上供"⑥最可行。数十年无人议论上缴宫廷的赋税，他敢于冒天下之大不韪，主张发放皇室财产，反对宫室铺张浪费，如宫内制作火把的粗麻布和最上乘的糊窗棂纱纸由

---

① 潘吉星：《宋应星评传》，南京大学出版社2011年版，第275页。
② 宋应星：《野议·论气·谈天·思怜诗》，上海人民出版社1976年版，第3页。
③ 宋应星：《野议·论气·谈天·思怜诗》，上海人民出版社1976年版，第14页。
④ 宋应星：《野议·论气·谈天·思怜诗》，上海人民出版社1976年版，第46页。
⑤ 宋应星：《野议·论气·谈天·思怜诗》，上海人民出版社1976年版，第17页。
⑥ 宋应星：《野议·论气·谈天·思怜诗》，上海人民出版社1976年版，第21页。

江西上供。从京城购买一般物资，一年节省的十余万两白银可解决军队的粮草问题。

《天工开物》不乏此类表述。《陶埏》章谈到朝廷差人监造御制宣红瓷器，烧瓷人造不出而被迫跳入窑内殒身，与《作咸》章"种盐之人积扫一石交官，得钱数十文而已"①和《五金》章"数不足则括派以赔偿"②均痛斥了朝廷官员胡作非为和搜刮民脂民膏。同时，书中多次提及制造皇家物品的材料精细和成本高昂，罔顾民间疾苦，如龙袍"工器原无殊异，但人工慎重与资本皆数十倍"③。

（二）革新科举制度，变通进身之法

明代的国家政策迫使官员参与国家治理的实际事务④，而他们将渊博的书面学识作为仕途晋升的筹码，为官前极少关注社会问题或接触工农业生产技术。那些按资历、名望被授予官职的读书人也惯作八股而缺乏技能训练。宋应星主张用人制度日久必新，而"垂三百年，归重科举一途而不变者，则惟有我朝"⑤。科举考试以教条式的八股文为唯一科目，湮没了从政和从军的真才实学者，也使许多登科及第之人不知"建节之荣，原具杀身之祸"⑥。

这一点与《天工开物》创作理念最遥相呼应。原书序疾呼"此书与功名进取毫不相关"⑦，让追求科举大业的文人将《天工开物》弃掷案头，实际讽刺读书人热衷八股文而不务实际。书中的不少表述都属于这一主题，如《乃粒》章借"宋儒拘定以某方黍定律"⑧讥讽读书人死读书而对农业民生不关注。《燔石》章批判"有误以蚬灰（即蛤粉）为

---

① 宋应星：《天工开物》，上海古籍出版社2016年版，第57页。
② 宋应星：《天工开物》，上海古籍出版社2016年版，第144页。
③ 宋应星：《天工开物》，上海古籍出版社2016年版，第113页。
④ Dagmar Schäfer, *The Crafting of the 10,000 Things: Knowledge and Technology in Seventeenth-Century China*, Chicago: University of Chicago Press, 2011, p. 11.
⑤ 宋应星：《野议·论气·谈天·思怜诗》，上海人民出版社1976年版，第6页。
⑥ 宋应星：《野议·论气·谈天·思怜诗》，上海人民出版社1976年版，第7页。
⑦ 宋应星：《天工开物》，上海古籍出版社2016年版，第4页。
⑧ 宋应星：《天工开物》，上海古籍出版社2016年版，第8页。

蛎灰者，不格物之故也"① 也反映出宋应星希冀统治者涤荡科举弊端和倡导探究事物及现象背后的真理。

二 《天工开物》三个英译本对政治内容阐释和迻译的文化姿态

任译本译者序对《天工开物》问世的政治气候进行了阐释，如谈到晚明政权的腐败，无力应对内忧外患。宋应星在原书序中提到著作对仕途没有裨益，译者进行了解读，指出这是宋应星批评同时代学者的迂腐和挖苦他们一心追求功名："这部实学著作在于劝说绝大数学者官员也要关注日常生活必需的工艺技术"②，从而将原本隐晦的观点转换成了直接的表述。李译本附录一丁文江《重印〈天工开物〉卷跋》爬梳了京城的琉璃瓦取土质于江西和皇居用砖设厂于山东等"明代苛政之严"③ 的线索，又指出明代以"文章词赋桎梏天下人士之思想，遂群注重于文学之一门"④，宋应星融合知识与自然观察，探究日用技术本源，"有明一代一人而已"⑤。附录二丁文江《奉新宋长庚先生传》称宋应星"舍末求本，弃虚务实"⑥ 亦突出了他身体力行地抵制科举和践行实学。需要指出，任译本译者序融入丁文江的考证并在注释中将之作为拓展文献，相当于添加了解释。王译本中潘吉星序提及"对科举绝望后，宋应星便决心转向实学，研究与国计民生直接关联的科技问题"⑦，此处寥寥数语带过失意文人宋应星著书的动因，并未涉及他对科举制度的见解。再看具体的译例：

例29. 然生气有限。每逢开采，数不足则括派以赔偿。

---

① 宋应星：《天工开物》，上海古籍出版社2016年版，第226页。
② Sung Ying-hsing, *T'ien-kung K'ai-wu: Chinese Technology in the Seventeenth Century*, University Park and London: The Pennsylvania State University Press, 1966, p. viii.
③ 丁文江：《丁文江自述》，安徽文艺出版社2014年版，第39页。
④ 李乔苹：《中国化学史》，商务印书馆1940年版，第1页。
⑤ 丁文江：《丁文江自述》，安徽文艺出版社2014年版，第40页。
⑥ 丁文江：《丁文江自述》，安徽文艺出版社2014年版，第36页。
⑦ Song Yingxing, *Tian Gong Kai Wu*, Guangzhou: Guangdong Education Publishing House, 2011, p. 17.

(p. 144)

任译：The yields, however, are limited. After a mine is opened, the deficit in the amount produced [as against the official estimates] is made up by quotas allotted [to the people in the locality]. (p. 238)

李译：However, the sources are rather limited, when one considers the exactions of the government. If the quantity (that should be contributed to the state) is insufficient, penalties must be shared by the entrepreneurs to complete the amount required. (p. 341)

王译：But none of these are operating on a scale that is large enough to yield a profit. As a matter of fact, the production is often even not enough to compensate for duties, taxes or charges of many other kinds. (p. 233)

原文出自《五金》章，先介绍湖广、贵州、河南、四川、甘肃等地盛产银，然后笔锋一转引出银矿经营不景气，间接控诉了时局动荡影响了正常生产，恰如《野议》催科议开宗明义地提出"自军兴议饷，搜括与加派两者，并时而兴"①。若开采量不足无法上缴必须的赋税，官员搜刮开采者或让他们赔偿。宋应星列举的银矿皆"美矿"，加之白银作为明代主要的流通货币，"生气有限"应理解为光景不如意。试看三个译本的迻译，李译本将之理解成资源有限，王译本会意成规模小，任译本"the yields（产量）"贴近原意。同时，李译本"exactions"表达苛捐杂税，但是"penalties"强调做错事而受惩罚，所以不符合采矿者真实的境遇，"government"、"state"和"entrepreneurs"的代入年代偏离了宋应星所处时代。王译本对"括派以赔偿"进行解释性翻译，反映了赋税之多，却未体现出官吏对民众的压榨。任译本"official"有官方的含义，又可作名词官员，相对真实地描绘了产量达不到官方预算，官员要求采矿者承担损失的情形。就本例而言，李译本和王译本对

---

① 宋应星：《野议·论气·谈天·思怜诗》，上海人民出版社1976年版，第17页。

第四章 《天工开物》中的人文内容及其三个英译本阐释和迻译的文化姿态

原文思想进行了淡化处理,任译本则完整地再现了这一"非荣耀性"历史文化信息。

例 30. 其土必取于太平府(舟运三千里方达京师。参沙之伪,雇役、掳舡之扰,害不可极。即承天皇陵亦取于此,无人议正)。(p. 204)

任译:Only clay from T'ai-ping prefecture [in Anhui province] is used for [making imperial tiles]. (This clay must be transported 3,000 li to Peking, in the course of which indescribable damage is caused by adulteration with sand, and by the lawless behavior of the transport laborers and boat crews. Even the imperial mausolea are built with such tiles, and no one has dared give advice to the contrary.) (p. 137)

李译:The clay is quarried from T'ai-p'ing-fu (from whence it is shipped over 3,000 li -about 1,000 miles), to the capital. The fraud of mixing sand with the pure clay, and difficulties of labor recruitment, were great problems to the country and the people. Even though the Imperial Tombs also use these raw materials, no one ventures to criticize and remedy this situation. (p. 197)

王译:Clay must come from the prefecture of Taiping (This type of clay was transported 3000 li to Beijing. In the course of transportation work officials in charge added some sand in the clay and forced the laborers to do the work. The imperial mausoleum of the Ming Dynasty was built with this type of clay. No one dared say something about it). (pp. 323–327)

京城宫殿专用琉璃瓦,烧制的土取自三千里之外的太平府,劳民伤财情况可想而知。宋应星便引出 16 世纪修建的承天皇陵,批判皇陵修建耗资甚巨。若如《野议》倡导的就地取材,人力和财力大大节省。任译本"only"和王译本"must"再现了皇家殿宇对材料选择的"严格"，李译本省译"必"削弱了原文蕴含的政治思想。值得肯定的是三个英译本均没有亦步亦趋地坚守"承天皇陵"的字面含义，复数形式契合宋应星隐晦表达的主张和本意。与此同时，较之李译本"tombs"，任译本和王译本"mausoleum"再现了帝王身份和皇陵修建规模，易于引起共鸣。任译本和王译本使用"dare"，李译本用"venture"表达"无人议正"，而前者的语气强，合乎宋应星冒着被治罪的生命危险替民众发出抗议之声的形象。此外，原文出于明末人士宋应星的视角，王译本修饰语"of the Ming Dynasty"属于今人或译者的阐释，是对原文的干预和改写。整体而言，任译本进行了恰如其分的迻译。

例31. 世有聪明博物者，稠人推焉。乃枣梨之花未赏，而臆度"楚萍"；釜鬵之范鲜经，而侈谈"莒鼎"；画工好图鬼魅而恶犬马，即郑侨、晋华，岂足为烈哉？（p. 1）

任译：A person who is endowed with intelligence and possesses a knowledge of the natural world is much respected by the multitude of ordinary folk. Yet there are those who, not being able to distinguish between jujube flowers and pear blossoms, would prefer to indulge in speculations about the water-plants of Ch'u; not knowing the measurements and care of cooking pots, would prefer to discourse emptily on ancient sacrificial vessels of Lü; when they paint, they delight in depicting ghosts or monsters but scorn such common subjects as dogs or horses. Even if the talents of these people equal those of Kung-sun Ch'iao of Cheng and Chang Hua of Tsin, * they are still, I say, unworthy of emulation!（p. xiii）

李译：There are, in this world, intelligent and learned natural scholars, who have the respect of the common people. However, there are others who, not yet able to appreciate the flowers of the jujube and the pear, would guess about the legendary fruit of Ch'u *. They are scarcely acquainted with the forms of the ordinary saucepan, yet they discourse extravagantly on the sacrificial vessel of Lu *. Artists prefer to

第四章 《天工开物》中的人文内容及其三个英译本阐释和迻译的文化姿态

paint spirits and sprites, rather than dogs and horses. According to their self-conceit, even Tzu-Ch'an of the Ch'eng Kingdom * and Chang-hua of the Tsing Dynasty * would not be as eminent in learning as they are. (p. iv)

本例出自《天工开物》序,王译本进行了置换而没有对应的译文。据统计,"博物者"在原文共出现4次,通过上下文语境可知他们指见多识广和通晓万事万物原理的人。在宋应星看来,埋首书籍和追求科举的读书人连枣花、梨花都分不清,画鬼魅而无视现实艺术,即使有春秋时期公孙侨和西晋张华的名声,也不会像博物者那样备受推崇。这根本上因为"父望其子、师勉其弟者,只有纂集时文,逢迎棘院"[1]。李译本补充"公孙侨"和"张华"是"famous minister and great scholar"[2],任译本在注释中详述政治家公孙侨抗击邻国侵略的事迹,张华多才多艺并著有《博物志》。无论是"博物者",还是"即郑侨、晋华"之前的文字,任译本和李译本理解和迻译不尽相同。"岂足为烈哉?"表达了宋应星对皓首穷经的读书人的批判。任译本将问句转换成直抒胸臆的感叹句,酣畅淋漓地表达了作者的愤懑。李译本转换成陈述句也富有特色,致力于科举八股之人的自负形态跃然纸上,然而呈现的宋应星立场似乎比原文隐晦。

例32. 时崇祯丁丑孟夏月,奉新宋应星书于<u>家食之问堂</u>。(p. 4)

任译:Sung Ying-hsing, written in <u>the Hall of Inquiry into the Home Arts</u>, in the fourth month of 1637. (p. xiv)

李译:10th Year of Ch'ung Chen, Ming Dynasty

---

[1] 宋应星:《野议·论气·谈天·思怜诗》,上海人民出版社1976年版,第7页。
[2] Sung Ying-sing, Tien-kung-kai-wu: Exploitation of the Work of Nature, Chinese Agriculture and Technology in the XVII Century, Taipei: China Academy, 1980, p. vi.

141

Fonghsin, Kiangsi, China
May of 1637, A. D.
Sung Ying-Sing（p. vi）

此例为《天工开物》序的结束语。潘吉星考证，"家食"出自《周易》的"不家食，吉，养贤也"①，大意是授予贤人官职，不让他们在家自食。宋应星反其意用之，并以之为书斋名。李译本译出，即用仿译法将"家食之问堂"译为宋应星撰写《天工开物》的江西分宜县，造成文化内涵流失。任译本的"arts"表示艺术，又代表学问、知识②，因此保留了宋应星身躬力行地研究生存之道，并呼吁读书人关注社会实际，将知识与行动结合起来的论调。

以上讨论表明任译本对宋应星政治内容的阐释最全面，李译本和王译本依次递减。至于相关译文，王译本予以删除，或选择流畅易懂的表达；较之李译本，任译本理解深刻，用词精确，原汁原味地展现了宋应星批判苛税奢靡和科举制度。究其原因，任以都的美国大学学者身份促使她考究和尽可能全面地挖掘政治内容，将丁文江研究融入译者序中，并在翻译时追求原文迻译的完整性。王译本赞助者的中华文化外交使者身份使得译本删去与科技"不相关"却汇集了政治内容的原书序，另一方面与译者王义静、王海燕和刘迎春也不自觉地为此身份所影响，突出科技内容而淡化"非科技内容"不无关系（参见附录二）。丁文江《重印〈天工开物〉卷跋》和《奉新宋长庚先生传》对宋应星的考证涉及明代苛政以及其注重实际学问而毅然与科举决裂。作为具有自然科学学者身份的李乔苹将之作为附录，但是其《宋应星——中国最伟大的科技著作家》等著述表明他重视宋应星的科学家身份。此外，这与他从事自然科学研究不无关系，所以原文保留而未删除，却仅传递了字面含义。

---

① 潘吉星：《天工开物导读》，中国国际广播出版社 2009 年版；王弼、韩康伯：《周易正义》，上海古籍出版社 1990 年版。
② 陆谷孙：《英汉大词典》（第 2 版），上海译文出版社 2007 年版，第 97 页。

第二节 《天工开物》经济内容及其三个英译本阐释和迻译的文化姿态

于光远《经济大辞典》和叶世昌《古代中国经济思想史》等辞书纷纷为宋应星创建词条，《天工开物》章节亦入选石椿年、吴炜华所编《中国古代经济文选》，由此可见宋应星《天工开物》在中国经济史上的地位得到了认可。

一 《天工开物》蕴藏的经济内容探究

宋应星《野议》重点讨论的第二个问题是民财。他用"民穷财尽"[1]道出明末经济危机，并论述了执政者如何由乱而治。《天工开物》具体继承了他在《野议》中表达的如下经济改良思想：

（一）强调以农为本

纷争战乱造成土地荒芜，加上"军兴急迫"[2]，耕田植桑所得被迫上交，耕织便逐渐废弃。宋应星疾呼，"今天下何尝少白金哉！所少者，田之五谷、山林之木、墙下之桑"[3]。国家财政危机与金银货币储存量有关，从根本上取决于关乎国计民生的农业。他将农产品与财富等同起来，并认为如果这些物资充足，黄金白银便会"疾呼而至"[4]，"寇乱"自然平息。此外，将士屯田有利于解决作战的粮饷问题，也能削减民众的赋税压力。生产秩序一旦恢复，财源何愁萧索。

《天工开物》书写方式在某种程度上贯彻了这一理念。《五金》章论述制造锅斧的铁与黄金价值无法比拟，但是后者"值高而无民耳"[5]。不但如此，宋应星在原书序突出十八章顺序遵循"贵五谷而贱金玉"

---

[1] 宋应星：《野议·论气·谈天·思怜诗》，上海人民出版社1976年版，第9页。
[2] 宋应星：《野议·论气·谈天·思怜诗》，上海人民出版社1976年版，第9页。
[3] 宋应星：《野议·论气·谈天·思怜诗》，上海人民出版社1976年版，第9页。
[4] 宋应星：《野议·论气·谈天·思怜诗》，上海人民出版社1976年版，第9页。
[5] 宋应星：《天工开物》，上海古籍出版社2016年版，第137页。

的原则,将涉及农作物的《乃粒》置于首章。正文也提倡农家广种胡麻,还直言不讳地批评了纨绔子弟和儒生对劳动者的鄙夷。

(二) 主张通商惠民

宋应星以盐政为例探讨了充实国库的又一办法。他计算出仅淮扬一地的盐场每年就可以让国家获利四千万两白银。但是朝廷的高额征税和对私盐贩卖的限制导致了"商贫而盐政不可为"[1]。因此有必要更改法令,以"通商惠民"[2],使"大小行商贩盐之便,同贩五谷"[3]。贸易往来自由是商业和商品经济繁荣的保障,也是税收的重要来源。军饷议的"凡物所出,不如所聚。京师,聚物之区也"[4] 还强调了商业的重要性。商品流通能够促进资源的合理利用,节省下来的物质开支可用于军队作战。

《天工开物》序描绘了昔日的"滇南车马纵贯辽阳,岭徼宦商横游蓟北"[5],与今日"商之衰也"[6] 形成反差。他记录"丝质来自川蜀,商人万里贩来"[7] 等凸显了商业的不可或缺性,再如《舟车》章"人群分而物异产,来往贸迁以成宇宙"[8] 揭示了商品流通于社会发展的必要性。

二 《天工开物》三个英译本对经济内容阐释和迻译的文化姿态

任译本译者序谈到明末税收体系的变化映射出国家经济的整体失调,译者研究中国经济史而接触《天工开物》,相当于引导了英语读者感悟原书的经济价值和经济内容。《乃粒》《粹精》两章保留涂本插图,又分别增加陶本插图 6 幅和 9 幅,与宋应星重农理念一致。丁文江《重

---

[1] 宋应星:《野议·论气·谈天·思怜诗》,上海人民出版社 1976 年版,第 35 页。
[2] 宋应星:《野议·论气·谈天·思怜诗》,上海人民出版社 1976 年版,第 39 页。
[3] 宋应星:《野议·论气·谈天·思怜诗》,上海人民出版社 1976 年版,第 38 页。
[4] 宋应星:《野议·论气·谈天·思怜诗》,上海人民出版社 1976 年版,第 22 页。
[5] 宋应星:《天工开物》,上海古籍出版社 2016 年版,第 2 页。
[6] 宋应星:《野议·论气·谈天·思怜诗》,上海人民出版社 1976 年版,第 36 页。
[7] 宋应星:《野议·论气·谈天·思怜诗》,上海人民出版社 1976 年版,第 114 页。
[8] 宋应星:《天工开物》,上海古籍出版社 2016 年版,第 263 页。

第四章　《天工开物》中的人文内容及其三个英译本阐释和迻译的文化姿态

印〈天工开物〉卷跋》介绍了《乃粒》章梗概:"全书各卷莫详于《乃粒》,稻则列举粳、糯、旱、香,麦则备述牟、矿、雀、乔,黍、稷、粱、粟之中不遗高粱,火麻、胡麻之外遍列各菽。"① 李译本相当于概括了十八章之首的《乃粒》叙述翔实以及其中的谷物种类之丰富。同时,该卷跋通过《天工开物》中记载的洋糖、倭锻等推断"明末造外国贸易已繁"②。同样,任译本译者序将之作为参考文献无形之中强化了原书的经济内容。王译本阐释体现在章节排列上。《天工开物》涂本上卷包括《乃粒》《乃服》《彰施》《粹精》《作咸》《甘嗜》,农作物加工的《粹精》章应紧随《乃粒》,却被排在《乃服》和《彰施》章之后。潘吉星推测,时局动荡和经济状况欠佳使宋应星无法从容创作,其作品仓促完成而未来得及推敲和润色③。王译本底本经由潘吉星校勘,调整后的上卷章节包括《乃粒》《粹精》《作咸》《甘嗜》《膏液》《乃服》《彰施》七章,真正符合了宋应星"贵五谷"的思想,关乎民食的《作咸》《甘嗜》《膏液》章置前也更好地符合了作者重视国计民生。

例 33. 卷分前后,乃"贵五谷而贱金玉"之义。(p. 4)

任译:The present book is divided into three parts, the order of their contents arranged in such a way as to indicate my desire to emphasize the importance of the agricultural products and the subordinate roles of metals and gems. (p. xiv)

李译:Its material is classified intentionally, as to their merit and importance, so that the cereals are placed first and the metals and precious stones last. (pp. v – vi)

原文出自《天工开物》序。宋应星告知著述分上、中、下三卷,

---

① 丁文江:《丁文江自述》,安徽文艺出版社2014年版,第38页。
② 丁文江:《丁文江自述》,安徽文艺出版社2014年版,第38页。
③ 潘吉星:《天工开物导读》,中国国际广播出版社2009年版,第10页。

各章顺序基于对国计民生的重要性，上卷涉及百姓生活的衣食住行，黄金等金属和珠玉的价值最高但与生计无益，故排在最后。这与《野议》中"今天下何尝少白金哉"的表述不谋而合，国家真正缺少的财富是田之五谷。任译本"my desire"将作者隐蔽的身份明晰化，李译本"intentionally"也体现出作者意图。若仔细推敲《乃粒》等农业章，宋应星介绍粮食作物栽培和灌溉，根本目的是希望获得收成和农副产品，所以对"五谷"的理解不能停留于字面。任译本仿译"agricultural products"比李译本直译"cereals"忠实原文的深层次思想。李译本"merit and importance"同时修饰"五谷"和"金玉"，但《珠玉》章置于书末并不代表宋应星认为金玉无价值或不重要，只是在当时的情形下处于次要地位。两相比较，任译本迻译贴切准确，较好地表达了相关经济主题。

例34. 纨裤之子以赭衣视笠蓑，经生之家以"农夫"为诟詈。晨炊晚饷，知其味而忘其源者众矣。夫先农而系之以神，岂人力之所为哉。（p. 6）

任译：It was because the rich men regarded the [farmer's] straw hat and cape as convict's garb, and in aristocratic households the word "peasant" had come to be used as a curse. Many a man would know the taste of his breakfast and supper, but was ignorant of their sources. That the First Agriculturist should have been called "Divine" is certainly not the mere outcome of human contrivances. (p. 3)

李译：It is a pity to see the sons of rich families look down upon the peasants' bamboo-leaved hats and rush-made clothes (used as a rain coat), as if these were the clothes of felons; and that scholars of any lineage would rail at the farmers as they please. How numerous are those who enjoy, from breakfast to supper, the deliciousness of their food, without thinking for an instant of the arduous toil by which the farmer produces these foods. The fact that we worship the first, or foremost farmer as a

God, places his works and virtues above our human power. (pp. 1 - 2)

王译：The offsprings of aristocrats regarded farmers as convicts, and the aristocratic households used the word "farmer" as a curse word. These people have abundant food supply and enjoy the good taste of their food, but are very ignorant of the food sources. Therefore, it is natural and reasonable to regard the agriculture first developed by the legendary farmers as a divine cause. (p. 3)

富家子弟视务农之人为罪人，研治经学的儒生把农夫当作骂人的代称，饱食终日却不思饭香来源。他们还是宋应星在《野议》中痛斥的"剥削耕耘蚕绩之辈"①。宋应星对他们的做法持否定态度，并认为称最早躬身农业的人为"神农"不无道理。富贵人家和读书人尊重农民和农事有利于从根本上恢复农业生产和积累国家财富。三个译本翻译第一句的方法偏直译。任译本、王译本将"经生之家"改译为"aristocratic households"，李译本"scholars of any lineage"准确，而且增添的"It is a pity"明确了宋应星的立场观点。任译本、李译本用直译法翻译"赭衣"、"笠蓑"，王译本则进行了意译。第二句译文无太大分歧。至于第三句翻译，"God"是基督教词汇，"Divine"的宗教色彩相对弱一些，并且双引号的寓意一目了然。原文带疑问语气，表达的观点委婉。任译本和李译本直译，王译本仿译清晰地传递了宋应星强调农业为国家经济命脉的主张。因此，三个译本各有得失。

例35. 宋子曰，人群分而物异产，来往贸迁以成宇宙。若各居而老死，何藉有群类哉？（p. 263）

任译：Master Sung observes that the world is composed of people and goods from different localities, yet among them there is constantly a process of journeying back and forth and mutual exchange. If all things re-

---

① 宋应星：《野议·论气·谈天·思怜诗》，上海人民出版社1976年版，第10页。

main forever in the same spot, how is each to find its proper place in the world? (p. 171)

李译：As people are scattered all over the earth, and different commodities are produced in different regions, travelling and trading made the world go around. If each individual lives and dies in his native place, what is then the use of having different groups and species? (p. 247)

王译：Songzi says that the society is formed and maintained by the mobility of different groups of people, goods and services from different places. Indeed, if people cooped themselves in their own homes, without any new contacts, how could it be possible for the society to come into being? (p. 427)

《天工开物》详细地记载了各种自然资源、粮食作物和手工业产品的分布，这说明宋应星深谙物产因地而异，商品交换必不可少。人分居各地，各地所产物资又有不同，商业贸易活动使社会成为有机整体。如各居一方而无来往，社会无法形成。商业是税收来源之一，也是沟通人心和社会的纽带。任译本和李译本"world"囊括了自然和人类社会，而商品生产和加工为人类独有，王译本"society"强调与人相关的"宇宙"。"goods"和"commodities"都表示商品和货物，后者还可以专指农产品①，因此李译本容易使读者联想到宋应星的重农思想。李译本和王译本传达了第二句的表层含义：商品交换起作用的社会行为主体在其中扮演了重要角色。然而，李译本亦步亦趋地直译"各居而老死"而没有补充，诸如王译本"without any new contacts"等成分，"lives and dies in his native place"与原文的真实含义相去万里。相比之下，任译本"all things"涵盖了人和客观的商品物资，理解得透彻。

---

① 陆谷孙：《英汉大词典》（第2版），上海译文出版社2007年版，第370页。

第四章 《天工开物》中的人文内容及其三个英译本阐释和迻译的文化姿态

例36. 物有贱而必须,坐穷负贩。四海之内,南资舟而北资车。梯航万国,能使帝京元气充然。(p. 263)

任译:There are things, cheap and common though they be, that are needed by people who must obtain them through commerce. In our empire, the southerners rely on the boat and the northerners the cart as the chief means of transportation. By [the subjects'] journeying and sailing across great distances our imperial capital is kept brimful of power. (p. 171)

李译:A thing of no great value may be desperately needed somewhere else, but a peddler could not take it there by sitting still. Within the four borders of this country, boats are used in the South and carts are used in the North for transportation. Vessels from various foreign countries bring goods to the Capital and make it prosperous. (p. 247)

王译:Some cheap goods are necessary for everyday people, but are scarce in the local area and have to be transported from other places. Almost anything from the journey to the transport can hardly be achieved without carts, boats and other means of transport. In our country, people in the South rely heavily on boats and in the North on carts. The capital city enjoys great prosperity from travel and trade between different parts of the country. (p. 427)

宋应星在此例中进一步强调了商业的重要性。生活必需品的价钱虽然低廉,却因为缺乏而要贩运。北方运输工具依靠车,南方借助船。长途跋涉的物资抵达京城方便了百姓,亦使京城昌盛,如他本人所设想的"凡物所出,不如所聚。京师,聚物之区也"①。"贱"指价格"cheap",李译本"value"主要表示价值;李译本加入"desperately"强调,王译本巧妙地将"必须"转化为形容词"scarce";王译本仿译"贩",李译

---

① 宋应星:《野议·论气·谈天·思怜诗》,上海人民出版社1976年版,第22页。

149

本"peddler"勾勒出了沿街贩卖的画面，尚不及任译本"commerce"涉及的规模。"舟"和"车"被分别统一翻译成"boat"和"cart"，但李译本"this"转换了人称视角，任译本和王译本"our"传达了宋应星的口吻。需要指出的是王译本"Almost anything... transport."是对白话译文"所有这一切，都得借助于车船等交通工具"①的翻译，可能为了凸显利于商品交换的交通工具。此外，李译本直译"梯航万国"未免与前两句描述的国内商业脱节，内容有些突兀；王译本仅关注了国内的旅行和贸易；任译本翻译的"journeying and sailing"兼顾海陆行程，中括号内的"subjects"涵盖臣民、臣服者②，刻画了宋应星歌颂四方来朝的盛世景象。相比之下，任译本较充分地展示了《天工开物》提倡的通商惠民的经济思想。

　　《天工开物》三个英译本并未直接涉及原书中通商惠民的主张，却或多或少地阐释了以农为本的经济内容。任译本和任译本阐释包括序跋中的介绍，前者又在微观层面增加农业类插图；王译本阐释方式体现在章节顺序重新排列，因而表现最隐蔽。三个英译本谦词各有所长，整体上任译本充分地挖掘了文字背后的经济思想，李译本和王译本依次次之。究其根源，任以都是长期生活在海外但又对中华文化有强烈认同感的华人，她本人又有专注明清经济史研究的学者身份，以及翻译过古代经济史著作的译者身份，因而其译本吸收了丁文江的考证成果，翻译时又能够敏锐地察觉相关内容。李乔苹的学者身份促使他翻译丁文江的考证成果，从而有利于对宋应星经济思想进行阐释，但是这一学者身份和科学翻译家身份又影响了他对相关文字蕴含的人文思想进行淡化处理。王译本阐释得益于《大中华文库》委员会调动相关专家的权威身份对中文底本的精心选择，译者受制于外部忠实翻译规范而不能随意删减原文，但是在微观层面进行了尽可能的淡化和修改。

---

　　① Song Yingxing, *Tian Gong Kai Wu*, Guangzhou：Guangdong Education Publishing House, 2011，p. 426.
　　② 陆谷孙：《英汉大词典》（第 2 版），上海译文出版社 2007 年版，第 2010 页。

第四章 《天工开物》中的人文内容及其三个英译本阐释和迻译的文化姿态

第三节 《天工开物》军事内容及其三个英译本阐释和迻译的文化姿态

除了在《野议》和《天工开物》中阐述上述政治、经济思想，宋应星还从读书人和担任文官的视角思考统治者如何用兵作战，杨维增还评价，宋应星的这些军事思想和观点于今天仍有借鉴作用[①]。

一 《天工开物》蕴含的军事内容梳理

宋应星通过《野议》练兵议、军饷议表述了真知灼见的军事改革思想，以革除军事腐败，提升军队作战能力和稳定时局。《天工开物》对相关论题有所继承，也阐发了军事作战胜负的理念：

（一）兵器乃作战之关键

纵观《天工开物》，十七章围绕与国计民生有关的民食、穿衣、农业和手工业产品与日用品，唯《佳兵》一章另辟蹊径，较全面地描绘了行军作战的各种武器和火器的制造。这与他撰书的时代背景密切相连，而且作为一介读书人对此如此关注，充分体现出他重视兵器对于取得战争胜利和维护社会稳定的重要性。该章多次径直强调了统治者和戍边将士不能放弃使用兵器。

（二）用将为取胜之根本

《野议》练兵议披露了军中大将、副将或"袭荫初官"，或用"卑污手本到部与科"[②]。他们平日游手好闲、结党营私，克扣和缴获朝廷对士卒的奖赏，遇敌则丢盔弃甲。"驭兵制虏，全在气概。"[③] 因而宋应星主张以"精诚在家国与封疆"[④] 为求将之道。明朝军队的人数和武器装备精良为关内外的农民军和清兵所不及，历史的确证明了用将不当是

---

① 杨维增：《宋应星思想研究及诗文注译》，中山大学出版社1987年版，第37页。
② 宋应星：《野议·论气·谈天·思怜诗》，上海人民出版社1976年版，第27页。
③ 宋应星：《野议·论气·谈天·思怜诗》，上海人民出版社1976年版，第27页。
④ 宋应星：《野议·论气·谈天·思怜诗》，上海人民出版社1976年版，第26页。

明军失败的主要原因①。《天工开物》中《佳兵》章表达了相似的观点，宋应星认同兵器的功用，同时"兵非圣人之得已也"②，因此又不一味地主张完全依赖武器作战。

二 《天工开物》三个英译本对军事内容阐释和迻译的文化姿态

任译本译者序提到，自16世纪后期开始衰败的明王朝无力应对外患，《天工开物》问世七年后明代政权覆灭，"多灾多难的时代可能是刺激宋应星撰写这部实学著作的另一动力"③。任译本没有提及上述军事思想，《佳兵》章是《天工开物》中唯一关注兵器的章节，这一阐释在一定程度上能够引导读者感受宋应星希望通过兵器来抵御侵略的思想。李译本所附丁文江《奉新宋长庚先生传》梳理了宋应星事迹，"邑贼李肃十等为乱，先生破产募死士，与司理胡时亨等讨平之，七年任分宜教谕。著《天工开物》"④。读者阅读《佳兵》章联想起他镇压农民起义的经历，这一处补充信息就再现了宋应星强调兵器镇压农民军的军事思想。王译本的阐释性解读阙如。再看下例：

例37. 明王圣帝，谁能去兵哉？"弧矢之利，以威天下"，其来尚矣。（p. 289）

任译：How would it be possible for any intelligent king and sacred emperor to exist without military power? Bows and arrows were traditionally used for controlling the country. (p. 261)

李译：Therefore, what wise king or sage emperor can feel safe to dispense with the use of weapons? From the dawn of history, awe-inspiring bows and arrows have been used to maintain peace and order.

---

① 潘吉星：《宋应星评传》，南京大学出版社2011年版，第296页。
② 宋应星：《天工开物》，上海古籍出版社2016年版，第289页。
③ Sung Ying-hsing, T'ien-kung K'ai-wu: Chinese Technology in the Seventeenth Century, University Park and London: The Pennsylvania State University Press, 1966, p. viii.
④ 丁文江：《丁文江自述》，安徽文艺出版社2014年版，第35页。

第四章 《天工开物》中的人文内容及其三个英译本阐释和迻译的文化姿态

(p. 379)

王译：How can any of wise emperors ignore weapons? It has been passed on for a long time that weapons exists to terrorize the world. (p. 465)

武器威慑天下的道理人尽皆知，圣明的帝王统治国家不会放弃使用武器。任译本和李译本流露出明显的直译痕迹，王译本翻译方法也以直译为主，个别词汇表达进行仿译。具体而言，宋应星间接谏言的对象是皇帝，三个英译本的"emperor"表示封建君主。《佳兵》章探讨了多种兵器，"兵"理解为"military power"不够确切。"不去兵"的根本目的在于社会稳定和民治久安，任译本"exist"和李译本"feel safe"仅强调了兵器对最高统治者自身的意义，任译本"control"和王译本"terrorize"含贬义，容易引发相反的联想。"弧矢"代表弓箭，较之这些冷兵器，宋应星更看重火药大炮的威力，按字面意思译为"bows and arrows"无法彰显隐含的军事改革思想。因此，三个译本迻译有得有失。

例38. 此为守城第一器。而能通火药之性、火器之方者，聪明由人。作者不上十年，守土者留心可也。(p. 311)

任译：This is the best weapon for city defense. The time required for a manufacturer to learn the nature of gunpowder and the method of making weapons is usually less than ten years, depending upon his intelligence. Those who are in charge of defense work must consider this point carefully. (p. 277)

李译：This is the most effective weapon for city defense. Its use requires a thorough understanding of the properties of gunpowder, as well as the use of fire arms. Individual sagacity must be exercised over its proper application. The manufacturing of this weapon dates back hardly ten years. Certainly, this particular type of war implement deserves close attention from the defenders of the country. （p. 396）

王译：This is the best weapon for defending a city or town. The time required for a manufacturer to learn how to make gunpowder and weapons is usually less than 10 years, depending on his intelligence. Those who are in charge of defense work must take this point into consideration very carefully. （p. 501）

边塞的小地方没有大炮，或因大炮笨重而无法驾驭，新发明的"万人敌""随宜可用，不必拘执一方"①。与此同时，这种武器的杀伤功能强大，所以被视为"守城第一器"。或许宋应星本人未来得及对文字进行润色，原文"结构零散、逻辑不严谨"②：万人敌是最重要的守城武器→造出来的人聪明→发明还不到十年→守边之人留心使用。任译本和王译本将第三句前半句与第二句合译，意为不用十年便能学会制造火药和武器，戍边将士要将这一点铭记于心。这似乎不符合宋应星的初衷。李译本将第二句和第三句分译成四句，且均围绕第一句的"（this）weapon"，再现了宋应星提倡使用武器抵御外敌的军事思想。但"城"指"外郡小邑"③，"city"规模远超过"town"。"守土者留心可也"最能代表宋应星的呼声，任译本和王译本"must"和"consider"分别强调必须和思考的过程，李译本"deserve close attention"刻画了宋应星劝说将士留心使用武器"万人敌"，又给读者留下了思考空间。就本例而言，李译本迻译充分和成功。

例39. 变幻百出，日盛月新。中国至今日，则即戎者以为第一义，岂其然哉！虽然，生人纵有巧思，乌能至此极也？（p. 290）

任译：Since that time, many varieties of new firearms have been

---

① 宋应星：《天工开物》，上海古籍出版社2016年版，第310页。
② 梅阳春：《古代科技典籍英译——文本、文体与翻译方法的选择》，《上海翻译》2014年第3期。
③ 宋应星：《天工开物》，上海古籍出版社2016年版，第310页。

designed and manufactured, and today Chinese military leaders consider [the development of firearms] as the most important thing. Is this concept correct? This ingenious invention, however, would not have reached such an advanced state of development were it carried out by human endeavor alone. (p. 261)

李译: Magical changes, with innovations every day and ramifications every month, have been effected since then. Up to the present, military officials in China have considered this a matter of first importance. What a truth! However, without this stimulus, such perfection could never have been reached, despite the masters' ingenuity. (p. 379)

王译: ... it changed with each passing day. China ranks in the first place making powder and firearms. It might be true. Otherwise it cannot be so perfect if there are not a lot of efforts. (p. 465)

火药枪炮运用到军事领域取得了长足的发展。用兵之人将之摆在首位。宋应星通过"岂其然哉"质疑这种想法是否正确。为进一步说明，他提出人的智慧巧妙在武器改良方面发挥的作用毋庸置疑，如若不是人予以重视，又怎么会衍生出不可胜数的精良武器。这间接呼应了《野议》呼吁的将士及其气概决定了战争胜败。较之王译本主语"China"，任译本和李译本"military leaders/officials"具体明确。若进一步探究，"officials"体现出明代守城官员为读书科举之人，职位为朝廷指派。李译本"What a truth！"映射了宋应星看重武器取胜，然而没有能把握他全部的观点，任译本用疑问句和王译本"might be"使英语读者深入思考该话题成为了可能。再看"巧思"翻译，任译本"human endeavor"和王译本仿译"efforts"意义相近，但是前者添加"alone"导致译文的意义与原文相反；李译本进行了直译并添加"without this stimulus"这一补充信息，再次强调了军队将领过于崇尚火药兵器的一时取胜，却没有意识到人心和人事的根本作用。

例40. 火药、火器，今时妄想进身博官者，人人张目而道，著书以献，未必尽由试验。（p. 302）

任译：At present, gunpowder and firearms are widely discussed by every person who aspires to become an official, and they are the subjects of books written for presentation to the throne. These books * are not necessarily based on experimental results. （p. 268）

李译：In the field of gunpowder and firearms, there are at present quite a number of office-seekers who would indulge themselves in big talk and writings for self-advertisement. Their statements are, however, not necessarily all based on personal experience. （pp. 389–390）

王译：At present, people who want to get promoted propose to use gunpowder and firearms. They wanted to write books so that they can present them to the throne. However, what they said may not necessarily based on experiment. （pp. 483–484）

前文谈到，《野议》疾呼军中主副将主要是世袭而来，他们或沽名钓誉，派守边境与敌军作战时节节败退。此处再次批判了那些为升官而对火药、武器不了解却又上书陈述的将领官员。宋应星初衷在于提醒统治者慎重用将，如果他们对军事武器的了解流于谈论，最终会造成作战失利。三个译本完整地迻译了原文，且不约而同地使用了"not necessarily"等。"著书以献"省略的宾语是"皇帝"，所以"人人"指朝堂之人而非一般人。任译本和王译本"throne（王权）"形象地代指君主，李译本未能明确地表达出来，但是"every person"和"people"与"人人"的真实所指有所偏离，莫如李译本"office-seekers"贴切。其次，任译本将"未必尽由试验"的主语译为"These books"，并通过章末注释提及四部军事类著作《武备志》《武编》《军器图说》《登坛必究》[①]。然而，宋应

[①] Sung Ying-hsing, T'ien-kung K'ai-wu: Chinese Technology in the Seventeenth Century, University Park and London: The Pennsylvania State University Press, 1966, p. 277.

星并非旨在批判这几部著作，而是反对"博官者"的空谈和臆断，因为他本人对武器的了解也离不开书面知识体系。此外，"said"强调上书者的主观性，"statements"侧重于正式的、肯定的叙述①，所以李译本更符合明代官员身份和宋应星初衷。

从以上讨论可以看出王译本没有对原书的军事内容作任何说明，任译本和李译本阐释力度也较薄弱。虽然三个英译本迻译了相关文字，但是均未深究宋应星的军事作战和用人思想，即没有将原书蕴含的军事思想视为一种荣耀性文化信息。1976年《野议·论气·谈天·思怜诗》的出版初期在学界产生的影响甚微，宋应星的身份一直被标榜为自然科学家。这在很大程度上影响了任以都和李乔苹的翻译和阐释力度，否则很可能被认为"离经叛道"。尽管21世纪以降国外学者对宋应星及其《天工开物》的认识逐渐客观，但是本土译者王义静等作为中华文化传播使者，他们唯有强化宋应星的科学家身份才能符合将《天工开物》塑造出世界科技经典的期望。

第四节　小结

20世纪70年代出版的宋应星《野议》揭示了《天工开物》的生成动机。作为宋应星所有作品中最早刊刻的一部，这篇政论文反思了明朝衰败的人为因素，并阐发了一系列挽救时局的政治、经济、军事主张。《天工开物》出于这些关乎人事的人文思想而作，并与《野议》有着类似的表述。政治上，宋应星反对科举考试以八股文为唯一科目，节省皇家开支和减少苛捐杂税；经济上，他强调农业是财政命脉和发展商业增加税收；军事上，他看重武器作战，更重视将领气概的人为因素。尽管这些人文内容是书中科技知识生成的初衷，但是看上去与《天工开物》为世人所熟知的科技经典声誉不符。英国学者查尔斯顿的译者姿态理论提出，译者会在译作的文本和副文本对被视为不荣耀的文化信息采取干

---

① 陆谷孙：《英汉大词典》（第2版），上海译文出版社2007年版，第1968页。

预性策略，以寻求原语文化的荣耀，而这往往取决于译者的文化身份。而第二章的研究揭示了王译本译文并非完全为译者所为，且译本副文本带有强制性和意识形态性。为此，本章批判地借鉴译者姿态理论，考察塑造译本中不同参与者的文化姿态如何影响三个译本对相关人文内容的阐释和迻译。

通过考察《天工开物》三个英译本在译文之外的序跋、底本选择和章节顺序等副文本元素对原书强调人事的人文内容的阐释，以及对相关文字的迻译，结果显示无论是直接的阐释，还是文字内容的转换，任译本均倾向于保留人文主题内容和挖掘文字背后的思想情感，而且通过译者序、插图、注释等副文本予以补充。这与任以都的海外华裔身份密不可分。作为长期生活在海外但对中华文化有强烈的认同感，她专注明清经济史研究，深谙西方学者、汉学家和高校学生的需求，而能客观地接纳原书的本来面目并采取保留策略来再现人文内容，并且利用副文本辅助目标读者对相关文字的理解。但是彼时西方学界对宋应星的研究并未涉及其军事思想，从而使相关军事内容无法成为一种科技文化荣耀，在很大程度上导致了任以都对此阐释力度和深层次的情感挖掘不够。李乔苹为身处我国台湾的华人，而且曾亲历过抗日战争，这一身份必然促使他在译本中将近代地质学家丁文江的考证作为附录，辅助读者对宋应星和《天工开物》科技成就的认识，但无形之中也拓展了宋应星的政治、经济思想。然而，他更是从事自然科学教学和研究的学者，且在所著《中国化学史》中援引《天工开物》和专门撰文称宋应星为科学家，这一身份使他侧重于书写民族自信的科技价值，而很少深究宋应星作为封建读书人的社会改良类文化信息。王译本译者王义静等是具有高度文化认同感的本土译者，更是服务于国家文化外交战略的"公务员"，因为本书第二章谈到他们的译本从属于《大中华文库》（汉英对照）。在希冀成功地弘扬中国古代科技文明的驱使下，他们对看似不荣耀的人文内容"避重就轻"，以小心翼翼地避免改写宋应星为世人所熟知的科学家身份。与此同时，王译本译文经兼有传播中华文化身份的翻译专家和出版编辑修改，副文本带有强制性和意识形态元素。一方面，王译本精选底本，章节调整强化了宋应星的"重五谷"的农本思想。另一方面，赞助者删减了凝结宋应星创作理念的序，代之以当代《天工开物》研究专家潘吉星的序，并且提炼了与科技"无关"的内容，以强化《天工开物》作为科技经典的地位，从而更好地改变中国科技落后于西方的偏见。凡此种种，王译本对人文内容和文化信息的阐释力度最小，翻译力度最薄弱。一言以蔽之，在对待看似不荣耀的人文内容方面，任译本、李译本和王译本干预程度依次递增，由此展现出寻求中国古代科技文化荣耀的价值取向也更明显。

第五章 《天工开物》语言风格及其三个英译本的翻译和传达

语言文字是创作者抒发情感和践行写作策略的外在形式,与深层次的意义互为表里、相互依存,因而翻译涉及语义信息再现,还是风格转换的过程。正如美国翻译理论家奈达(Eugune A. Nida)定义翻译时就强调,翻译涵盖语义信息和风格两个层次[1]。具体而言,语言风格"是使用语言特点的综合,是语言表达上特有的格调和气派"[2]。而翻译终究不是不同文字符号的简单转换,而是一项蕴含了译者创造性和思想的活动。因此,翻译风格应重点关注原语风格意义的再现,以及原文风格在译文中的适应性和再生,或者说译文如何恰如其分地对原语风格进行转换[3]。本书前几章的研究表明《天工开物》语言风格迥异于以文艺审美见长的纯文学作品,也与使用了大量的专业术语、被动句以及注重逻辑连贯和表达客观的汉语科技文本不同[4]。在此情况下,译者有必要对科技典籍《天工开物》的语言风格进行恰当再现,从而使之更好地在译入语文化中得到认可。为此,本章尝试依托语料库翻译学,开展基于语料库的翻译风格研究,以尽可能全方位和多角度地描写和分析《天工开物》英译文语言特征及其与原语风格之间的关系。

---

[1] Eugene A. Nida and Charles R. Taber, *The Theory and Practice of Translation*, Leiden: E. J. Brill, 1982, p. 12.
[2] 骆小所:《现代修辞学》(修订版),云南人民出版社2010年版,第342页。
[3] 刘宓庆:《新编当代翻译理论》,中国对外翻译出版公司2005年版,第239页。
[4] 杜厚文:《汉语科技文体的语言特点》,《语言教学与研究》1981年第2期。

第五章 《天工开物》语言风格及其三个英译本的翻译和传达

作为一种方兴未艾的译学研究方法论，语料库翻译学由 Baker（1996）在"Corpus-based Translation Studies: The Challenges that Lie Ahead"一文中正式提出[1]，即以语料库为基础，以概率和统计为手段，以真实的双语语料或翻译语料为研究对象，并依据语言学、文化和翻译学理论，系统地分析翻译现象的研究[2]。至于其学科渊源，Laviosa 指出，"语料库翻译学的诞生受益于语料库语言学和描写性译学的影响"[3]。首先，语料库语言学为之提供了方法论。语料库是指运用计算机技术，依照一定的语言学原则，根据特定的语言研究目的而大规模收集并贮存在计算机中经过标注，便于检索的真实语料[4]。语料库语言学是以语料库为基础的语言研究方法，主张描写和分析实际使用的言语和文本事实以及其内在规律。数据驱动和定量分析方法增强了研究结论的客观性和可信度。语料库翻译学和语料库语言学的研究方法一脉相承，即通过技术和具体的数据分析并归纳翻译语言特点及演变趋势与翻译活动的本质特征，降低了翻译研究中长期占据主导的内省式方法的主观性和随意性。而语料库语言学以原创单语语料为研究对象，不将翻译语料和双语语料库纳入考察范围。因为翻译文本一直"被视为非自然的、偏离语言常规的语言变体"[5]，价值地位无法与原语文本等同。在此背景下，描写性译学则成为了语料库翻译学得以形成的重要前提和理论基础。

描写性译学的概念由翻译学学科的奠基人霍姆斯（James Holmes）正式提出，并认为它与翻译研究的经验现象之间的关系最为密切。其目

---

[1] Mona Baker, "Corpus-based Translation Studies: The Challenges that Lie Ahead", In Harold L. Somers (eds), *Terminology, LSP and Translation. Studies in Language Engineering in Honour of Juan C. Sager*, Philadelphia/Amsterdam, John Benjamins, 1996.

[2] 胡开宝、朱一凡、李晓倩：《语料库翻译学》，上海交通大学出版社 2018 年版，第 1 页。

[3] Sara Laviosa, *Corpus-based Translation Studies: Theory, Findings, Applications*, Amsterdam: Rodopi, 2002, p.4.

[4] 王克非：《语料库翻译学探索》，上海交通大学出版社 2012 年版，第 9 页。

[5] 胡开宝、朱一凡、李晓倩：《语料库翻译学》，上海交通大学出版社 2018 年版，第 6 页。

标在于客观描述人们经验世界中的翻译现象和活动，建立起能够解释和预测这些现象的普遍原则[1]。此后，图里（Gideon Toury）在其《描写性翻译研究及其后》（*Descriptive Translation Studies and beyond*）一书中对之理论建构和研究内容做了详尽的阐述。传统的翻译研究以"忠实"为原则规定译文与原语的对等，或视目标语系统因素为语言研究的附庸。图里提出所有能够被目标语文化接受为翻译的作品都可以视为翻译，并将翻译界定如下："翻译是目标语文化中的事实存在；这种事实占据特定的地位，有时候甚至自成文化（子）系统，但是无论如何，这些系统从属目标语文化。"[2] 由此可见，描写性译学以目标语为价值取向，将观察翻译的角度置于实际发生作用的目标语文化系统。这一论断颠覆了原文至上的翻译观，凸显了翻译在目标语体系中实实在在存在和独特的研究价值，而非其他文本的派生和副产品。与此同时，任何翻译活动和作品都不是产生于真空状态，而是受到各种社会和文化因素影响，离不开"特定的语境化"[3]。因此，描写性译学重视与规定相对的描述，主张将描写现象置于所处的社会、历史和文化语境之中，探究现象背后的各种成因。语料库翻译学与之共性包括[4]：一、认为翻译活动具有自身的特质且在译入语文化中发挥实际的作用；二、倡导实证方法，观察和分析真实存在的译文语料或双语语料，分析其中反复出现的语言模式及其成因，从中归纳对翻译本质的认识；三、主张基于经验证据作出的有效归纳必须建立在大规模的文本语料分析的基础上。

概言之，语料库翻译学本质上是以语料库技术为基础的量化实证研究，使用数据描写语言特征和规律倾向，并注重在此基础上对语言现象

---

[1] James Holmes, *Translated Papers on Literary Translation and Translation Studies*, Amsterdam: Rodopi, 1994, p.71.

[2] Gideon Toury, *Descriptive Translation Studies and beyond* (Revised edition), Amsterdam/Philadelphia: John Benjamins, 2012, p.23.

[3] Gideon Toury, *Descriptive Translation Studies and beyond* (Revised edition), Amsterdam/Philadelphia: John Benjamins, 2012, p.23.

[4] 胡开宝、朱一凡、李晓倩：《语料库翻译学》，上海交通大学出版社2018年版，第7页。

第五章 《天工开物》语言风格及其三个英译本的翻译和传达

进行解释,探索背后的深层次成因。这一研究方法论促使翻译研究方法发生变革,逐步改进内省式和规约式方法的局限性,朝着定量和定性研究相结合的实证方向发展;且重视语言内的特征,以及语言外的社会文化机制。这些优势保证了研究内容多样性和研究结论客观性,为传统译学研究所不具备。其次,语料库技术对大规模的翻译语料或双语语料的总体特征以及具体的词汇、句法、语篇或搭配特征进行分析,催生了以往的翻译研究不曾涉足的多元研究视角,如语义韵、译者风格、翻译显化。这是语料库翻译学的优势所在,也推动了翻译研究朝纵深方向发展。

以语料库方法进行译者风格研究正是语料库翻译学讨论的话题之一。该研究主题亦始于 Mona Baker。在"Towards a Methodology for Investigating the Style of a Literary Translator"一文中,她将译者风格定义为"译者通过一系列语言和非语言特征体现出来的痕迹",包括对作品体裁的选择以及序跋、脚注和文内注释等特定策略的连续使用[1]。其研究兴趣在语言层面的译者风格,所以重点关注了译者在不同译作中表现出来的规律性语言模式和个性化特征,而且认为这些模式和特征是译者下意识的选择,不完全受原作者和原语风格影响[2]。语料库路径的译者风格研究将结果建立在大量的语料分析和数据统计基础上,降低了以定性手段为主的研究结论的主观性和片面性,还能捕捉一些细微的和不易察觉的语言使用习惯[3]。此后不少学者对 Baker 的模式进行不断修订和完善,使语料库译者风格研究日臻完善和蓬勃开展[4]。然而,通过对现有的基于语料库的译者风格研究加以反思,首先,相关研究忽略了原文风格对翻译作品和译者风格的影响,而翻译归根结底是不同文字符号的转换,译文折射的风格应当是原文风格和译者风格的统一。Munday 就指

---

[1] Mona Baker, "Towards a Methodology for Investigating the Style of a Literary Translator", Target, Vol. 12, No. 2, 2000, p. 245.
[2] Mona Baker, "Towards a Methodology for Investigating the Style of a Literary Translator", Target, Vol. 12, No. 2, 2000, p. 245.
[3] 胡开宝:《语料库翻译学概论》,上海交通大学出版社2011年版,第115页。
[4] 黄立波:《语料库译者风格研究反思》,《外语教学》2018年第1期。

出，Baker 的研究并不能区分哪些译文特征受到了原文影响，还是译者的选择。其次，语料库译者风格研究聚焦于文学翻译作品的分析，对其他体裁的翻译作品鲜有讨论，而系统、全面的译者风格研究呼吁将非文学翻译作品纳入考察范围①。再者，语料库方法得出的数据关注局部语言特征和表层的形式特征，难以涉及作品中深层次的思想情感，而译作总体风格并不等于局部风格的简单叠加，语料库辅助的定量手段应当和定性分析方法结合才符合译者风格研究的最终目标②。

此外，译者风格具有系统性，通常连贯地表现在一位译者的不同译作之中，严格意义上的译者风格研究针对一位译者的不同译作。所以一部译作的译者风格称为"译本的翻译风格或翻译语言特征"③。不但如此，译作风格包含了原文风格，有时还会受到编辑等人士的影响，如本书第二章发现《天工开物》王译本经过了翻译专家和编辑的修改。因此，依托语料库翻译学审视《天工开物》英译文特征是对《天工开物》三个英译本翻译风格进行研究。综上，本章的研究主要包括以下三个步骤：一、分析《天工开物》原文风格呈现出哪些结构和表现形式；二、利用语料库对《天工开物》三个英译本翻译风格进行多维量化描写和总结，并辅以定性手段来全面揭示译本翻译风格；三、从原语和目的语语言文化、译者主体等因素阐释《天工开物》三个英译本翻译风格特征以及原文风格在三个译本中的适应程度。

第一节 《天工开物》语言风格的形式标记

根据刘宓庆的观点，风格见诸风格标记（stylistic markers），即有形

---

① Jeremy Munday, *Introducing Translation Studies: Theories and Applications* (4th edition), London and New York: Routledge, 2016, p.99.
② Li Defeng, "Translator Style: A Corpus-assisted Approach", In Meng Ji *et al.* (eds), *Corpus Methodologies Explained: An Empirical Approach to Translation Studies*, London and New York: Routledge, 2017.
③ 胡开宝、朱一凡、李晓倩：《语料库翻译学》，上海交通大学出版社 2018 年版，第 105 页。

第五章 《天工开物》语言风格及其三个英译本的翻译和传达

的符号体系①。风格标记进一步分为符号化形式标记和非形式标记,前者由音系标记、语域标记、句法标记、词语标记、章法标记和修辞标记6个类属性标记构成,后者包括作者的选题、作品内在素质和接受者的视野融合②。任何风格意义的落实都先要赋形于语言,所以形式标记是识别风格的最重要、直观和基础的手段;非形式标记存在于非语言层面,其主要功能在于审美效果。与此同时,形式标记中的音系标记或语音特征主要彰显于文学作品,语域标记和词语标记围绕词语使用。而前文强调《天工开物》不是以文艺审美为主要标记的文学作品,因而本书尝试从形式标记入手考察这部科技典籍的语言风格,并在整合刘宓庆观点的基础上探讨字词标记、句法标记、章法标记和修辞标记4个类属性标记。

一 字词标记

字词标记包括语域标记(词语的适用范围)和词语标记(作者用词倾向)③。而英语以空格隔开的词为单位,汉语以字为单位而且彼此之间无空格,以词汇为单位对汉语文本进行统计比较困难④。古汉语"词"的定义也尚未达成共识,一词多义和歧义现象普遍,由此导致分词和词性标注存在争议⑤。字是典籍中最基础的量,字频的定量分析为考量一部文献的语言风格提供了最基本的数据支撑⑥。鉴于此,本书拟以字为单位窥见《天工开物》语言风格表现出来的字词标记。

本书借助 PyCharm 工具中的 Python 2.7 软件⑦量化《天工开物》正文,表 5-1 列举了出现 100 次以上的 80 个高频字。它们及相关单词在

---

① 刘宓庆:《新编当代翻译理论》,中国对外翻译出版公司 2005 年版,第 241 页。
② 刘宓庆:《新编当代翻译理论》,中国对外翻译出版公司 2005 年版,第 241—249 页。
③ 刘宓庆:《新编当代翻译理论》,中国对外翻译出版公司 2005 年版,第 242—243 页。
④ 胡开宝:《语料库翻译学概论》,上海交通大学出版社 2011 年版,第 48 页。
⑤ 郭曙纶:《汉语语料库应用教程》,上海交通大学出版社 2013 年版,第 54 页。
⑥ 黄修志、晁言芹:《〈孟子〉内部的字频描写及其字区的横向分析》,《语言与文化研究》2013 年第 1 期。
⑦ Python 是一种计算机程序设计语言,PyCharm 是 Python 的一个强大工具软件。

原文语境中多是实词，有些兼几种词性，如名词（水、人、石、土、色、火、铁、色、风、地、铜、山、金、中、南）、动词（种、上、入、出、造）、数词（一、二、三、五、十、两）、量词（两、寸、尺）、形容词（大、小、白、长）①。这几类高频字有实际意义，与农业生产、染色、矿产和金属资源及冶炼有关，从而彰显了《天工开物》主要是信息型文本，原文以平实质朴、客观而非辞藻华丽的记叙风格为主。

表5-1　　　　《天工开物》的前80个高频字及其频次

排序	类符	频次	排序	类符	频次	排序	类符	频次	排序	类符	频次
1	之	901	21	人	239	41	黄	172	61	子	122
2	者	816	22	石	232	42	生	171	62	分	118
3	其	739	23	于	232	43	亦	169	63	力	117
4	不	560	24	火	228	44	无	168	64	风	116
5	以	557	25	下	211	45	或	166	65	得	116
6	凡	555	26	土	205	46	三	166	66	地	116
7	一	526	27	十	200	47	内	166	67	尺	114
8	而	520	28	名	198	48	方	165	68	四	114
9	则	502	29	时	195	49	皆	162	69	铜	113
10	用	492	30	然	194	50	大	159	70	长	111
11	为	433	31	曰	193	51	所	155	71	山	110
12	中	398	32	取	191	52	造	148	72	金	108
13	也	358	33	此	191	53	铁	146	73	法	108
14	水	347	34	即	191	54	如	139	74	多	107
15	成	334	35	两	190	55	日	137	75	质	106
16	上	309	36	种	183	56	可	135	76	必	105
17	有	292	37	色	181	57	五	133	77	过	104
18	入	286	38	二	181	58	小	129	78	南	104
19	后	268	39	与	178	29	数	125	79	白	102
20	出	251	40	木	178	60	至	124	80	寸	102

① 部分高频字兼具几种词性也印证了以词汇为单位对《天工开物》深加工的客观限制因素。

同时，宋应星诉诸了大量与实词相对的具有语法意义和功能的文言虚字。例如"之"、"者"二字出现1717次，"以"、"凡"、"而"、"则"等文言虚字排名亦非常靠前。不难发现它们也是《孟子》等先秦典籍的高频字[①]。由此可见，《天工开物》语体偏书面文言，字词"有庄重、文雅和简约的风格色彩"[②]。

二 句法标记

风格的句法标记表现为各种有特色的句法形式[③]。根据表5-1，以出现555次的文言副词"凡"为例，它们的原文语境如"凡烧砒时"、"凡成弓"，"凡"表示"凡是"，主语略去不提。因此，省略句子成分中的主语是《天工开物》句法形式特征和风格手段之一。其次，句末语气助词"也"出现358次，句中动词"曰"（如"不粘者禾曰秔，米曰粳"）出现193次，二者均用于解释和陈述观点。所以原文句法的第二点风格体现为常见的主动句和陈述句。再者，许文胜、张柏然总结，汉语讲究动词和句读的散点铺排，表达简短又次序井然，其中以意合的凝练、流畅为内在精神，句法关系通过词序体现，分句之间少用或不用关联词语[④]。而表5-1中作为文言连词的高频字"而"、"则"、"然"、"而"、"即"表示假设、转折、因果等关系，据此可以判断《天工开物》句法关系有别于一般重意合的汉语文本，形合程度居中。

三 章法标记

章法标记指章句组织程式和思维、概念的表现法，包括句子长短、句段之间的衔接和语义连贯等[⑤]。就《天工开物》语言风格的章法标记而

[①] 黄修志、晁言芹：《〈孟子〉内部的字频描写及其字区的横向分析》，《语言与文化研究》2013年第1期。

[②] 黎运汉：《汉语风格学》，广东教育出版社2000年版，第136页。

[③] 刘宓庆：《新编当代翻译理论》，中国对外翻译出版公司2005年版，第242页。

[④] 许文胜、张柏然：《基于英汉名著语料库的因果关系连词对比研究》，《外语教学与研究》2006年第4期。

[⑤] 刘宓庆：《新编当代翻译理论》，中国对外翻译出版公司2005年版，第244—245页。

言，首先，原文表述简洁，小句常见。正文有 3209 个完整的句子，平均句长为 16.65 个汉字（参见表 5-2），低于以词为单位统计的现代汉语文本和英译汉作品的结果①。需要指出，宋应星加入了诸多比正文字体略小的文字作补充说明（如例 17、例 30），拉大了平均句长的结果。其次，《天工开物》蕴含主观判断和个人经验，表述整体上相对客观、真实，语篇衔接不至于太过松散。王克非、胡显耀指出，"名词复现"和"零代词"是汉语中最常用和主要的指代方式②。《天工开物》亦存在这种情况，而表 5-1 中出现 739 次的实词代词"其"③ 在原文语境中代指第三人称"它"、"它的"，少数情况与"人"相关。再者，行文省略是原文语言特征和风格手段之一。Python 2.7 软件量化原文字频表明，正文字数共计 47481 个，由 2795 个不重复的单个汉字组成。单字覆盖率为单字数与总字数的百分比，"真正反映一个文本用字情况和用字质量的数据"④。《天工开物》单字覆盖率为 5.89%，所以宋应星笔下的文字存在"微言大义"的特点。

表 5-2　　　　　《天工开物》原文语料的基本数据

	《天工开物》原文
单字数	2795
总字数	47481
单字覆盖率（%）	5.89
句子个数	3209
平均句长	16.65

---

① 庞双子、王克非：《翻译文本语体"显化"特征的历时考察》，《中国翻译》2018 年第 5 期。
② 王克非、胡显耀：《汉语文学翻译中人称代词的显化和变异》，《中国外语》2010 年第 4 期。
③ 汉语代词属实词还是虚词存在争议。《天工开物》中"其"指代的内容大多有实在意义，本书沿袭传统的观点而将之归为实词。
④ 黄修志、晁言芹：《〈孟子〉内部的字频描写及其字区的横向分析》，《语言与文化研究》2013 年第 1 期。

四 修辞标记

各种修辞格属于表现法变异和艺术手段而非语法范畴，其使用有助于加强语言效果，所以修辞是"一种不可忽视的风格手段"[1]。前文谈到宋应星的首要身份是读书人，而且他曾著《思怜诗》等文学作品。风格有稳定性、系统性和规律性[2]，其文人身份及其文学创作多少会延续在《天工开物》的语言风格上。同时，"言之无文，行之不远"（《左传》）。宋应星反对读书人埋首圣贤书，而著作获得认可必然要迎合读书人做文章的规范，这就包括诸多增强文采和表达感染力的修辞格，即为了提升语言表达效果而有意识地偏离语言和语用常规，在此基础上逐步形成的言语表达结构和模式[3]，包括引用、明喻、暗喻（隐喻）、拟人、夸张、反问、双关，如表5-1列举作为比喻词的"如"字出现百余次。因此，丰富的修辞格伴随的文学色彩增强了《天工开物》语言的艺术张力，使之与注重表述客观和逻辑严密的科技文本有所不同。

第二节 《天工开物》三个英译本对原语风格的翻译和传达

语料库辅助的翻译风格研究以客观的数据呈现译文风格的整体情况及与原语风格的关系。胡开宝指出，基于语料库的翻译风格研究即翻译语言特征分析从词语、句法、篇章组织等层面入手[4]。因此，本书借助语料库方法论考察《天工开物》三个英译本翻译风格对原文风格的字词、句法和章法标记的再现和转换。而修辞兼具艺术审美和情感表达的双重诉求，传递的局部风格兼顾"形、神、意"而很难用数据衡量[5]，所以有

---

[1] 刘宓庆：《新编当代翻译理论》，中国对外翻译出版公司2005年版，第248页。
[2] 黄立波：《语料库译者风格研究反思》，《外语教学》2018年第1期。
[3] 王希杰：《汉语修辞学》，商务印书馆2004年版，第11页。
[4] 胡开宝：《语料库翻译学概论》，上海交通大学出版社2011年版，第115页。
[5] 卢静：《基于语料库的译者风格综合研究模式探索——以〈聊斋志异〉译本为例》，《外语电化教学》2013年第2期。

必要结合传统的定性分析法，以立体考察三个英译本对原文风格的传译。

一 《天工开物》三个英译本翻译风格的定量考察：基于语料库

王译本删去了《天工开物》中的宋应星序。为确保语料一致，本书选取《天工开物》三个英译本正文构建译文语料库。任译本和李译本中章末注释类似于英文写作，且与内容而非语言形式相关，章节标题、正文中以单字或双字命名的小标题会被软件处理成独立的句子，故自建语料库时予以剔除。在扫描获得三个英译本电子文本的基础上，采用Python清洁语料，如删除段首段尾空格及段与段间空行，将全角标点符号转为半角标点符号，删除李译本中的中文①，并参照纸质文本进行校对，如纠正英文拼写错误。为统计词汇密度及相关数据，本书采用CLAWS词性赋码器对译文进行词性标注，并参照CLAWS7词性赋码集（http://ucrel.lancs.ac.uk/claws7tags.html）对标注的译文进行人工检查和校对。最后借助语料库检索工具WordSmith Tools 6.0和AntConc 3.2.1获取三个英译本的词汇、句法和语篇数据，在Tests Document Readability网站检测三个英译文的语篇可读性，并用Stata/MP 14.2对相关参数进行独立样本t检验。

（一）词汇层面

1. 类符和形符

表5-3 《天工开物》三个英译本的类符、形符数统计

	任译本	李译本	王译本
类符数（Type）	6570	6920	5964
形符数（Token）	71794	71278	64985
标准化类符/形符比（STTR）	41.01	40.38	38.42

---

① 李译本为专有名词加入对应的中文，剔除不影响结果。其次，王译本和李译本存在不少印刷错误，如英文书名加上双引号、句号和逗号错用、单词拼写错误（讨论参见第六章，此处不赘）。这些编辑失误均一一核实和改正。

第五章 《天工开物》语言风格及其三个英译本的翻译和传达

类符指文本中不重复的英文单词（忽略大小写），形符是总词数，类符/形符比是原文词数与总词数的比率，即用词丰富度和多样性①。一般而言，文本长度不同，类符的聚集程度不均匀，以每千字计算出类符/形符比，最后取平均值的标准化类符/形符比（STTR）相对科学②。STTR数值越高，文本用词越灵活丰富。

《天工开物》一字多意和言简意赅等特点与重形合的英语文本不同，其翻译不能强调风格的等效转换或贴切再现，否则无法产生有效的译文。三个英译本的类符数均高出原文，形符数比原文多出1.7万至2.4万不等。相比之下，任译本更倾向于将原文隐含的信息明晰化。如显化翻译技巧是"译入语明确说明原语文本隐含的但容易从语境或情景推断出的信息"③，杨梅发现显化是任译本一大特色，涵盖Klaudy提出的强制性显化、语用显化、选择性显化和翻译本身固有显化④，从而在更高层次上忠实了原书主题思想。类符数代表词汇丰富度，李乔苹对科技术语先音译再补充直译、意译、仿译或逐词翻译的译法（见第三章第一节）与其译本类符数最多有很大关系。任译本类符数低于李译本，形符数和标准化类符/形符比超过了另两个译本，用词多样。个中原因包括任以都一以贯之地处理科技内容和人文内容，李译本和王译本选择仿译概括或淡化后者。直观而言，王译本各项数据低表明译本偏离原文风格的程度最小。

此外，三个译本标准化类符/形符比大于《论语》英译本的36.13和34.39⑤，小于翻译英语语料库（Translational English Corpus）小说子

---

① Maeve Olohan, *Introducing Corpora in Translation Studies*, London and New York: Routledge, 2004, p. 80.

② 黄立波、朱志瑜：《译者风格的语料库考察——以葛浩文英译现当代中国小说为例》，《外语研究》2012年第5期；Mona Baker, "Towards a Methodology for Investigating the Style of a Literary Translator", *Target*, Vol. 12, No. 2, 2000.

③ Jean-Paul Vinay and Jean Darbelnet, *Comparative Stylistics of French and English: A methodology for translation*, Amsterdam/Philadelphia: John Benjamins, 1995, p. 342.

④ 杨梅：《科技典籍英译的显化研究——以〈天工开物〉任译本为例》，硕士学位论文，华中科技大学，2018年；Kinga Klaudy, "Explicitation", In Mona Baker (eds), *Routledge Encyclopedia of Translation Studies*, London and New York: Routledge, 1998.

⑤ 蔡永贵、余星：《基于语料库的〈论语〉两个英译本的翻译风格研究》，《外国语文》2018年第5期。

库（44.63）和文学典籍英译本标准化类符/形符比①，所以三个英译本的词汇丰富程度居中。

2. 词汇密度

英语实词主要包括名词、形容词、副词和动词，虚词涵盖情态动词、介词、连词、助动词、代词、限定词②。实词数量占文本总词数的比例就是文本的词汇密度③。实词有实际意义且主要发挥信息传递功能，所以词汇密度越高，文本承载的信息量越大，读者的阅读负荷可能越大。

根据表5-4，李译本实词数＞任译本实词数＞王译本实词数。同样，李译本名词数量多于任译本和王译本，与该译本中科技语翻译策略密不可分。而最终王译本词汇密度（59.98%）＞李译本词汇密度（59.16%）＞任译本词汇密度（58.16%）。任译本和李译本实词数分别多出王译本2776和3186，但是词汇密度略小于王译本。究其根源，显化手段之一是"增添解释性短语"④，任译本添加了大量的方括号注释将原文省略的信息和英语读者需要了解的信息显化。表达实际意义的实词与将之连接起来的虚词同时出现，因此不难理解任译本实词数和虚词数均位列之最。王译本从整体上忠实原文内容和形式，大多数情况下直译了体现中国人思维和形式逻辑的句式，因而译文中实词占比大，其词汇密度最高也意味着该译本最接近原文风格。

就词汇密度而言，Stubbs的研究表明英语非文学作品的词汇密度介于40%—65%⑤，《天工开物》三个英译本词汇密度介于58%—60%，契合了原作作为非文学作品的主题风格，译本用词情况接近难度处于中

---

① 刘泽权、刘超朋、朱虹：《〈红楼梦〉四个英译本的译者风格初探——基于语料库的统计与分析》，《中国翻译》2011年第1期；Maeve Olohan, *Introducing Corpora in Translation Studies*, London and New York: Routledge, 2004, p. 80.

② Michael Stubbs, *Text and Corpus Analysis*, Wiley: Blackwell, 1996, p. 72.

③ Maeve Olohan, *Introducing Corpora in Translation Studies*, London and New York: Routledge, 2004, p. 81.

④ Mark Shuttleworth and Moira Cowie, *Dictionary of Translation Studies*, Shanghai: Shanghai Foreign Language Education Press, 2004, p. 55.

⑤ Michael Stubbs, *Text and Corpus Analysis*, Wiley: Blackwell, 1996, pp. 73-74.

上等的非文学英语文本。此外，词汇密度是衡量文本正式程度的一项指标[①]，词汇密度越高意味着文本越正式。前几章的分析显示王译本遣词造句平实易懂，所以仅仅以词汇密度判断王译本信息量和正式度最高似乎不具说服力，也与其他几项参数结果矛盾，因此有必要选取其他参数进一步考察三个英译本翻译风格。

表 5-4　《天工开物》三个英译本的词汇密度

	任译本比重	李译本比重	王译本比重
名词	19681（27.41%）	20084（28.18%）	18655（28.70%）
动词	13137（18.30%）	13222（18.55%）	12710（19.56%）
形容词	5595（7.79%）	5335（7.48%）	4698（7.23%）
副词	3344（4.66%）	3526（4.95%）	2918（4.49%）
实词数	41757	42167	38981
总词数	71794	71278	64985
词汇密度（%）	58.16	59.16	59.98

3. 高频词

恰如汉语高频字是审视作品语言风格的方法之一，统计英文高频词是考察英译本翻译风格及与之原文风格关联的重要路径。为便于与Olohan列举的翻译英语语料库（TEC）的30个高频词比较[②]，本书选取《天工开物》三个英译本的前30高频词，以此审视三个英译本与翻译英语文本的异同之处。

表 5-6 显示《天工开物》三个英译本的高频词几乎如出一辙。任译本和李译本29个高频词相同，任译本和王译本27个高频词相同；李

[①] 蔡永贵、余星：《基于语料库的〈论语〉两个英译本的翻译风格研究》，《外国语文》2018年第5期。

[②] Maeve Olohan, *Introducing Corpora in Translation Studies*, London and New York: Routledge, 2004, p.78.

译本和王译本28个高频词相同。三个译本均包含3个实词（used、made、water），对应原文高频字"用"和"水"，与原作主题基调基本契合。三个译本的前7个虚词（the、of、is、and、in、a、to）排序相一致，除"is"之外的6个词与翻译英语语料库的前6位高频词相同。Hunston对柯林斯英语语料库（the Bank of English）总库高频词加以统计，并发现前6位高频词依次是"the"、"of"、"to"、"and"、"a"、"in"，物质科学子库的前6位高频词分别是"the"、"of"、"and"、"in"、"to"、"a"[①]。由是观之，任译本和李译本高频词与英语语料库总库的高频词排序接近，王译本高频词的排序与英语语料库现代科技文本子库的高频词顺序相近，这与译者竭力将译本塑造成科技经典不无关系。

纵观 TEC 高频词，"I"、"he"、"her"、"it"、"his"、"she"、"you"等频繁出现的人称代词和物主代词与该翻译语料库收录大量的文学和传记语料有关。任译本前30个高频词仅仅包括第三人称代词"it"，李译本和王译本较多使用了"they"。相比之下，三个英译本人称代词与原文高频字"其"呼应，近似地还原了《天工开物》的信息型文体。不但如此，三个译本普遍使用了系动词"is"和"are"，与翻译英语语料库中的"was"截然不同。一般现在时表示事实或普遍真理，所以三个译本均注重客观的描述。此外，"the"、"of"、"and"、"a"、"in"、"to"是书面文献的高频词[②]，这6个高频词在李译本（21.81%）和王译本（21.46%）中的比重小于任译本（22.2%），所以任译本的阅读基调略正式，再现了原文的书面文体风格。

[①] Susan Hunston, *Corpora in Applied Linguistics*, Cambridge: Cambridge University Press, 2002, p.4.

[②] Geoffrey Leech et al., *Word Frequencies in Written and Spoken English: Based on the British National Corpus*, London and New York: Routledge, 2001, p.181.

表 5-5　　　　翻译英语语料库（TEC）高频词[1]

序号	TEC	序号	TEC	序号	TEC
1	THE	11	HER	21	IS
2	AND	12	IT	22	AT
3	TO	13	HIS	23	MY
4	OF	14	WITH	24	NOT
5	A	15	SHE	25	BUT
6	IN	16	HAD	26	FROM
7	I	17	ON	27	ME
8	HE	18	FOR	28	THEY
9	WAS	19	AS	29	HIM
10	THAT	20	YOU	30	BE

表 5-6　　　　《天工开物》三个英译本高频词分布

次序	任译本 词	任译本 频次	任译本 百分比（%）	李译本 词	李译本 频次	李译本 百分比（%）	王译本 词	王译本 频次	王译本 百分比（%）
1	THE	6408	8.88	THE	6265	8.74	THE	5476	8.40
2	OF	2882	3.99	OF	2868	4.00	OF	2207	3.39
3	IS	2340	3.24	IS	2130	2.97	AND	2191	3.36
4	AND	2281	3.16	AND	2036	2.84	IS	1879	2.88
5	IN	1798	2.49	IN	1623	2.26	IN	1593	2.44
6	A	1484	2.06	A	1455	2.03	TO	1278	1.96
7	TO	1167	1.62	TO	1390	1.94	A	1245	1.91
8	ARE	1162	1.61	ARE	995	1.39	ARE	1024	1.57
9	FOR	686	0.95	IT	730	1.02	BE	762	1.17

---

[1] Maeve Olohan, *Introducing Corpora in Translation Studies*, London and New York: Routledge, 2004, p. 78.

续表

次序	任译本 词	频次	百分比(%)	李译本 词	频次	百分比(%)	王译本 词	频次	百分比(%)
10	WITH	608	0.84	WITH	716	1.00	IT	722	1.11
11	AS	585	0.81	BE	709	0.99	WITH	654	1.00
12	BY	578	0.80	FOR	690	0.96	FOR	473	0.73
13	IT	574	0.80	AS	581	0.81	AS	450	0.69
14	BE	547	0.76	OR	552	0.77	CAN	446	0.68
15	OR	486	0.67	BY	505	0.70	FROM	433	0.66
16	THAT	477	0.66	FROM	460	0.64	BY	425	0.65
17	FROM	446	0.62	THIS	430	0.60	WILL	411	0.63
18	WILL	380	0.53	WHICH	421	0.59	ON	375	0.58
19	ON	379	0.52	ON	386	0.54	THAT	374	0.57
20	THIS	364	0.50	USED	358	0.50	INTO	344	0.53
21	WHICH	352	0.49	INTO	347	0.48	OR	338	0.52
22	USED	351	0.49	ONE	344	0.48	WHEN	332	0.51
23	INTO	335	0.46	WILL	331	0.46	WHICH	329	0.50
24	NOT	322	0.45	WHEN	323	0.45	USED	327	0.50
25	WHEN	308	0.43	THAT	318	0.44	NOT	310	0.48
26	ONE	291	0.40	NOT	299	0.42	THEY	307	0.47
27	MADE	275	0.38	MADE	281	0.39	ONE	305	0.47
28	WATER	250	0.35	THEY	250	0.35	WATER	273	0.42
29	AT	241	0.33	WATER	250	0.35	MADE	271	0.42
30	AFTER	233	0.32	AFTER	240	0.33	THERE	269	0.41

为进一步验证三个英译本用词的书面正式程度，本书再将英译文语料分别粘贴至香港大学英语中心的自动在线词汇分析工具（Vocabulary

Profiler）（网站及计算原则，参见严苡丹、韩宁，2015）。根据表 5 - 7 的统计，王译本最常用和次常用的 1000 个词汇的比重（74.4599% + 9.6820%）比任译本高 1.2821%，比李译本高 0.7272%。任译本学术用词比重（2.8062% + 0.0277%）高出王译本 0.9549%，高出李译本 0.2872%。如是，任译本、李译本和王译本学术色彩和正式程度依次递减，与前几项指标的结果基本吻合。

表 5 - 7 　　《天工开物》三个英译本词汇正式度考察

	最常用的 1000 个词汇数	次最常用的 1000 个词汇数	分布在学术词汇表（AWL）中的词汇数	分布在英美大学学术词汇表（AWL 未收录）的词汇数	不属于前几类的词汇数
任译本	53289	6564	2027	20	10309
	73.7727%	9.0871%	2.8062%	0.0277%	14.2717%
李译本	53159	6616	1784	41	10036
	74.1822%	9.2325%	2.4895%	0.0572%	14.0050%
王译本	48489	6305	1363	23	8807
	74.4599%	9.6820%	2.0930%	0.0353%	13.5241%

4. 平均词长

平均词长是文本所有单词平均包括的英文字母数，成为翻译文本词汇和语言复杂情况的标识之一。平均词长越大，文本中的长词和复杂词汇越多。任译本、李译本和王译本平均词长分别为 4.42、4.41、4.37（参见表 5 - 8）。任译本、李译本和王译本词长标准差分别是 2.2、2.19、2.09。将三个译本平均词长及标准差两两进行独立样本 t 检验，任译本和李译本词长及标准差不存在显著性差异（$t = 0.8616$，$p = 0.3889 > 0.05$），任译本和王译本之间具有显著性差异（$t = 4.2982$，$p = 0.0000 < 0.05$），李译本和王译本之间具有显著性差异（$t = 3.4416$，$p = 0.0006 < 0.05$）。

表5-8　　　　　　　《天工开物》三个英译本平均词长

	任译本	李译本	王译本
平均词长	4.42	4.41	4.37
词长标准差	2.2	2.19	2.09

再看词长分布（参见表5-9），三个译本中4字单词的数量最多，所占比例约为21%。任译本中5个及以下字母组成的单词占总词数的72.77%，李译本中5个及以下字母的单词占总词汇的73.43%，王译本中5个及以下字母组成的单词占总词数的74.08%。任译本中10个及以上字母组成的单词比例（2.72%）略大于李译本（2.58%）和王译本（1.97%）。这一结果佐证了任译本词汇的学术性和复杂程度最高，李译本和王译本依次次之。

表5-9　　　　　《天工开物》三个英译本词长分布情况

	任译本		李译本		王译本	
	频次	百分比（%）	频次	百分比（%）	频次	百分比（%）
1-letter words	1669	2.31	1699	2.37	1310	2.01
2-letter words	12654	17.53	12796	17.85	11192	17.17
3-letter words	15380	21.30	14823	20.68	14146	21.70
4-letter words	12986	17.99	13387	18.67	12540	19.24
5-letter words	9848	13.64	9934	13.86	9097	13.96
6-letter words	7177	9.94	6661	9.29	6601	10.13
7-letter words	5253	7.28	5115	7.13	4429	6.79
8-letter words	3232	4.48	3279	4.57	2765	4.24
9-letter words	2035	2.82	2146	2.99	1825	2.80
10-letter words	1045	1.45	994	1.39	732	1.12
11-letter words	530	0.73	476	0.66	323	0.50

第五章 《天工开物》语言风格及其三个英译本的翻译和传达

续表

| | 任译本 || 李译本 || 王译本 ||
	频次	百分比（%）	频次	百分比（%）	频次	百分比（%）
12 - letter words	261	0.36	224	0.31	136	0.21
13 - letter words	86	0.12	107	0.15	57	0.09
14 - letter words	27	0.04	35	0.05	20	0.03
15 (+) - letter words	14	0.02	14	0.02	10	0.02

例41. 调和一物以为外拒，漂海则冲洋澜，粘甃则固城雉。不烦历候远涉，而至宝得焉。燔石之功，殆莫之与京矣。（p. 223）

任译：[This substance] if used on a ship at sea, can fend off the ocean waves or it can strengthen city walls when applied to bricks or mortar. This most precious matter is obtainable without our having to seek it in distant places: such are the benefits derived from the calcination of stones. (p. 201)

李译：... we mix up lime derived from calcined stone to prevent any water infiltrating from outside. This, when applied to sea-going ships, protects them from the angry billows, and, applied to walls, may serve to strengthen a citadel. Such wonders can be obtained without waiting long, or searching far; the usefulness of burnt stone, in such cases, is incomparable. (p. 289)

王译：However, filling the cracks with lime can prevent water from coming in. The ship can battle waves and travel overseas. Walls built by bricks which are made from lime are very strong. The material can be got easily nearby. Therefore, calcining stones are very useful. (p. 363)

试看本例，王译本词汇的长度均不超过9个字母，任译本和李译本中不少单词由9个及以上字母构成。任译本"substance"、"strengthen"、 "obtainable"、"calcination" 和李译本 "infiltrating"、"strengthen"、"usefulness"、"incomparable" 等词汇增强了文本的学术性和专业性。王译本用词常规，词义简单易懂。而表达相同意思的中等长度的词汇，如任译本和李译本 "applied to" 的正式程度也为王译本 "built" 不及。

5. 名词化

名词化是通过加缀、转换等方式将动词或形容词转换为名词的行为或过程[1]，其形式主要分为动名词形式、派生性名词、不定式和名词性小句[2]。名词化是英语名词赖以形成的手段之一，名词多寡决定了文本词汇密度，因而这种现象与文本正式度和主题类型直接关联。而且不少学者对英语语篇的名词化结构进行实证研究后得出名词化程度高低与文本的客观、正式度成正比的结论[3]。

表5-10　《天工开物》三个英译本中的名词化后缀统计

	任译本		李译本		王译本	
	频次	频率（%）	频次	频率（%）	频次	频率（%）
-tion（s）	365	0.51	395	0.55	192	0.30
-ment（s）	66	0.09	94	0.13	54	0.08
-ity（ities）	58	0.08	87	0.12	35	0.05
-ness（es）	40	0.06	56	0.08	31	0.05
-sion（s）	27	0.04	14	0.02	9	0.01
-ence（s）	67	0.09	60	0.09	14	0.02
-ance（s）	69	0.09	68	0.10	26	0.04
总计	692	0.96	774	1.09	361	0.55

---

[1] 杨信彰：《名词化在语体中的作用——基于小型语料库的一项分析》，《外语电化教学》2006年第2期。

[2] 刘国辉、余渭深：《英语名词化的"功过"论辩及其在语篇运用中的量化考察》，《外语教学》2007年第1期。

[3] 杨信彰：《名词化在语体中的作用——基于小型语料库的一项分析》，《外语电化教学》2006年第2期；Douglas Biber et al., *Longman Grammar of Spoken and Written English*, Harlow: Pearson Education, 1999; Meg Gebhard et al., "Miss, Nominalization Is a Nominalization: English Language Learners' Use of SFL Metalanguage and Their Literacy Practices", *Linguistics and Education*, Vol. 26, 2014.

在各种名词化形式中，派生性名词易于发现，利用语料库统计方便。为此，本书以常见的 33 种由后缀派生法衍生的名词化形式（如-age、-al、-ant、-tion、-ure）[①]对英译文语料进行逐一检索，并剔除与实际不相符的名词（如"harness"、"balance"、"section"、"garment"、"quality"、"hence"）。表 5 - 12 列举三个译本中出现相对频繁的 7 种后缀及检索结果。任译本、李译本和王译本中这些后缀派生的名词分别占译本总字数的 0.96%、1.09% 和 0.55%。Biber et al. 的研究发现词缀"-tion"派生的词汇在每百万英语小说和新闻语料中的比重分别是 0.15% 和 0.45%[②]。任译本和李译本的相关比重均超过 0.5%，正式度略高于新闻等正式文体，王译本书面程度最低。这再次与前几项指标的结果吻合。

（二）句法层面

1. 平均句长

英文句子个数以句号、问号、感叹号为标记，平均句长以单词数计算。毋庸置疑，句子长短与句法复杂情况直接相关，也能映射译文对原文风格的再现。与原文句长平均为 16.65 个字相比，任译本、李译本和王译本平均句长分别为 22.64 个单词、18.15 个单词、18.41 个单词，句长标准差分别是 11.68、8.86、9.43。将三个译本的平均句长及标准差两两进行独立样本 t 检验，结果表明任译本和李译本之间存在显著性差异（$t = 18.4094$，$p = 0.0000 < 0.05$），任译本和王译本平均句长存在显著性差异（$t = 16.3799$，$p = 0.0000 < 0.05$），李译本和王译本之间不存在显著性差异（$t = 1.2273$，$p = 0.2197 > 0.05$）。此外，Lavisoa 统计英语文学作品的句长为 15.62 个词[③]。上海交通大学科技英语语料库中句子的平均长

[①] Douglas Biber et al., *Longman Grammar of Spoken and Written English*, Harlow: Pearson Education, 1999, pp. 321 - 322.

[②] Douglas Biber et al., *Longman Grammar of Spoken and Written English*, Harlow: Pearson Education, 1999, p. 332.

[③] Sara Lavisoa, "Core Patterns of Lexical Use in a Comparable Corpus of English Narrative Prose", *Meta*, 43 (4), 1998, p. 5.

度为21.4个词①。相比之下，李译本贴近原文句式，王译本紧随其次，两个译本接近英语文本的风格。任译本翻译语言特征明显，且前文谈到任译本趋向明晰原文隐晦的内容和逻辑关系，所以译本句长异于原文，句法结构稍微复杂，但是契合了《天工开物》呈现书面知识的风格形式。

表5–11　　　《天工开物》三个英译本的句子数据

	任译本	李译本	王译本
句子个数	3171	3928	3530
平均句长	22.64	18.15	18.41
句长标准差	11.68	8.86	9.43

2. 原文句子数量译出比

句子是翻译的主要转换单位之一②。对原文句子和译文句子数量进行考察可作为审视原文和译文翻译风格的参照指标。原文共3209句，任译本句子数量少于原文句子数，李译本和王译本句子数量比原文多出300—700句不等。任译本句子数量与原文句子数量的比值低不是因为原文被删减，而是与译者采取将短句合并的合译翻译技巧有很大关系。在大多数情况下，王译本保留了文言小句形式和汉语重意合的表达方式，并且分译长句（如例32），同时加入了少量的文内注释和评论。至于宋应星加入的比正文字体稍小的补充文字，任译本和王译本将之置于小括号内并与相关内容并置。而李译本将它们自然地融入正文，句子数量最多。从这方面看，任译本和李译本翻译风格异于原文偏好短句的风格标记。

---

① 赵德全、郑媛媛：《汉语科技文体翻译的英化取向溯源》，《中国科技翻译》2015年第4期。
② 王克非：《英汉/汉英语句对应的语料库考察》，《外语教学与研究》2003年第6期。

第五章 《天工开物》语言风格及其三个英译本的翻译和传达

表 5-12　《天工开物》三个英译本句子数量对比

	《天工开物》原文	任译本	李译本	王译本
句子个数	3209	3171	3928	3530
译出比	—	0.988:1	1.22:1	1.1:1

例 42. 提绪入手，引入竹针眼，先绕星丁头（以竹棍做成，如香筒样），然后由送丝竿勾挂，以登大关车。（p.100）

任译：The ends are first taken by hand, then are passed through the bamboo eyelets [of the reeling machine]; they are next placed over the guide rolls (made of bamboo cylinders, resembling incense-stick containers) and guide rings, then fixed to the thread-passing rod and thence to be wound by the winch. (p.49)

李译：The silk reeler, holds these baves in his hand, and thread them through an eyelet of a bamboo slip of the reeling machine. After which, the bave ends stick together forming a raw silk thread. Then the reeler places the thread on a rotating silk guide which is made and carved out of a bamboo tube, resembling the joss-sticks container, and, finally, he pulls the thread, through a silk guide hook of a traverse rod, and winds it on a large reel. (p.63)

王译：Take the ends by hand first and then pass them through the eyelets in the reeling machine. They are then placed over the pulley (made of bamboo cylinders) and fixed to the thread-passing rod and thence to be wound by the winch. (p.169)

本例出自《乃服》章介绍缫丝的工序流程。原文插入了比正文字体小的文字解释导丝的滑轮"星丁头"。任译本和王译本将之置于小括号中，王译本还在字体大小方面与正文区别，最大限度地还原了语言形式。至于句子个数，任译本1句，句子长度和句法复杂情况不言而喻。李译本将补充成分与主体有机地结合到一起，最后分译成3句。原文

183

"提"和"引入"两个动词并置的风格在王译本中留下了鲜明的印记,而且王译本将原文拆译成两句。

3. 被动语态和人称代词

例42能体现出《天工开物》的句法特点。原文主要以主动语态描述事实。而讲究形合的英语应用文本普遍使用被动语态。方梦之总结了被动语态的优点,即发挥语篇衔接和连贯功能,有助于确立话题,隐含动作实施者还增加了文体表述的客观性和正式程度[①]。近年来,被动语态在科技、学术语篇中的使用频率有减少的趋势[②]。尽管如此,被动语态承载的信息量和客观性仍不容否认。

在 AntConc3.2.1 中使用正则表达式对词性赋码的三个译本进行检索,本书检索出任译本有被动语态2872处,李译本2675处,王译本2331处,与译文句子个数的比重分别是0.91,0.68,0.66。相比之下,任译本中被动语态使用的频次较多。这再次印证了任译本翻译风格最正式,李译本和王译本次之。

表5-13 《天工开物》三个英译本中的被动语态使用情况

	任译本	李译本	王译本
被动语态频次	2872	2675	2331
与句子个数比	0.91:1	0.68:1	0.66:1

表5-14 《天工开物》三个英译本中的人称代词分布统计

		任译本		李译本		王译本	
		频次	百分比(%)	频次	百分比(%)	频次	百分比(%)
第一人称主格	I	15	0.04	2	0.05	4	0.04
	we	11		37		22	

---

① 方梦之:《英语科技文体:范式与翻译》,国防工业出版社2011年版,第84页。
② 肖碧丹:《科技英语被动语态使用量变化趋势》,《中国科技翻译》2015年第4期; Ken Hyland and Feng (Kevin) Jiang, "Is Academic Writing Becoming More Informal?", *English for Specific Purposes*, Vol. 45, 2017.

续表

		任译本		李译本		王译本	
		频次	百分比（%）	频次	百分比（%）	频次	百分比（%）
第二人称主格	you	2	0.002	0	0	15	0.02
第三人称主格	he	30	0.89	28	1.13	22	1.28
	she	2		0		0	
	it	436		531		500	
	they	173		250		307	
总计		669	0.932	848	1.18	870	1.34

人称代词的使用与被动语态紧密相连[①]。《天工开物》中较少出现第一人称"吾"、"予"，原文高频字"其"主要是第三人称代词。原书表达蕴含个人主观色彩，但文字风格相对客观。主动句出现次数多则意味着人称代词主语的比重高，反之代表译文的主观叙事色彩弱。而对三类人称代词主格进行统计（剔除作宾格的 it 和 you），王译本中人称代词主格的比重达 1.34%，李译本 1.18%，任译本比重最低，为 0.932%。如此一来，任译本呈现给英语读者的表述客观，措辞风格贴近原作的信息型记叙文本的风格。而主动语态和人称代词的使用有助于拉近与读者的距离，阅读起来清晰易懂，却可能会影响译文正式程度。试看如下译例：

例43. 凡试弓力，以足踏弦就地，称钩搭挂弓腰，弦满之时，推移称锤所压，则知多少。（p. 294）

任译：To determine the pull of a bow, the maker steps on the bowstring and presses it down toward the ground. The centural part of the bow is hung on the hook of a steelyard, and the force applied for a maximum bending of the bowstring, known as weight or pull, is measured by bal-

---

① 方梦之：《英语科技文体：范式与翻译》，国防工业出版社2011年版，第77页。

ancing the weight suspended on the marked beam of the steelyard. (p. 263)

李译: To measure the strength of a bow, keep the string on the floor with one foot, fix the middle point of the arc to the hook of a steel yard, shift the weight to a position to make the bow just fully stretched, and take a reading. (p. 471)

王译: We can stamp on the string and fully pull the bow. When the bow is round, we can hook the hunch by the steelyard and move the sliding weight of the steelyard to check the weight of the bow. (p. 471)

原文介绍造弓之后如何测试其力量大小。"以足踏弦"、"推移"和"知多少"的施动者没有直接言明,从上下文可知主语是造弓的匠人。恰如王力指出主语非古汉语语法要求,如主语在语境中的指示人尽皆知,则隐去不用①。王译本连用两次"we",而笔调亲切和蕴含丰富的主观情感的第一人称能拉近叙事者与目标受众的距离,从而易于引起他们的共鸣②。李译本全部使用主动语态但选择省略主语的祈使句。任译本添加的主语"the maker"符合原文预设的行为主体,因为弓的强弱非一般人可测,第二句隐含主语而连用了被动语态,理解难度明显高于另外两个译本。因此,任译本对原文语态和人称代词进行了转换,李译本相对"不偏不倚",王译本对原人称进行了改写,再现了原文通俗易懂的风格。

(三) 语篇层面

1. 衔接连词

作为文本意义连贯、行文流畅的手段之一,衔接是"形成语篇的语义关系"③,具体又分为包括词汇复现和搭配的词汇衔接,以及

---

① 王力:《王力选集》,东北师范大学出版社2002年版,第123页。
② 刘正光、李雨晨:《主观化与人称代词指称游移》,《外国语》2012年第6期。
③ Michael A. K. Halliday and Ruqaiya Hasan, *Cohesion in English*, Beijing: Foreign Language Teaching and Research Press, 2001, p. 4.

包括指称、省略、替代和连接的语法衔接①。连词有纯粹的连接作用，而无修饰色彩，也不充当句子成分，因而在凸显字词、句段之间的逻辑关系以及确保语篇衔接方面不可或缺。英语重结构严密，正如许文胜、张柏然总结，英语追求严谨，句子以动词为中心向心收缩，并通过关系连词来明确中心词和相关成分的关系②。因此，三个英译本中连词的使用情况体现出与英语原创文本的差异，还能用于审视与原文风格的关联。

表5-15　《天工开物》三个英译本中的连词使用情况

类型	连词	任译本 词频	李译本 词频	王译本 词频
并列	and	2281	2036	2191
	both...and	29	23	29
转折	however	119	64	19
	yet	34	20	11
	while	129	69	129
	but	184	155	168
递进	not only...but also	8	5	7
	and that	15	5	10
选择	or	486	552	338
时间	after	233	240	247
	before	69	57	53
让步	no matter	0	1	2
	whatever	1	0	0
	even (if)	54	69	47
	(even) though	33	6	22

---

① Michael A. K. Halliday and Ruqaiya Hasan, *Cohesion in English*, Beijing: Foreign Language Teaching and Research Press, 2001, p.4.
② 许文胜、张柏然：《基于英汉名著语料库的因果关系连词对比研究》，《外语教学与研究》2006年第4期。

续表

类型	连词	任译本 词频	李译本 词频	王译本 词频
假设	if	156	182	224
因果	thus	56	51	32
	because	55	38	48
	since	32	31	16
	therefore	62	50	16
条件	unless	1	3	2
	so long as	1	1	0
	总计	4038	3658	3611
	占总词数的百分比（%）	5.62	5.13	5.56

表 5-15 列出了三个译本中频繁出现和用法较单一的连词。任译本中连词数量和比重最大，用于表示并列、转折、递进、因果、时间、条件、选择、让步、假设。王译本和李译本中连词的比重小于任译本。增加连接词是显化手段之一[①]，杨梅发现在任译本显化技巧中，增加逻辑连接词的形式显化所占比重最大[②]。任译本中大量的体现语篇衔接的连词看似是对原文风格的偏离，但译文的起承转合、前后呼应等符合英语读者的阅读习惯，将原文风格转成了更易于在译入语中获得新生的风格，王译本和李译本在增强原文的形合程度方面紧随其后。

例 44. 恐后世人君增赋重敛，后代侯国冒贡奇淫，后日治水之人不由其道，故铸之于鼎。不如书籍之易去，使有所遵守，不可移易，此九鼎所为铸也。（p. 172）

任译：Fearful, however, that the rulers of later ages might in-

[①] Mark Shuttleworth and Moira Cowie, *Dictionary of Translation Studies*, Shanghai: Shanghai Foreign Language Education Press, 2004, p. 55.

[②] 杨梅：《科技典籍英译的显化研究——以〈天工开物〉任译本为例》，硕士学位论文，华中科技大学，2018 年。

crease the taxes by great amounts, and that later kingdoms might become oppressive, or that those in charge of irrigation and flood control might not follow the correct methods, Yü had all these matters inscribed and cast into the ting, which would be more durable than books, so that posterity could act according to the rules laid down. (pp. 159 – 160)

李译: Knowing that future emperors would burden the people with excessive taxes, or the feudal lords would contribute extravagant articles (instead of useful ones), or the coming hydraulic experts would not follow his plans, king Yu thought it better to cast all those instructions on caldrons, which could not be so easily destroyed as the books. On the metal caldrons, they could be observed by future generations, without danger of changes or modifications. (p. 224)

王译: Worried that the rulers of future ages might increase the taxes and force tributes, that in the future the local governors might substitute tributes with extravagant articles, and that those who were in charge of the control of floods might not follow the correct methods, Emperor Yu ordered that all these regulations should be inscribed on tripods so that they might be more durable than books and would be impossible to change. (p. 275)

本例出自《冶铸》章的人文内容，大意是禹治水成功之后将条律刻于鼎上，以防后来者增税、治水不按其方式等。除"故"外，原文几乎没有用连词表示各小句之间是并列、递进或因果关系。任译本所用连词丰富，包括"however"、"or"、"and that"、"and"、"so that"，李译本中连词包括"or"、"as"，王译本中连词仅有"and that"。具体而言，任译本选择"and"连接"后世人君"、"后代侯国"，用"or"区别"后日治水之人"，李译本全用"or"，王译本先省略再用"and that"。任译本和王译本均为"使有所遵守"添加因果连词"so that"，明确了前后文之间的语义顺序。整体而言，任译本的流畅性和易理解程度显而易见。

2. 语篇可读性

可读性指材料的阅读和理解难易度，取决于平均句长、文本中生僻的单词和语法复杂度等因素①。可读性的考察过程根据可读性公式，例如弗莱士—金凯德易读度（Flesch-Kincaid Reading Ease）和弗莱士—金凯德难度级数（Flesch Kincaid Grade Level）（涉及句长、句子中的音节数）、迷雾指数（Gunning Fog Index）（涉及复杂词汇、句子数量、单词总数）、科尔曼—廖指数（Coleman-Liau Index）（涉及每100个词的平均字母数、平均句长）。

本书将三个英译文语料分别粘贴至在线可读性分析网站Tests Document Readability，并将所得数据汇集成图5-1。弗莱士—金凯德易读度的分值在0至100之间，得分越低则文本阅读越困难，60—70相当于标准英语（Plain English）。三个英译本分值位于这一区间，因而阅读难度均适中。美国流行刊物《读者文摘》（*Reader's Digest*）得分65，任译本得分低于此，因此更适用于专业读者。弗莱士—金凯德难度级数、迷雾指数、科尔曼—廖指数等级或得分标准不同，原理相同，即结果对应相应的美国高中或大学等级。至于三项等级或得分，任译本分别是9.57、10.96和8.71，李译本分别是8.42、9.76、8.46，王译本分别是8.35、9.9、8.26。由此可见，三个译本的目标读者要至少拥有高中及以上的受教育经历。任译本各项指标又高于另外两个译本，其阅读难度最大，王译本阅读门槛低一些。

综上，《天工开物》三个英译本对原文风格进行了显化处理，如篇幅超过了原文，词汇密度偏高，而且都添加了大量的有助于语篇衔接的连词。这在根本上取决于英汉两种语言中西文化思维的本质性差异。但它们在词汇、句法和语篇方面存在不同程度的差异。综合来看，任译本的标准化类符/形符比、高频词、平均词长、平均句长、原文/译文句子

---

① Jack C. Richards and Richard Schmidt, *Longman Dictionary of Language Teaching and Applied Linguistics*（*Fourth edition*），Harlow：Pearson Education，2010，p. 482.

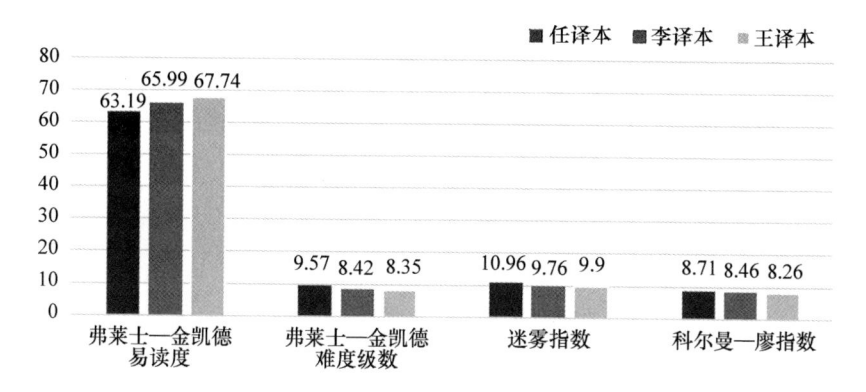

第五章 《天工开物》语言风格及其三个英译本的翻译和传达

图 5-1 《天工开物》三个英译本语篇可读性得分

比、被动语态、衔接连词、语篇可读性指向该译本的显化程度高,学术性和正式程度也高于另外两个译本。李译本偏离原文风格的程度小于任译本,译本的名词化现象赶超任译本和王译本。王译本最突出的风格在于人称代词主格的使用。有哪些因素影响了三个译本翻译风格的差异呢?

第一,外部制约因素多少。任以都的翻译是纯粹的自发行为。李乔苹受我国台湾省"教育部"委托,实际是其"惯习"下意识作用的结果,翻译的自主性大。所以任译本和李译本翻译风格灵活,形符数、被动语态等与原文不同。相反,王义静等没有选材权力,其译本从属的《大中华文库》工程以"原汁原味"和"传译的准确性"[①]为制约规范,正如文库委员会指定校审的翻译专家删除了译者增添的许多文内注释。王译本不允许对原文进行解读而导致形符数最低,因此在表层和外在的语言形式方面最贴近原文风格。

第二,目标读者定位不同。赢得美国对中国问题感兴趣的学生、美国历史学界乃至西方汉学人士的认可是任以都对读者的定位。但是

---

① 许多、许钧:《中华文化典籍的对外译介与传播——关于〈大中华文库〉的评价与思考》,《外语教学理论与实践》2015 年第 3 期。

"一般美国学生对东方文化毫无概念"①，译文不借助增添解释和连词等符合普通读者期待的显化手段则会将他们或部分专业人士拒之门外。李译本面向西方汉学家和学生②，但是李乔苹翻译《中国科学技术史》等及其学术经历使他更关注中国科技史研究人士的接受，而名词化现象是英语科技语篇的常态。王义静等将读者定位为西方专业人士，等于对受众对汉语和中华文化的熟悉程度提出了要求（参见附录二），所以译文倾向于直译，被动语态、连词使用方面贴近原文风格。

第三，译者语言习惯差异。任以都长期在美国接受教育并执教美国大学，她在翻译《天工开物》前还发表过不少英文专著和论文，深谙中西文化差异和英美学术体系的要求。因此其译本在形符数、被动语态、连词等方面对原文进行了较大的偏离和改写。学术经历和身份也会影响其遣词立意的学术性，译本的平均词长、被动句、语篇可读性高于另外两个译本。李译本和王译本的译者则在国内习得英语，且少有英文发表，他们的语言风格尤其是王译本译者的语言烙上了体现中国人逻辑思维和中华文化主体性的"中国英语"。译文符合英语表达规范，又无法摆脱原文风格的束缚，同时影响了呈现知识的书面化程度。

二 《天工开物》三个英译本翻译风格的定性分析③

定性辅助的语料库方法符合翻译活动的复杂性和艺术性。作为言语表达结构的修辞格与深层的思想情感紧密相连，其文采风格难以量化考察。与此同时，《天工开物》中修辞格无法穷尽地研究，引用、明喻、拟人三种积极修辞格最典型和普遍，它们代表了朴实、典雅、简约、柔婉的风格④，并"带有写说者的体验性，而能在看读者的心里唤起了一

---

① 张朋园等：《任以都先生访问记录》，"中央"研究院近代史研究所1993年版，第68页。
② Sung Ying-sing, *Tien-kung-kai-wu*: *Exploitation of the Work of Nature*, *Chinese Agriculture and Technology in the XVII Century*, Taipei: China Academy, 1980, p. i.
③ 本节的部分内容来自王烟朦、许明武发表在2020年第2期《山东外语教学》上的文章《科技典籍〈天工开物〉中修辞格及其风格英译之译者行为批评分析中的科学技术哲学及其英译研究》，第105—113页；王烟朦、许明武发表在2022年第1期《翻译研究与教学》上的文章《〈天工开物〉文学性迻译与科技典籍英译的"李约瑟范式"》，第101—106页。
④ 黎运汉：《汉语风格学》，广东教育出版社2000年版。

第五章 《天工开物》语言风格及其三个英译本的翻译和传达

定的具体的影像"①。鉴于此,本节以引用、明喻、拟人为例,并通过定性对比手段分析《天工开物》三个英译本对与宋应星写作意图紧密相连的修辞格艺术以及相关风格的传译。

(一) 引用及其英译

引用是指"行文中引用他人言论或文献,以增强语言说服力和感染力,阐明自己的观点或抒发感情"②。这种修辞格在《天工开物》中使用最为频繁,具体分为引经和用典。引经是引用被特定群体认可的经典著作的内容,用典指援引历史典故或事件来含蓄地表达观点。坊间调查是宋应星撰写《天工开物》的主要素材,但他未亲身参与过科技实践或者家庭背景与此相关,对知识的了解也必然离不开书面文献。原文直接或间接引用了大量的典故及《论语》《诗经》《尚书》《礼记》《周易》《史记》《三国志》《汉书》《本草纲目》《糖霜谱》《庄子》《左传》《山海经》等四书五经和诸子百家经典。引用能够有效地引发受众对被引作品和文字的共鸣,并激发他们思考被引文本和引用文本之间的关联,从而加深对阅读文本的理解。古克礼(Christopher Cullen)指出,宋应星援引先秦经典是为了避免著作被贴上特立独行的标签和被视为偏离了学术创作方式③。因此,引用配合了相关主题的叙述,也是宋应星人文改良思想能够为明代读书人乃至统治者认可的手段。

1. 引经

《天工开物》中的引经在形式上分为:一、直接标明出处和易于识别的明引;二、自然地融入或撮其要的暗引。后者隐晦而需要仔细辨识。试看三个英译本的翻译:

  例45. 凡饴饧,稻、麦、黍、粟皆可为之。《洪范》云:"稼穑作甘。"及此乃穷其理。(p.74)

  任译:Maltose can be made from rice, wheat, sorghum, or mil-

---

① 陈望道:《修辞学发凡》,复旦大学出版社2008年版,第57页。
② 谭学纯等:《汉语修辞格大辞典》,上海辞书出版社2010年版,第273页。
③ Christopher Cullen, "The Science/technology Interface in Seventeenth-century China: Song Yingxing on qi and the wu xing", *Bulletin of the School of Oriental and African Studies*, Vol.53, No.2, 1990, p.298.

let. According to the "Grand Regulations" chapter [in the *Book of History*], "*this* [i. e. making maltose] is the ultimate development in making sweet condiments out of grains." (p. 130)

李译：Malt-sugar can be made from paddy, wheat, millet, sorghum, etc. Thus we understand, why it was stated in the chapter "Hung Fan" 洪范 (or Great Plans) of the "Shu-ching" (or Book of History) that sweets could all be made from grain crops. (p. 189)

王译：Maltose can be made from rice, wheat, glutinous millet or millet. According to the Chapter of Grand regulations in *The Book of History*: The sweet taste of maltose comes from grains. (p. 125)

本例出自《甘嗜》章，宋应星介绍稻、麦、黍、粟等粮食作物可制作饴糖，并引用《洪范》的"稼穑作甘"强调甜味从谷物中获取加以佐证。《洪范》是箕子向周武王陈述治理之道的政论文，出自四书五经之一的《尚书》，"洪范"的意思是国家的政令法度①。宋应星"掉书袋"反映出重视农业生产并希望统治者以此为国策。三个英译本准确译出《洪范》《尚书》之间的关系，任译本还在章末注释中加入"References to it are found in writings dating from the Chou dynasty (1122 – 256 B. C.)"② 补充所引书目的信息。李译本"Great Plans"的政治色彩弱于任译本和王译本"Grand Regulations"。至于引文，三个译本合译了"稼穑作甘"和不属于引文的"及此乃穷其理"，且任译本添加双引号表示直接引用。在理解层面，《甘嗜》章涉及制糖的甘蔗等经济作物，李译本"all"夸大了稻麦作物能产生的甜味。现代概念"maltose（麦芽糖）"说明王译本充分考虑当代专业读者；任译本将之置于方括号中保存语感，又辅助了读者理解。

---

① 杨世文、陶亮：《王道荡荡：〈洪范〉与儒家"治道"思想》，《中华文化论坛》2018年第10期。
② Sung Ying-hsing, *T'ien-kung K'ai-wu*: Chinese Technology in the Seventeenth Century, University Park and London: The Pennsylvania State University Press, 1966, 132.

例46. 饮食而知味者，食不厌精。杵臼之利，万民以济，盖取诸《小过》。(p. 36)

任译：For those who are discriminating in food nothing can be too refined, and the work of polishing and grinding provides a livelihood for thousands of people. This [desire for refinement] results in excessive use of small and humble tools such as the mortar and pestle. (p. 81)

李译：However, the genuine connoisseurs of "taste" do not insist on the most extravagant refinement (or luxury) *, in the preparation of their food. The benefits of the mortar and pestle, and of other farmers' implements etc., serve the whole people. This is exemplified in the *Hsiao Kuo* (小过) *, of the *I-Ching*, in which it is stated that small devices and tools are useful to the people. (p. 117)

王译：For those who are particularly interested in the flavor of food, nothing can be too refined. Pestle and mortar are used to grind and polish cereals and are useful to everyone. The desire of refining results in an excessive use of small and humble tools such as the pestle and mortar. (p. 57)

此例出自有关谷物加工的《粹精》章。"食不厌精"源自儒家经典和被奉为"四书"之一的《论语》："食不厌精，脍不厌细。"这部记录孔子言行的经典是古代儒生必诵书目，也是明代科举考试的来源，宋应星略去读书人熟知的出处。《小过》为《周易》第六十二卦。他引用孔子的言论是因为"圣人们传递了实践取向的价值"[①]，将相关器具发明类比于享有崇高地位的《周易》也旨在唤起读书人重视关系国计民生的农业，正如他批评"经生之家以'农夫'为诟詈"[②]。任译本和王译本对两处引用采取了相似的仿译法，概括大意而没有过于考虑语言形

[①] Dagmar Schäfer, *The Crafting of the 10, 000 Things: Knowledge and Technology in Seventeenth-Century China*, Chicago: University of Chicago Press, 2011, p. 86.

[②] 宋应星：《天工开物》，上海古籍出版社2016年版，第6页。

式。李译本保存"食不厌精",并通过章末注释补充了"see *Lun Yu* or 'Analects of Confucius'"①,"精"理解成"奢侈"背离了原意。第二处引用的形式得以再现,且章末注释详细概括了《小过》的内容并明晰了宋应星引用的意图:"The author applied this saying to the farm implements, which might also be considered 'small gadgets', but which are of immense importance to the people."②。相对而言,李译本再现了本例修辞格,还原了宋应星的文人身份,却对借此表达以农为本的主张有所"误读"。

2. 用典

原书序和十八章开篇首段蕴含了不少历史典故,它们是对科技内容的辅助,也是宋应星委婉地表达个人观点和思想主张的手段。作为整体写作策略不可分割的一部分,用典还使相关文字表述流露出文学气息。试看下例:

例47. 年来著书一种,名曰《天工开物》卷。伤哉贫也,欲购奇考证,而乏洛下之资;欲招致同人商略赝真,而缺陈思之馆。(p. 3)

任译:During the past few years I have written a book entitled *T'ien-kung k'ai-wuchüan*, or *A Volume on the Creations of Nature and Man*, but it is sadly limited by the author's lack of wealth. It was my wish to purchase some rare artifacts in order that [statements made in the book] might be objectively verified, yet I lacked the funds; and although I wished to gather a group of colleagues to discuss the general subject of the book and to ascertain the truth of its contents, yet there was no meeting place for such conferences to take place. (p. xiv)

---

① Sung Ying-sing, *Tien-kung-kai-wu*: *Exploitation of the Work of Nature*, *Chinese Agriculture and Technology in the XVII Century*, Taipei: China Academy, 1980, p. 127.

② Sung Ying-sing, *Tien-kung-kai-wu*: *Exploitation of the Work of Nature*, *Chinese Agriculture and Technology in the XVII Century*, Taipei: China Academy, 1980, p. 127.

第五章 《天工开物》语言风格及其三个英译本的翻译和传达

李译：Recently I wished to write a book entitled, "*Tien Kung Kai Wu*", but alas, I am poor! I desire to purchase rare books and objects, in order to examine and verify them, but I am lacking the funds required for such work. While I wish to induce men of literary ability to discuss with me the true and the spurious of these objects, I lack the means to set out food and lodging for them. (p. v)

本例出自原书序，"洛下"和"陈思之馆"引用了历史事件和典故。王译本删去了宋应星，所以无对应的译文。"程朱理学"是宋代以后学术的正统路径，这一学说的代表人物程颢、程颐出生于洛下（洛阳）。宋应星的引用使同时代人自然联想到讨论哲学的学术传统，他借此嘲笑那些忽略了在行动和观察中看到知识的读书人[1]。"陈思之馆"指曹植数次招集门客从事文章创作，其作品在明代备受推崇[2]。宋应星可能感到所处时代与曹植有共通之处，在此寄予了平定混乱的期望[3]。这两处引用看似是因贫困而愤懑，实则声明道德高洁和学术政治理想，以获得情操高尚的学者尊敬。任译本和李译本对典故进行淡化处理，承载宋应星道德信念和社会抱负的内涵全然不见。原本形象生动的语言风格被转换成朴实平淡的表达。至于具体的翻译，任译本"conference"和李译本"food"与古汉语的语体截然不同，译文主要呈现了一个贫困潦倒又不得志的读书人形象。

例48. 使织女燃薪、书生映雪，所济成何事也？（p. 75）

任译：If, for example, the weaver must burn wood for light and the student rely on the glow of snow to read by, how little work could be

---

[1] Dagmar Schäfer, *The Crafting of the 10,000 Things: Knowledge and Technology in Seventeenth-Century China*, Chicago: University of Chicago Press, 2011, p. 136.

[2] Robert Joe Cutter, "Cao Zhi's (192-232) Symposium Poems", *Chinese Literature: Essays, Articles, Reviews*, 6 (1-2), 1984, p. 12.

[3] Dagmar Schäfer, *The Crafting of the 10,000 Things: Knowledge and Technology in Seventeenth-Century China*, Chicago: University of Chicago Press, 2011, p. 136.

accomplished in this world! (p. 215)

李译：If a weaving girl burns wood for lighting, or a scholar reads by the reflective light of snow, what can they accomplish? (p. 309)

王译：If women were to weave by light of the firewood and students were to study by the glow of snow, would they be successful? (p. 127)

原文选自《膏液》章，旨在强调油脂燃料对于生活和生产的不可或缺，所以该章重点介绍各种食用油料作物和榨取的工具，也描述了蜡烛制造。宋应星借用两处典故："织女燃薪"指三国时期的薛灵芸，其勤于纺纱，因家境贫寒而只能点燃葛蒿照亮；"书生映雪"典出自晋代孙康，其勤于求知却因家贫而无法购买灯油，便在冬天借助雪的反光读书①。他在此并非像上例那样通过贫穷这一主题来称颂读书人，而是反其意而用之，强调农作物于民生之大用。三个英译本对此直译，再现了表层意义，但是没有挖掘文字背后的历史文化内涵。任译本和王译本"student (s)"不如李译本"scholar"贴近"书生"的语体色彩，李译本"light"莫若另外两个译本的"glow"符合雪映射的微弱光线。若进一步探究，三个英译本用了虚拟语气，等于间接否定了相关事实。概言之，用典修体现的生动形象和含蓄隽永的语言风格最后被三个英译本转换成了通俗易懂、平实质朴的语言风格。

（二）明喻及其英译

比喻是借助两类事物的相似点，用本质不同的一类事物来形容和说明另一类事物，并且由本体（被比喻的人或物）和喻体（用于打比方的抽象或具体的事物）构成，二者同时出现或出现一个②。显而易见，比喻有助于增强语言文采和趣味性，激发读者联想和辅助理解。本体和喻体被喻词连接且共同出现的比喻被称为明喻。《天工开物》常用的比喻词包括"如"、"若"、"似"、"犹"③。因此，宋应星对农业和手工业

---

① 杨维增：《〈天工开物〉新注研究》，江西科学技术出版社1987年版，第252页。
② 谭学纯等：《汉语修辞格大辞典》，上海辞书出版社2010年版，第5页。
③ 季绍德：《古汉语修辞》，吉林文史出版社1986年版，第2页。

第五章 《天工开物》语言风格及其三个英译本的翻译和传达

产品、加工流程和生产工序的记叙并非毫无感情的罗列，而是诉诸了易于理解和舒缓节奏的明喻，避免了枯燥的论述。试看下例：

例49：凡取汁煎糖，并列三锅如"品"字，先将稠汁聚入一锅，然后逐加稀汁两锅之内。（p.67）

任译：In boiling the〔clarified〕juice for sugar, three cooking pots should be arranged to form a triangle〔and used simultaneously〕. First the thick syrup〔that has been obtained after boiling in the other two pots〕is transferred into one pot, then more thin〔uncooked〕juice is gradually added into the two other pots. （p.127）

李译：To boil sugar, three pots are provided, which are arranged in such a way that one is on top and two are underneath, in triangular formation. The thick juice is boiled in the upper pot, while the thin juice is boiled in the two pots below. （p.187）

王译：In boiling the juice for sugar, put three cooking pots to form a triangle and use them simultaneously. Gather the thick syrup which has been obtained after boiling the thin juice in the three pots and transfer it into one pot. Then pour more thin juice into the other two pots. （p.117）

这是《甘嗜》章谈到的造红糖的工序流程。首先将甘蔗反复压榨取汁，再加入石灰令妨碍糖分结晶的杂质沉淀，浮在上面的汁便可熬糖。熬糖时，将浓度稠的集中在一口锅内，另外两口锅逐步加入稀汁熬制，变浓稠后转入第一口锅内。这种"形而下"的技术为读书人憪闻和鄙夷，或许他们一生都未见过这种场景。宋应星将三口锅的位置比喻成书面文化"品"字体现出提升工农业地位的出发点，又考虑到了读书人获取知识的主要来源。不但如此，原文画面感强，不谙此话题的读者能快速获取知识和审美快感。任译本和王译本略去了喻词"如"，并将喻体转换成客观的信息。习惯对专有词汇音译再列出对应中文的李译本亦如此，并对锅的排列方式做了补充说明。"triangle/triangular formation"勾勒的画面清晰明了,但是"品"字的开口如同锅的形状,所以英语读者直观获得的文艺气息大打折扣。

例50. 冷定解绳开框,则磊落百文如花果附枝。模中原印空梗,走铜如树枝样……(p.185)

任译:When the metal has cooled the molds are untied, and there they are—one hundred shining coins, looking like so many flowers and fruit hanging from a tree. This is because hollow passage ways had been left in the mold [between the impressions of the coins], so that when the molten brass flows through the sprues and runners a treelike pattern is formed. (p.169)

李译:The ropes are removed when the metal inside of the moulds becomes cold, and the flasks may be cleaned out at that time. Then hundreds of coins will be joined together, like fruits of flowers attached to their stems. The mould will have previously been provided with hollow cylindrical spaces to form metal runners, like the roots of a tree. (p.233)

王译:After the cooling, unbind the frames so that one-hundred coins appear like fruits on branches. The branches are formed because there are holes for the melt to flow out into the models. After cooling, the melt which forms the branches will be broken by clamps and rasped away. (p.297)

该例介绍铜钱铸造:将熔铜坩埚从火炉中取出,逐一浇入铸钱模型的小孔并待之冷却。宋应星认为,一次获得的一百个铜钱好比树枝上的花果,浇铸铜钱的小孔和周围流出铜液的空沟形如树枝形状。将一般人少见和关注的铸钱技术比作世人熟知的意象有利于读书人在轻松、愉悦的阅读中汲取知识。更重要的是,宋应星提倡"凡铸铜钱以利民用"[①],

---

① 宋应星:《天工开物》,上海古籍出版社2016年版,第182页。

第五章 《天工开物》语言风格及其三个英译本的翻译和传达

他也曾在《野议》中用"民尽财穷"来概括明末的财政危机,以花果作比铜钱外形和功能也强调了铜钱于民生和政权的不可或缺。三个英译本均转换了本体和喻体。任译本喻词"look like"并巧妙地将喻词与"tree"转换成"treelike";李译本统一用"like",王译本译出 1 处"like"。而"look like"突出事物之间的相似性。试看译文,王译本删去"花"的意象,"hang from"勾画了动态画面,"attach to"强调附上和粘连。王译本"branch"比任译本"tree"具体,二者又比李译本"stem"贴切。"如树枝"并非真树枝,李译本直译并将"枝"译为"roots"不失原文之形象生动,任译本理解透彻,但是比喻不甚明显,似乎使语言艺术性有所流失。

例 51:密布地上,微以土掩之,头尾相枕,若鱼鳞然。(p. 63)

任译:These are laid on the ground close to each other and lightly covered with earth, the ends of the sections overlapping like fish scales. (p. 125)

李译:These again are covered with earth, being placed close together, lengthwise, with the end of one superimposed over the end of other, like fishscales. (p. 184)

王译:Then all the sections will be laid on the ground next to each other and then covered with earth. The ends of the sections overlap like fish scales. (p. 109)

用于造白糖和红砂糖的甘蔗被称为糖蔗或荻蔗,像类似芦苇的荻或比荻小。原文谈到荻蔗种植的节气和每段截取的长度,此处描述将它们埋入土中的办法:确保每段五六寸长排在地上,上面覆盖少量的土并使每段头尾相叠,如同鱼鳞状。宋应星借助明喻,即"若"连接本体(糖蔗的相叠)与喻体(鱼鳞)。农事为明代大多数读书人鄙夷和极少见到,这一修辞的画面感强,使他们通过熟知的基本意象汲取实学。三个英译本的翻译有异曲同工之处，如保留了意象，皆用了"like"翻译喻词。任译本和王译本将"相枕"理解成"overlap"，李译本用"superimpose"。而查阅剑桥在线词典（https：//dictionary.cambridge.org/），前者的含义是"to cover something partly by going over its edge"，后者表示"to put especially a picture, words, etc. on top of something"。因此，李译本措辞可能会让读者误以为每段荻蔗上下放置，与鱼鳞状没有任何关联。相对而言，任译本和王译本移植了原文的艺术风格，也确保了语境连贯。

例52：凡茧形有数种。晚茧结成亚腰葫芦样，天露茧尖长如榧子形，又或圆扁如核桃形。（p.90）

任译：Cocoons have several forms. The Late-variety cocoon is shaped like a thin-waisted gourd; the cocoons made by rain-and-snow water bathed silk-worms are either long and pointed, like a yew nut, or round and slightly flattened like a walnut. （p.37）

李译：The shape of the cocoon varies considerably. The bivoltin cocoon is shaped like a thin waist gourd, while that from eggs which have been exposed to open air is long with tapering ends like a torreya nut, or round and flat like a walnut. （pp.52–53）

王译：Cocoons have several shapes. The shape of the late cocoons are like a cucurbit, and the shape of silkworms bathed in dew is as slight as Chinese torreya seed, or as oblate as walnuts. （p.151）

前文例20介绍了洗蚕的"天露法"，本例是《乃服》章记载晚茧、天露蚕的形状。"结成亚腰葫芦样"虽未用"如"、"似"等直观的比喻词，实际上也是明喻。第四章提到明代读书人崇尚科举及第，对"形而下"的生产技术了解甚少，宋应星在此将蚕的外形比作常见的"亚腰葫芦"、"榧子"和"核桃"，兼顾了他们的认知方式和知识体系，从而使其改良思想更好地被接受和认可。任译本和李译本统一使用了三个"like"为比喻词，王译本结合了"like"和"as...as"。至于喻体的翻译，王译本"cucurbit"指宽泛意义的葫芦而不一定是亚腰的品种，任译本和李译本具体，且"waist（ed）"一词生动形象；王译本"Chinese torreya"代指的"榧子"精确，"seed"不如另外两个译本的"nut"贴切。此外，李译本和王译本将原文对本体外形的描述淡化或删去，任译本予以保留，有利于译文信息和修辞格艺术更好地为一般英语读者理解和吸收。

（三）拟人及其英译

拟人是将无生命、无意志的事物或抽象的概念赋予思想情感、行为语言和声音容貌，给人以鲜明活泼的感觉和印象①。比拟的事物寄予了深邃的说理，拟人也被称为托物言志。这种修辞格常出现在文学作品中，《天工开物》中的"麦以麸为衣"、"老蚌犹喜甚"②等具有一定的文学气息。例如：

例53. 宋子曰：天生五谷以育民，美在其中，有"黄裳"之意焉。（p.36）

任译：Master Sung observes that, as Nature creates the five grains to nourish mankind, it places the essential part of the substance inside covers as though wrapping these cereals in yellow robes. （p.81）

李译：Nature creates the cereals to nourish the people. The best part of the grain is kept in the center and protected by an outer yellow cover (or clothing, viz: the hull, etc.). （p.117）

王译：Songzi says that Nature provides five types of grains to nourish people. Grains are hidden in the yellow chaff, and look as beautiful as if they were in yellow robes. （p.57）

自然界生出五谷供人食用，它们的外壳像黄色的外衣，自然之

---

① 谭学纯等：《汉语修辞格大辞典》，上海辞书出版社2010年版，第5页。
② 宋应星：《天工开物》，上海古籍出版社2016年版，第323页。

"天"被赋予了人的行为意识。第三章提到"天"还代指人世之天下和最高统治者天子。此处"黄裳"（皇上）借助了谐音使语言形式具备双重意义①。宋应星用拟人表明他意识到农产品于国计民生和社会稳定的意义所在。任译本"Nature"的首字母大写本身有拟人化色彩，将之与动词"place"搭配凸显了这一基调。李译本和王译本将原文分译成两句，"Nature"独立出现。同时，任译本和王译本将"黄裳"译为"robes"，译文虽然没有进行补偿说明，但两个译本此前在《乃服》章将龙袍译为"Dragon Robes"②。细心的读者或许能够领悟其双重所指。同例35，王译本再次用虚拟语气，明晰了宋应星的主观表达。李译本在括号中加入"clothing"解释，修辞艺术却丧失殆尽，译文传递的信息类似于现代科技文本，"viz"还增强了文本正式程度。

例54. 后世方土效灵，人工表异，陶成雅器，有素肌、玉骨之象焉。（p. 201）

任译：In later times, however, ingenious designs began to appear in various localities, human craftsmanship exerted its specialities, and superior ceramic wares were produced, beautiful as a woman endowed with fair complexion and delicate bones. (p. 135)

李译：Gradually, the use of clay was discovered and the art of pottery making was perfected, to form the best kind of porcelain, with a surface smooth as flesh, and of a consistency similar to jade. (p. 195)

王译：Later on, people of different places rushed to come up with better techniques. With the techniques changing with each passing day, wooden ware was replaced with polished pottery. Some of the pottery is as

---

① 谭学纯等：《汉语修辞格大辞典》，上海辞书出版社2010年版，第216页。
② Sung Ying-hsing, T'ien-kung K'ai-wu: Chinese Technology in the Seventeenth Century, University Park and London: The Pennsylvania State University Press, 1966, p. 59; Sung Ying-sing, Tien-kung-kai-wu: Exploitation of the Work of Nature, Chinese Agriculture and Technology in the XVII Century, Taipei: China Academy, 1980, p. 189.

第五章 《天工开物》语言风格及其三个英译本的翻译和传达

thin as paper, some is as white as white jade. (p. 321)

原文取自《陶埏》章开门见山的哲理性阐述。陶器取代了从商周时期以来的木质祭祀器具,民居房屋和防御外敌的城垣也离不开陶器。随着方法改进,陶器还衍生出"民用亦繁"① 的瓷器。这里用"素肌、玉骨"形容瓷器外观,而"冰肌玉骨"主要赞美女子皮肤光洁,形体清新脱俗,所以原文巧妙地运用了拟人修辞格。较之平铺直叙,原文的艺术性不言而喻。这背后蕴含了宋应星赞美人"巧夺天工"的时代关怀。任译本和李译本直译,但理解不同,导致了翻译差异。王译本参照白话译文"这些瓷器薄如纸,白如玉"② 改译,以尽可能地呈现客观的科技信息。因此,任译本充分挖掘了本例拟人修辞格并进行了原汁原味的再现,营造出富有东方意蕴和情调的内容与语言风格。

例55. 覆载之间之藉有楮先生也,圣顽咸嘉赖之矣。身为竹骨为与木皮,杀其青而白乃见,万卷百家,基从此起……(p. 241)

任译:It is indeed fortunate that in this world exists Old Sir Paper, from which both the sages and the ignorant have benefited. Paper consists of fibres and tree barks. White color emerges as the "green" is killed, and thus was taken the first step toward [the existence of] myriads of books and hundreds of specialists and schools [of thought]. (p. 223)

李译:This is due to the existence of paper in the world, the benefits of which are enjoyed by both sage and dullard. It is made of bamboo and the bark of trees. When its green skin is "killed", the white color appears. Thousands of books and hundreds of authors own their origin to this basic material. (p. 321)

王译:There is a kind of paper known as Mr. Zhu's paper across the

---

① 宋应星:《天工开物》,上海古籍出版社2016年版,第201页。
② Song Yingxing, *Tian Gong Kai Wu*, Guangzhou: Guangdong Education Publishing House, 2011, p. 320.

205

country. It is beneficial to everyone no matter whether he is smart or not. Paper is made from bamboo sticks and cortices whose green skins are removed to make white paper. Thousands of volumes of books of specialists and schools of thought are handed down by paper. （p. 389）

原文大意是不管人聪明与否，都受益于世间的"楮先生"，其"身"以去除外面青皮的竹子和树皮为原料，最后变成白色。"楮"是造纸原料之一，宋应星为纸赋予人格意志和品格，因而文字读起来生动形象，易于激发阅读兴趣。这里旨在提醒儒生每日离不开书写，却不知基本原理。首先，"楮先生"一词的翻译截然不同，李译本将之仿译成平实的"paper"。王译本译为"Mr. Zhu's paper"并加入注释"The famous Chinese poet Han Yu in the Tang Dynasty referred to paper as Mr. Zhu's paper."，却被《大中华文库》总编委会指定的专家校审删除，可能会让英语读者误以为是"Mr Zhu"发明的纸，与之伴随的艺术气息荡然无存。任译本将三个单词大写突出，且"Sir"语气正式并带有尊敬，较好地契合了宋应星的写作风格和思想。而"身"、"其"、"此"等用于形容人的字被三个译本转换成朴实的"paper"、"it"。因此，任译本、李译本、王译本对原文风格艺术的再现情况依次递减。

例56：中秋月明，则老蚌犹喜甚。若彻晓无云，则随月东升西没，转侧其身而映照之。（p. 323）

任译：The Harvest Moon especially delights aged mussels—on a clear night they will float with opened shells all night long, following the course of the moon and turning in every direction to absorb the moonlight. （p. 296）

李译：During the bright moon of mid-Autumn, aged oysters are particularly gladdened. If the whole night remains cloudless, they follow the moon's course, from her rising in the East to her descent in the West, continually changing their positions to bathe in the celestial light.

第五章 《天工开物》语言风格及其三个英译本的翻译和传达

（p. 438）

王译：As a result, the mussels like it when the Mid-autumn Day comes. If it is cloudless for the whole night, the mussels will turn themselves along with the moving direction of the moon in order to get the moonlight. （p. 519）

本书第三章谈到囿于古代科技水平，宋应星对自然现象的认识未完全摆脱唯心主义倾向。较之原书中科技谬误"凡蚌孕珠，即千仞水底，一逢圆月中天，即开甲仰照，取月精以成其魄"[①]，本例更多地传递了文艺审美价值。宋应星的一字之妙"喜"把蚌人格化，使之具备人的情感体验，蕴含了人对自然界的敬畏。任译本"delight"的主语是"中秋"，相对于王译本"like"、李译本"gladdened"主要用于文学作品，所表达的艺术性更强，而且加入"particularly"予以强调。不但如此，李译本"her"强化了拟人的基调，由此营造的陌生化效果不言而喻，受过教育的英语读者会轻松地阅读本处文字。蚌类孕育珍珠，而再次查阅剑桥在线词典，任译本和王译本"mussel"主要指黑色双壳的蚌，"oyster"可以专指生产珍珠的壳类动物。综合来看，李译本再现了基本信息，又较好地传递出原修辞格风格。

本节考察了构成《天工开物》语言风格的积极修辞引用、明喻和拟人，最后发现任译本较完整地移植了例45、例50至例56的修辞格，李译本重点关注了引经修辞格，王译本整体倾向于淡化。究其原因，任以都的学者身份及其深度翻译策略为全面客观地解读原文的修辞格提供了可能。李乔苹早年熟读儒家经典，亦将《论语》熟稔于心[②]，故敏锐地察觉"食不厌精"这一引用，但是翻译不够准确。这与他从事自然科学研究有很大的关系，正如潘吉星评价李乔苹在文史哲领域不见长[③]。科技文本有普通科技文本和专业科技文本之分，前者运用一定的

[①] 宋应星：《天工开物》，上海古籍出版社2016年版，第323页。
[②] 李乔苹：《七十回忆》，台湾（出版社不详）1964年版，第2页。
[③] 潘吉星：《宋应星评传》，南京大学出版社2011年版，第632页。

修辞格，后者强调语义客观和用词正式①。王译本中蕴含人文内容和看似与科技无关的原书序被外部规范强加删去。同时，译者翻译时自觉或不自觉地淡化了修辞艺术手段，以竭力打造与西方科技经典相媲美的科技典籍。概言之，任译本相对"忠实"地转换了原语风格，李译本和王译本进行了较大幅度的"改写"和"偏离"。

第三节　小结

语料库翻译学催生的语料库译者风格研究以客观的数据呈现翻译语言特征，而且能够发现不易察觉的语言现象，改进了传统的随感式和内省式风格研究的主观性和片面性。基于对语料库译者风格研究的反思，本章探索了《天工开物》三个英译本的翻译风格研究模式，即在分析原文风格的基础上，综合语料库定量手段和定性对比手法全面描写三个译本的翻译风格，最后从原语和目的语语言文化、译者层面解释译文风格的独特性以及与原文风格之间的关联。

具体而言，本章量化《天工开物》字频，进而分析了原语风格的字词标记、句法标记、章法标记和修辞标记，结果显示原文字词偏简约典雅和书面形式，句法形式省略主语成分和惯用主动句、陈述句，但是形合程度居中，章句表现出句子简短和小句频繁、不至于太松散的衔接和"微言大义"的叙述，修辞特征则体现为运用了增强语言效果的修辞格艺术。为此，本章借助语料库技术，从词汇、句子和语篇层面探究其三个英译本翻译风格及与原语风格的关联，并结合定性手段挖掘了引用、明喻和拟人三种修辞格的翻译。研究结果可总结如下：

（1）任译本翻译风格与原文差异显著，如译本的形符数高出原文2.4万，偏好长词和长句以及被动语态和语篇衔接连词凸显客观性和增强逻辑性，译文正式度和学术可读性也超过了原文。在修辞格方面，任

---

① 方梦之：《应用翻译研究：原理、策略与技巧》（修订版），上海外语教育出版社2019年版。

译本力求完整地再现这类艺术风格，因此进行了恰如其分的适应，在更高层次上忠实了原文风格意义，与之关系是"形不似"而"神似"。

（2）王译本按照英语表达规范对原语风格进行了转换，但是译文类符数、形符数、平均词长、被动语态和语篇可读性低，词汇密度高又折射出译文最大限度地贴近原语形式。译本还使用了大量的人称代词，或删减和淡化修辞格。译本看似最忠实表层语言特征和形式，实则与原语风格"貌合神离"。

（3）李译本对原语风格的转换和处理情况介于任译本和王译本之间。译本类符数、形符数、平均词长、被动语态、语篇可读性不如任译本频繁或显著，词汇密度、平均句长、人称代词、连词等与王译本相近。在修辞格方面，李译本不像任译本那般深究，也未效仿王译本删减淡化。

究其根源，《天工开物》原文特质决定了译文无法原封不动地再现。任以都主要出于自身主观动机而没有受制于太多的外部因素翻译《天工开物》，洞悉英语普通读者和专业人士知识背景与阅读期待，而且长期在海外接受英语教学并拥有学术体系内的身份。凡此种种促使她采取灵活多样的手段将晦涩的表达和逻辑不明之处转换成受众易接受的方式，并以严谨的学术态度对待构成原语风格的修辞格。李乔苹翻译自由度也较大，但是研究和翻译惯习无形之中影响他将读者定位为科技史研究人士，也在语篇方面选择了有利于为他们认可的翻译风格。先前自译《中国化学史》的成功经历使他知悉英语读者的接受方式，作为本土译者，其译文不可避免地烙有传统思维方式。因此译文风格游离于原文风格和任译本翻译风格之间。王义静等从选材到翻译策略制定都受制于外部规范，传统的忠实观被强加于翻译过程。加之译者将专业人士作为潜在读者，且他们长期在本土习得英语，翻译方法偏直译而在语言形式方面和原文最贴近。此外，王义静等在微观层面淡化《天工开物》中看似与科技不相关甚至矛盾的修辞艺术，以凸显原书的科技价值，从而更好地服务于中国古代科技"走出去"。

第六章 价值评价视阈下《天工开物》三个英译本的海外传播和接受

根据马克思主义实践哲学,实践是人类社会特有的一切改造客观世界的能动性物质活动。在日常生活和实践中,人们所有的活动都是为了将客观存在的对象改造成满足自身需要的事物,所以客体是被选择、占有和改造的对象,更是满足人需要的对象①。主体和客体之间这种需要和满足的对应关系构成了哲学范畴的意义或价值关系。其中,人始终是价值关系的主体,实践对象和结果是价值关系的客体。事物能够满足人的需要则有意义,客体于主体而言就有价值,满足的程度越高则价值越大,否则无意义和价值。与此同时,"价值只有通过评价才能表现出来"②。所谓评价,即主体基于对客体的认识,以自身的物质需要和精神需要被满足的程度为内在标尺,进而对客体作出肯定或否定的判断。而《天工开物》为异域读者阅读和理解,由此促使他们产生对中国古代科技文明和中华文化的认同感以及实现中西文化交流,这是《天工开物》英译作为一项社会实践活动的根本目的所在。杨晓荣也强调,读者的接受状态可以决定译作作为目的语文化中的成员之一的生存价值③。因此,本章试以价值哲学为理论依

---

① 杨耕:《价值、价值观与核心价值观》,《北京师范大学学报》(社会科学版)2015年第1期。
② 崔莹辉:《价值评价视域下〈道德经〉英译本目标受众的评价研究》,《外语学刊》2017年第4期。
③ 杨晓荣:《翻译批评导论》,中国对外翻译出版公司2005年版,第54页。

第六章　价值评价视阈下《天工开物》三个英译本的海外传播和接受

据，考察《天工开物》三个英译本的海外传播和接受。

具体而言，事物及其属性是价值关系形成的客体依据，但是人是唯一的价值主体，价值客体从根本上取决于人的实践水平。同理，价值评价不等于对客体的本质、规律和结构等的事实性认识，而是对经过实践改造的客观事物形成"应当和不应当是什么"的认识。其着眼点在于主体的需要和态度，衡量某种事物能够在多大程度上符合主体的利益，从而判断客体价值的大小①。评价主体可以分为个体、集体、社会总体和人类总体四个层次②。对于翻译作品而言，目标语读者是评价主体，他们的反映是判断译文价值的最重要依据。19世纪中期，英国学者纽曼（Francis W. Newman）和阿诺德（Mattew Arnold）曾围绕《荷马史诗》翻译的读者反应问题各执一词。纽曼主张读者反应交由一般的普通大众仲裁，因为"大众的要求和利益根本上代表人类整体的要求和利益，和历史发展的基本要求相一致"③，阿诺德认为评判译作的主体应当是既懂得原文又懂得诗歌艺术的学者④。就《天工开物》而言，加州大学戴维斯分校罗荣邦教授认为"远东或科技史研究人士和喜爱阅读的公众都会被《天工开物》的魅力所吸引"⑤。而与通俗文学不同，《天工开物》涉及的科技内容和人文内容预设了其国外受众主要是专业人士，兼少数对中国科技史和中国历史文化感兴趣的一般读者，正如第二章介绍三个英译本的译者基本上都将主要的目标读者定位为西方汉学家、学者和学生。实际上，作为集体、社会总体和人类总体的大众读者的评价结果具有较强的说服力，但是个体学者对译作的洞察力以及在相关领域的知名度和影响力会在无形之中引导专业人士和普通读者的判

---

① 杨耕：《价值、价值观与核心价值观》，《北京师范大学学报》（社会科学版）2015年第1期。
② 郝立忠：《价值：实践评价的唯一尺度》，《东岳论丛》1996年第4期。
③ 崔莹辉：《价值评价视域下〈道德经〉英译本目标受众的评价研究》，《外语学刊》2017年第4期。
④ Douglas Robinson, *Western Translation Theory: From Herodotus to Nietzsche*, London and New York: Routledge, 2014, p.54.
⑤ Lo Jung-pang, "T'ien-kung K'ai-wu: Chinese Technology in the Seventeenth Century", *Journal of Asian Studies*, Vol. 26, No. 2, 1967, p.304.

断，其评价的潜在价值不容忽视。有鉴于此，本章关注的受众主体以国外专业领域的学者为主，兼顾一般读者群体。

　　研究专业读者和普通读者《天工开物》对三个英译本的评价也符合价值评价的特征。价值评价是客观性和主体性的有机统一。一方面，被评价的对象的属性对主体的价值事实具有客观性。另一方面，价值评价是人在评价活动中表现出来的主观能动性，因而属于一种主体性非常强的意识活动。价值评价必然包含着主体的意愿和要求，任何评价方式都受到主体的立场和观点的影响。面对同一实践客体，主体代表的利益不同，相应的价值评价亦不是绝对的客观和中立。同理，翻译研究的解构主义范式消解了传统的"忠实"观，也标榜了读者对译文解读和评判的差异。如此一来，读者受众的个性化差异是否具有译作评价的共性指导作用？根据马克思实践哲学，人作为社会关系的一部分，主体性是有限的。个体总是存在和依附于特定的历史发展阶段，会不自觉地带有社会性和历史性，其思维认知和行为无法脱离人类与社会发展的基本事实，并受到社会规范体系和原则的制约①。因此，普通读者和专业读者的"前理解结构有差异性，但占主导地位的仍是人类知识的共性"②。与此同时，价值评价以合目的性和合规律性为标准，即分别符合主体及其需要，以及客体的本质规律。目标读者的需求和期待存在差异，对译作价值的认可程度有所不同，但是正如价值评价的主体性不等同于主观性，读者评论的标准也并非天马行空，而是必然遵循"知识的客观性、理解的合理性与解释的普遍有效性"③，与完全取决于主观情感和意志的评判有本质区别。一言以蔽之，哲学的价值评价为开展《天工开物》三个英译本的海外传播和接受研究提供了重要的理论参照。

---

　　① 崔莹辉：《价值评价视域下〈道德经〉英译本目标受众的评价研究》，《外语学刊》2017年第4期。

　　② 崔莹辉：《价值评价视域下〈道德经〉英译本目标受众的评价研究》，《外语学刊》2017年第4期。

　　③ 吕俊、侯向群：《翻译批评学引论》，上海外语教育出版社2009年版，第242页。

第一节　目标受众对《天工开物》三个英译本的价值评价

对于《天工开物》三个英译本在域外文化中的生命力，国内学者评价任译本"在世界各国，尤其是在欧、美各国广为传播"[1]，李译本"受到国际科学史界的重视和欢迎"[2]，但"影响力远不及任译"[3]。王译本荣获2015年辽宁省政府科学成果最高奖，我国香港《大公报》"大公网湖南频道"对此进行了报道，译本承载的国人对于中华文化"走出去"的期盼略见一斑。然而，国内人士的看法无法等同于国外读者的观点，所以无法作为评价三个英译本的真实接受和价值的依据。

普通读者在亚马逊等英文图书网可撰写评价性文字和反馈阅读体验，因而呈现的价值评价直观和便于收集。罗选民、杨文地提出，调查典籍英译本的接受有几个指标：一、国外发行销量；二、译作的再版和修订；三、国外图书馆借阅流通量；四、西方学者的参考和引用[4]。相比之下，这几项指标不是直接的阅读评价，实际上相当于隐蔽的价值评价。因此，本书将尽可能全面收集和分析《天工开物》三个英译本在海外读者受众中斩获的价值评价。

一　译本再版和销售量

李译本和王译本至今以初版流通，任译本于1997年由美国多佛出版社再版。国外商业出版社关心市场和印数[5]，任译本再版表明英语图书市场对此有需求。查阅维基百科（http://www.wikipedia.org/），多

---

[1] 潘吉星：《〈天工开物〉版本考》，《自然科学史研究》1982年第1期。
[2] 赵慧芝：《著名化学史家李乔苹及其成就》，《中国科技史料》1991年第1期。
[3] 陈福宇：《晚明工程技术典籍的传播与翻译——基于〈园冶〉与〈天工开物〉的共性考察》，《重庆交通大学学报》（社会科学版）2017年第6期。
[4] 罗选民、杨文地：《文化自觉与典籍英译》，《外语与外语教学》2012年第5期。
[5] 陶建：《全球视角下的中国文学翻译》，载中国作家协会外联部编《翻译家的对话Ⅱ》，作家出版社2012年版。

佛出版社重印的经典书面向专门市场（niche market），即与大众相对的、需要未被满足和有利可图的少数人群①，因此再版本主要的受众是专业人士，无形之中肯定了译本的价值。

销售量是衡量译本价值的最简单的方法之一。2019年2月26日，我国台湾中华文化大学（更名后的中华文化学院）出版部人员萧正清回复笔者的邮件告知，因出版年代久远和人事更迭，李译本的初印量已无从知悉。2007年10月出版部始建书库管理系统软件，李译本剩余94本，迄至2019年2月存有75本，销售不太景气。截至2020年3月31日，我国台湾图书书目资讯网站（https：//nbinet.ncl.edu.tw/）显示，岛内7家图书馆收藏李译本10余册，大陆仅北京大学图书馆收藏汉学家侯思孟（Donald Holzman）捐赠1册，综合各种数据可推测李译本的印量在300册左右，迄今销售出去200余册。《大中华文库》（汉英对照）总编辑黄友义介绍卖得好的选题已售出几千到三四万册不等②，王译本初印1000册（参见附录二），国内亚马逊等图书网已经售罄，但是以下数据表明译本的购买者以国内学习者为主。美国宾夕法尼亚州立大学出版社和多佛出版社对数据保密而未能告知任译本的发行量，而以下几项指标的结果显示初版本和再版本的销行量在1000册以上。

二　学术书评和被引率

在JSTOR学术期刊数据库中以三个译本的标题为关键词检索，并通过全球最大的文摘和引文数据库Scopus查漏补遗，本书最后统计出11篇任译本的书评（详情参见表6-1），暂未发现李译本和王译本的学术书评。任译本的11篇书评均针对初版本，作者为美国、日本、德国和马来西亚知名大学的学者，他们还是当时或之后享誉西方乃至国际汉学和中国科技史研究领域的人物，如20世纪50年代将《天工开物》

---

① Philip Kotler and Kevin L. Keller, *Marketing Management* (14th edition), Pearson, 2011, p. 234.

② 鲍晓英：《中国文化"走出去"之译介模式探索——中国外文局副局长兼总编辑黄友义访谈录》，《中国翻译》2013年第5期。

第六章　价值评价视阈下《天工开物》三个英译本的海外传播和接受

全译成日文的薮内清（Kiyosi Yabuuti）为日本《天工开物》研究专家，罗荣邦主攻宋元海权史并参与了李约瑟《中国科学技术史》丛书的编写，傅路德（L. Carrington Goodrich）是美国亚洲协会会长并与 Albert Chan 见长于明史研究，卜德（Derk Bodde）是中国历史学家并且担任美国东方学会主席，福赫伯（Herbert Franke）是国际汉学最高奖法国"儒莲奖"评定委员会的委员，席文（Nathan Sivin）和何丙郁（Ho Peng-Yoke）是李约瑟合作者和继李约瑟之后执掌西方中国科技史研究的执牛耳者。前 7 种海外中国研究的权威刊物不同程度地被自然科学、社会科学、人文与艺术领域所公认的三大权威检索数据库 SCI、SSCI、A&HCI 收录[①]，在业内的权威和学科影响力不言而喻。同时，它们由美国大学出版社或学术研究协会出版，如 Sage 是世界第五大学术出版商，霍普金斯大学出版社是美国历史最悠久的大学出版社之一。另外 4 种刊物的发表语言以德文和法文为主，在本地区、欧洲乃至国际汉学界均享有良好的声誉。由是观之，作为世界上出版的首部《天工开物》英文全译本，任译本的价值得到诸多同行的肯定，在东亚研究领域和西方学界产生的后续影响力不言而喻。

表 6-1　　　　　　　　任译本 11 篇书评的详细信息

	年份	发表期刊	期刊信息	出版社	作者/任教单位
1	1966	Science	SCI，全球最权威的学术期刊之一和发行量最大的综合科学刊物	American Association for the Advancement of Science	Nathan Sivin（麻省理工学院）
2	1966	Isis	SCI、SSCI、A&HCI，科学史权威刊物	The University of Chicago Press	
3	1967	Harvard Journal of Asiatic Studies	A&HCI，美国汉学研究之翘楚学刊	Harvard-Yenching Institute	Ho Peng-Yoke（马来亚大学）

---

① 王宁：《对人文社会科学现行学术评价系统的确认与辩护》，《学术研究》2006 年第 3 期。

续表

	年份	发表期刊	期刊信息	出版社	作者/任教单位
4	1967	Technology and Culture	SCI、SSCI、A&HCI，美国技术史协会会刊	The Johns Hopkins University Press	Kiyosi Yabuuti（京都大学）
5	1967	The Annals of the American Academy of Political and Social Science	SSCI，美国政治和社科院刊物	Sage Publications, Inc	Derk Bodde（宾夕法尼亚大学）
6	1967	Journal of Asian Studies	SSCI、A&HCI，美国亚洲研究领域最权威的刊物	Association for Asian Studies	Lo Jung-Pang（加州大学戴维斯分校）
7	1967	Journal of the American Oriental Society	A&HCI，美国东方学会会刊	American Oriental Society	L. Carrington Goodrich（哥伦比亚大学）
8	1966—1967	Revue Bibliographique de Sinologie	法国近现代中国研究中心杂志	Éditions de l'EHESS	—
9	1968	Monumenta Serica: Journal of Oriental Studies	欧洲知名汉学杂志	Taylor & Francis, Ltd.	Albert Chan
10	1968	L'Année Sociologique	法国社会学刊物	Presses Universitaires de France	Françoise Aubin（巴黎第四大学）
11	1969	Orientalistische Literaturzeitung	德国最早的东方研究刊物	De Gruyter	Herbert Franke（慕尼黑大学）

爬梳美国亚马逊图书网站（https：//www. amazon. com/）的宣传文字，专业书评机构《中西部书评》（*Midwest Book Review*）对任译本再版本评价如下："This title was written in 1637 by a public official of the Ming dynasty, and here appears with over 150 woodcuts to cover all the major industrial techniques of 17th century China. Ten years of work have gone into this translation, which attends to both authenticity and readability：any studying Chinese history will find it important.（此书由明代官员 1637 年写成，书中150多幅木刻插图涵盖中国17世纪主要的手工业技术。历时十载的翻译具有权威性和可读性，任何学习中国历史的人都不会

第六章 价值评价视阈下《天工开物》三个英译本的海外传播和接受

否认它的重要性。)"此处概括原书背景、内容和价值,而且对翻译进行了提纲挈领的点评,无形之中会引导对该领域感兴趣的学者、学习者产生认同感,从而推动译本权威性的逐步树立。值得一提的是译者倾注十载翻译的史实最早见于薮内清和卜德的书评,印证了出自专业人士之手的书评"在作品推广之初,会对目标读者的价值判断发挥舆论导向作用"[①]。

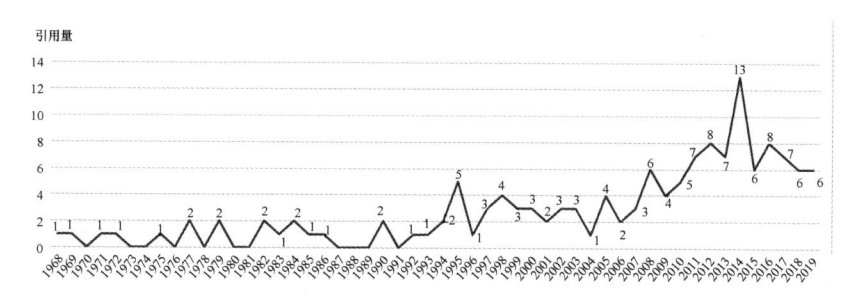

图6-1 任译本的学术引用量分布情况

再者,学者的引用反映了译本在学界的影响力和受关注情况,也是译本价值得到专业人士肯定的体现。作为覆盖范围广、专业性强和使用便捷的网络学术文献搜索工具,谷歌学术(Google Scholar)相对全面地呈现了作品的学术引用情况。截至2019年6月1日,剔除中文文献和重复数据后,本书统计出142条文献引用任译本(107条引用初版本,35条引用再版本),6条期刊学术论文和著作参考了李译本,王译本数据再次缺失。

限于篇幅,此处不再一一列举参照任译本的文献。具体而言,任译本的学术被引始于1968年,1997年再版本出现促使任译本的引用频次保持稳步增长的趋势,近几年迎来了引用高峰(参见图6-1)。以任译本为参考文献的142种期刊论文、会议论文、硕博论文、论文集论文、学术专著涵盖英语、法语、德语、罗马尼亚语、韩语等语种,研究主题

---

① 崔莹辉:《价值评价视域下〈道德经〉英译本目标受众的评价研究》,《外语学刊》2017年第4期。

涉及科技史、中国历史、世界史、食品科学与工程、应用经济学、化学、中药学、机械工程、力学、地质学、地理学、建筑学、艺术学、哲学等学科，凸显了任译本在《天工开物》及相关研究领域的认可度和流行度，也契合了原书作为17世纪的工艺百科全书式的特点。与之形成反差，李译本为5篇英文、法文、德文学术论文和1部英文专著引用（参见表6-2），原书的冶铁、制糖、鼓风机等生产工艺以及宋应星的哲学思想为研究者关注。

表6-2　　　　　　　　国外引用李译本的学术文献

No.	年份	引用论文或著作	期刊或出版社	引用作者
1	1989	Die Übersetzung und Verbreitung von Georgius Agricolas "De re metallica" im China der späten Ming-Zeit (1368–1644)	Journal of the Economic and Social History of the Orient	Pan Jixing, Hans Ulrich Vogel & E. Theisen-Vogel
2	1990	The Science/Technology Interface in 17th-Century China: Song Yingxing 宋應星 on "qi" 氣 and the "wu xing" 五行	Bulletin of the School of Oriental and African Studies, University of London	Christopher Cullen
3	1994	L'industrie sucrière, le moulin a sucre et les relations sino-portugaises aux XVIe-XVIIIe siècles	Annales. Histoire, Sciences Sociales	Françoise Sabban
4	2001	Blast Furnacesin Song-Yuan China	East Asian Science, Technology, and Medicine	Donald B. Wagner
5	2006	Iron Production in Three Ming Texts: Tie ye zhi, Guangdong xinyu, and Tian gong kai wu	Studies on Ancient Chinese Scientific and Technical	Donald B. Wagner
6	2011	The royal hunt in Eurasian history	University of Pennsylvania Press	Thomas T. Allsen

三　海外图书馆馆藏量

海外图书馆往往对图书的文化内涵和思想价值进行考量，进而决定是否购买和收藏，因而图书馆馆藏能用于检验图书乃至出版机构的知名度和知识生产能力①。美国联机联合目录数据库WorldCat覆盖了全球100多个国家和地区的图书馆馆藏图书情况，并广泛地用于调查中国作品的海外传播情况。有鉴于日本是域外最早和持续开展《天工开物》研究的国家②，本书尝试结合WorldCat和日本最大的综合学术信息数据库CiNii，以尽可能全面地勾勒三个译本在全球范围内的分布地图。

截至2019年5月1日（数据实际更新至2018年9月26日），剔除WorldCat数据库中中国大陆和港台地区的图书馆及两个数据库中的重复数据，本书共检索到544家图书馆（含1家电子图书馆）收藏任译本初版本，101家将再版本纳入馆藏。其中27家图书馆藏有两个版本，因此共618家海外图书馆收藏任译本。李译本是44家海外图书馆的馆藏书目，王译本被9家国外图书馆收入。

表6-3　　　　国外收藏任译本的国家及图书馆数量

国家/地区		美国	加拿大	德国	日本	英国	澳大利亚	法国	荷兰	新西兰	以色列	瑞士
类别	UL	435	24	18	20	13	10	7	4	4	1	3
	PL	42	2	6	1	4	5	1	3	1	2	0
总计		477	26	24	21	17	15	8	7	5	3	3

国家/地区		西班牙	墨西哥	瑞典	南非	摩洛哥	马来西亚	新加坡	爱尔兰	匈牙利	土耳其	总计
类别	UL	2	2	0	1	1	1	0	1	1	1	549
	PL	0	0	1	0	0	0	1	0	0	0	69
总计		2	2	1	1	1	1	1	1	1	1	618

对这些图书馆进一步分类有助于深入了解《天工开物》三个译本的流通。按阅读人群结构，美国图书馆系统分为大学图书馆系统和社

---

① 何明星：《莫言作品的世界影响地图——基于全球图书馆收藏数据的视角》，《中国出版》2012年第21期。
② Kiyosi Yabuuti, "T'ien-kung K'ai-wu: Chinese Technology in the Seventeenth Century", *Technology and Culture*, Vol. 8, No. 1, 1967.

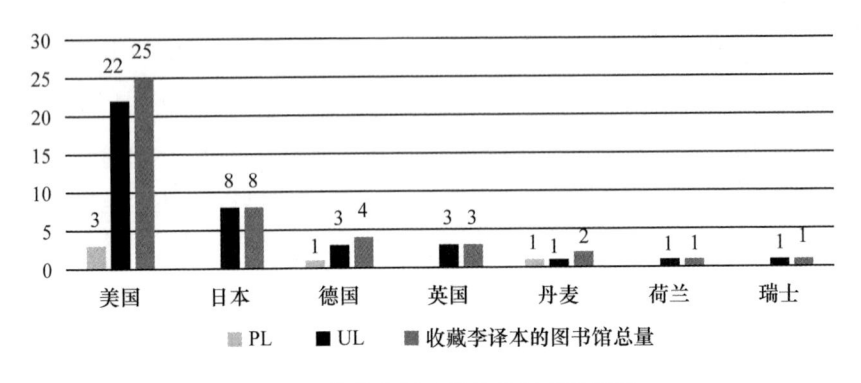

图6-2 收藏李译本的海外图书馆情况

区、公共图书馆系统两类①。以此为参照，本书将以上图书馆划分为大学与研究机构图书馆（UL）和公众图书馆（PL），前者如中小学校、公立和私立大学、社区大学、职业学院和科研机构的图书馆，后者包括公共图书馆、面向民众的公立图书馆，免费开放的私立图书馆、大众书店和博物馆。依据表6-3，收藏任译本的图书馆分布在亚洲、欧洲、大洋洲、北美洲、非洲五大洲的21个国家和地区。其中以美国图书馆规模最庞大，遍及美国50个州和华盛顿哥伦比亚特区，加拿大、德国、日本、英国、澳大利亚、法国、荷兰、新西兰等国家拥有的译本资源依次递减。若进一步探究618家收藏任译本的海外图书馆，其中549家服务于学术研究机构中的学者和社会上层少数人士，69家面向普通人群。李译本被美国、日本、德国、英国、丹麦、荷兰和瑞士的39家学术性图书馆与科研院所和5家公共图书馆收藏（参见图6-2）。至于王译本，加拿大阿尔伯塔大学图书馆和皇家安大略博物馆，以色列希伯来大学图书馆，美国国会图书馆和哈佛大学燕京图书馆、南加州大学图书馆、夏威夷大学图书馆、密歇根州立大学图书馆、印第安纳大学图书馆将之纳入馆藏。

---

① 何明星：《莫言作品的世界影响地图——基于全球图书馆收藏数据的视角》，《中国出版》2012年第21期。

四　国外普通读者评论

普及性媒体撰写的书评使民众快速了解到新书及其内容。这类书评"用精练的语言介绍作家及其作品的主题、内容、情节及语言风格,学术味较轻,一般很少评论翻译质量","不仅激发媒体针对的读者群的阅读、购买兴趣,而且引导读者对作品进行批判性阅读"[①]。以任译本、李译本和王译本的标题和译者为所有项(all items)在美国 NewsBank 学术出版公司下属的《世界各国报纸全文库》(Access World News)(http://infoweb.newsbank.com/)数据库查找,暂未发现。而美国宾夕法尼亚州立大学出版社官方网站展示《纽约时报》(New York Times)评价任译本"Provides a picture of what everyday living was like.(描绘了那个时代日常生活的画面。)"(https://www.psupress.org/books/titles/T'ien-Kung.html)。《纽约时报》对内容的介绍浅尝辄止,的确未涉及作品主题和翻译质量,但是作为一份发行订阅量非常大和在全球有相当影响力的美国主流报纸,这一评价多少会促进任译本在普通人群中的流传。

网络媒介的发展深刻地影响了纸质书籍的销售渠道和购买方式。在美国全球最大的图书销售网亚马逊图书网(amazon.com)及其下属的英语普通读者群最大的 Goodreads 读书社交网站(goodreads.com),读者可以对图书评论、推荐和评分,或者添加推荐书单,建立图书讨论小组,以抒发个人购买或阅读图书的体验,因而"对后续读者或购买者有强大的影响力,成为决定该书能否热销的重要因素之一"[②]。在美国亚马逊网站上分别以三个译本的标题检索,目前暂无读者在亚马逊图书网抒发阅读李译本和王译本的真实体验。2014 年 12 月 2 日,网名为 Kevin Harkins 的读者给任译本五星的评价,并写道:"I was looking for a

---

[①] 汪宝荣、全瑜彬:《〈兄弟〉英译本在英语世界的评价与接受——基于全套英文书评的考察》,《外国语文》2015 年第 4 期。

[②] 殷丽:《中医药典籍国内英译本海外接受状况调查及启示——以大中华文库〈黄帝内经〉英译本为例》,《外国语》2017 年第 5 期。

complete translation in English of one of the great technology encyclopedias of ancient China. This was a great purchase and was exactly what I was looking for. It reads ok, considering the age of the original book it was translated from but the beautiful woodcuts of the machines and mechanisms that were shown in the original text are faithfully duplicated. Now only if the *Nong Shu* by Wang Zhen was available in English as well this would complement this great work！（我一直在找一本能够被称为中国古代技术百科全书的英文译本。这本书正是我想要的，买得很值。考虑到作品的年代，译本读起来还不错，而且忠实呈现了精美的木刻插图涉及的生产工具和工艺技术。如果王祯的《农书》也译成了英文，那将与之相得益彰！）" 4 位用户觉得这一描述有用。2019 年 3 月 11 日，该网站上另一位网名为 J. C. 的用户也给出了五颗星的好评："This is a fascinating seventeenth-century Chinese reference work on various crafts and technologies, from agriculture and food production to ceramics and metal-working, translated by first-rate scholars and including original illustrations. This paperback edition is a nicely done 1990s Dover reprint of the original translation first published in 1966 by the Penn State Press. We bought it for teaching and for the simple joy of it. （这部包含初刻图的工具书记载了 17 世纪中国的各种工艺技术，从农业和食品生产到陶瓷和金属加工，无不引人入胜。原书由一流的学者译成英文，并由宾夕法尼亚州立大学出版社 1966 年首次出版，我买的是 20 世纪 90 年代多佛出版社重印的版本。我们出于教学和喜爱的目的购买。）"由此可见，两位读者深入阅读译本，第二位还正面评价译者并将译本运用到教学实践。另一方面，三个译本在 Goodreads 读书网的际遇大致相同，均未获得评价文字。而较之李译本和王译本，7 位读者从 2008 年 7 月 17 日至 2015 年 2 月 16 日对任译本评分（参见图 6-3）：1 位给出五星级好评，4 位给出四星级评分，2 位给出两星级评分，任译本平均得分为 3.86。因此，任译本的阅读价值得到多数点评者认可。此外，70 人将任译本纳入阅读计划（to-reads）。

尽管以上几项指标的结果不是全部域外读者的价值观和评价态度，

第六章 价值评价视阈下《天工开物》三个英译本的海外传播和接受

但在很大程度上反映了三个译本的海外流通现状。任译本再版发行，学术书评数量和研究引用率为另外两个译本不及，又为英语普通读者所关注；图书馆收藏量位居之最。因为翻译的传播和接受历程是作品经典化过程，所以任译本在促进《天工开物》成为世界科学经典方面发挥了主要作用。李译本拥有 6 篇学术引用量和 40 余家图书馆馆藏量，译介效果和价值认可度不及任译本。王译本见 9 家国外图书馆，不及译本总发行量的百分之一。全国图书馆参考咨询联盟（http：//www.ucdrs.net/admin/union/index.do）显示国内 20 家图书馆藏有王译本，亚马逊等中文图书网售罄，所以很可能主要为国内外语学习者所购买和收藏。综上，任译本最受关注，李译本也取得了一定的成绩。从各方面看，被国人寄予厚望的王译本的价值尚未得到充分挖掘和认可。

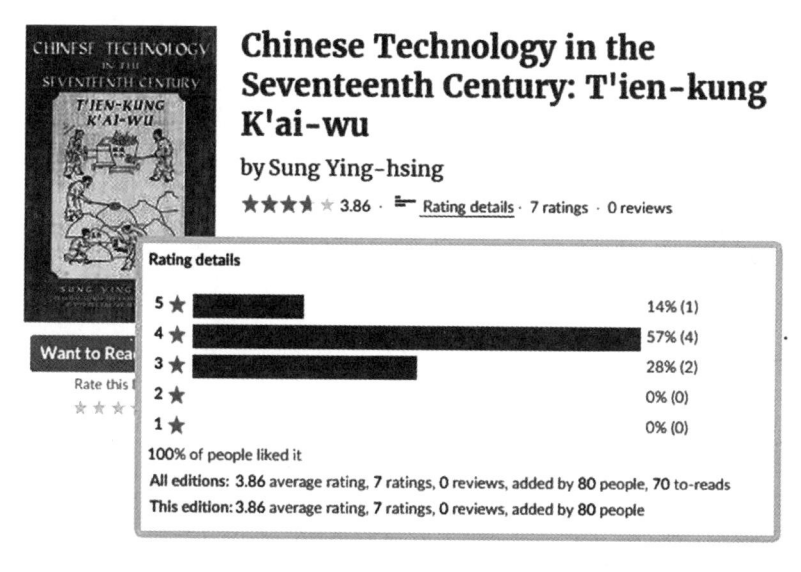

图 6-3　Goodreads 读书网上任译本的得分和评价

第二节　《天工开物》三个英译本价值评价的差异及对策

目标受众的评价和价值取向必然基于对《天工开物》三个英译本

223

的属性和他们自身的所需所求。在一般情况下，译文质量与译本认可度和接受度成正比。正如美国翻译家陶建强调，"真正能危害一本好书的，就是低质量的翻译"①。任译本被誉为"迄今最准确的英译文"②和"读起来像英文原著一样流畅"③，另外两个译本的翻译质量也经得起推敲。李译本出版前经英语母语者拉力果夫（G. Larikov）四校译稿④，李乔苹的英文水平亦得到学者认可，前文提到，其在20世纪40年代将所著《中国化学史》译成英文。借助前几项调查译本接受的指标，《中国化学史》李乔苹译本于1979年在美国纽约再版，全球400多家图书馆收藏；李约瑟等国际知名学者引用，4篇英文书评进行了推介。王译本"除经过出版社正常的'三审'程序之外，还要经过《文库》编委会制定专家的'二审'"，"其翻译质量和出版质量得到相对的保证"⑤。其次，不能完全排除李译本和王译本出版时间晚使之接受效果不及任译本。因此，有哪些因素主导甚至决定了三个译本的传播效果和受众评价不一？现有译本或将来的译本该如何更好地赢得目标受众的需求和肯定？

一 《天工开物》三个英译本价值评价差异成因

（一）翻译的学术性

以上数据表明，逾半个世纪，国外大学和研究机构的师生、汉学家、中国科技史研究者是《天工开物》的主要受众，所以学者型译者对翻译文本精心挑选，并在译本中使用极富文化内涵的序跋、注释等副

---

① 陶建：《全球视角下的中国文学翻译》，载中国作家协会外联部编《翻译家的对话Ⅱ》，作家出版社2012年版，第139页。
② Nathan Sivin, "A Chinese Classic", *Science*, 153（3737），1966, p.731.
③ Ho Peng-Yoke, "T'ien-kung K'ai-wu: Chinese Technology in the Seventeenth Century", *Harvard Journal of Asiatic Studies*, Vol. 27, 1967, p.296.
④ Sung Ying-sing, *Tien-kung-kai-wu: Exploitation of the Work of Nature, Chinese Agriculture and Technology in the XVII Century*, Taipei: China Academy, 1980, p. iii.
⑤ 许多、许钧：《中华文化典籍的对外译介与传播——关于〈大中华文库〉的评价与思考》，《外语教学理论与实践》2015年第3期。

第六章 价值评价视阈下《天工开物》三个英译本的海外传播和接受

文本的学术性翻译①。前文提到,任译本堪称学术性之典范,译本的成功与此密不可分。任以都依据新中国成立后发现的《天工开物》1637年初刻本和1959年中华书局据此影印版本翻译,尤其是插图忠实了明代的社会历史,不像其他版本的插图流于美观。而且大量的翻译注释为术语和典故的含义"增加了有趣的评论"②,"使它们易于被西方读者理解"③。尽管如此,席文认为参考文献部分遗漏了农业史、冶金、造纸领域的权威书目④,卜德强调附录索引和词汇表太过简洁,参考文献引用的汉语科技典籍少,章节注释有待补充,西方读者感兴趣和有争议的地方没有展开讨论,历史事实和神话传说没有加以批判区分⑤。海外专业人士对学术性翻译的期待之高可见一斑。李乔苹集学者和中国科技史研究者于一身,译本中用了少量的文内和章末注释,但并未延伸和提及相关研究文献,不符合西方学者对《天工开物》译作的期待。李译本以1929年陶本为底本,文字和插图与1637年涂本均有出入。前文谈到,李译本始于20世纪50年代翻译,彼时明初刻本尚未发现,1959年上海中华书局出版影印涂本时,大陆和我国台湾交流阻断;但之后李乔苹在美国修订译文时仍依照其重在弘扬中国古代科技的学者惯习依据陶本,没有深究许多专业人士的期待。王译本选择当代科技史专家潘吉星据《天工开物》初刻版校勘的版本,这一点值得肯定,但是译本中出现少量的文内注释,却没有添加脚注、尾注等注解术语和文化负载词。三位译者认为《天工开物》是信息型文本,"莫邪"、"干将"这

---

① 郭昱、罗选民:《学术性翻译的典范——〈三国演义〉罗慕士译本的诞生与接受》,《外语学刊》2015年第1期;Luther Carrington Goodrich, "T'ien-kung K'ai-wu: Chinese Technology in the Seventeenth Century", *Journal of the American Oriental Society*, Vol. 87, No. 1, 1967.

② Lo Jung-pang, "T'ien-kung K'ai-wu: Chinese Technology in the Seventeenth Century", *Journal of Asian Studies*, Vol. 26, No. 2, 1967, p. 304.

③ Luther Carrington Goodrich, "T'ien-kung K'ai-wu: Chinese Technology in the Seventeenth Century", *Journal of the American Oriental Society*, Vol. 87, No. 1, 1967, p. 81.

④ Nathan Sivin, "T'ien-kung K'ai-wu: Chinese Technology in the Seventeenth Century", *Isis*, Vol. 57, No. 4, 1966, p. 509.

⑤ Derk Bodde, "T'ien-kung K'ai-wu: Chinese Technology in the Seventeenth Century", *The Annals of the American Academy*, Vol. 369, No. 1, 1967, p. 188.

类虚构文化信息对传播中国古代科技没有多大用处,不需要解释说明(参见附录二)。现实情况是否如此?任译本对"三皇五帝"、"陶唐"等文化负载词加入注释,富路德尚且认为这会让对中国古代历史和文化不甚了解的学生望而却步[1]。由此可见,王译本预设的专业人士为目标读者却未践行迎合他们期待的学术性翻译策略,恐怕很难会被用于学术研究。加上注解缺失,国外普通读者阅读时遇到理解障碍也会将之"束之高阁"。

(二) 出版社声誉

出版社声誉的国际化无疑会影响读者的选择和译本价值的发挥。美国大学出版社坚持以学术出版为中心,为社会和公众提供质量上乘的学术和教育产品,它们"出版的书籍更容易获得海外相关学科领域内的权威学术期刊的推介"[2]。宾夕法尼亚州立大学出版社就旨在为全球学者出版高质量的出版物,译本品质和专业性得到保证,因此不难理解任译本出版旋即便吸引11位学者评介。"书评无论是对普通读者还是学界同行都有直接的指导作用"[3],由此增加了任译本的象征地位。20世纪下半叶中国科技史研究在西方如火如荼开展,任译本为专业人士信任和认同,自1968年起被他们引用并产生再版需求。不但如此,宾夕法尼亚州立大学出版社是1937年成立的美国大学出版社协会(AUPresses)成员,协会与《纽约时报》等媒体建立了广告合作关系,还是促进成员交流与合作和"向公众宣传大学出版社价值和意义的重要窗口"[4]。任译本得到《纽约时报》推介可见一斑。书评和美国大学出版社协会的宣传也为译本吸引到了有志于了解中国古代科技和历史文化的普通大

---

[1] Luther Carrington Goodrich, "T'ien-kung K'ai-wu: Chinese Technology in the Seventeenth Century", *Journal of the American Oriental Society*, 87 (1), 1967, p.82.

[2] 殷丽:《国外学术出版社在我国科技类典籍海外传播中的作用——以美国两家学术出版社对〈黄帝内经〉的出版为例》,《出版发行研究》2017年第4期。

[3] 殷丽:《中医药典籍国内英译本海外接受状况调查及启示——以大中华文库〈黄帝内经〉英译本为例》,《外国语》2017年第5期。

[4] 罗茜:《坚守与困境——从美国大学出版社看"学术出版"》,《中央财经大学学报》2014年第S1期。

第六章 价值评价视阈下《天工开物》三个英译本的海外传播和接受

众。相反,李译本和王译本的出版社不具备这些优势。中华文化大学出版部出版的学术著作面向我国台湾和华文地区,其出版的外文书多由我国台湾省"教育部"部长兼中华文化大学创办者张其昀为弘扬中华文化而资助,迄今仅出版45部。广东教育出版社出版的中文教材和教辅资料在国内备受欢迎并获得多项殊荣,如2009年被新闻出版总署评为"全国百佳图书出版单位",但除王译本之外没有出版过其他英文学术著作和译作。这两大本土出版社主要定位在中文图书市场,在全球出版界的知名度相对较小,其出版物只能为极少数国内研究者注意到,进而被国外专业人士关注。普通读者则很难知晓,遑论海外媒体报纸报道。

(三)销售渠道

三个译本的销售渠道也在很大程度上影响着译本流传,进而关系到目标受众的评价。美国大学出版社协会定期举办书展,为会员单位提供营销机会[①],所以其全部成员依附的大学或机构将任译本列为馆藏。宾夕法尼亚州立大学出版社官方网站则为美国和全球用户、机构浏览任译本的基本信息与购买译本提供了网络销售平台。再者,宾夕法尼亚州立大学出版社在加拿大多伦多大学出版社、英国和欧洲NBN国际、日本国际出版协会NHM公司、澳大利亚足迹书店设立了销售点,当地读者或机构可直接下订单购买任译本。图书馆馆藏数据与此契合,因为收藏任译本最多的国家除美国之外便是加拿大、德国、日本、英国、澳大利亚、法国、荷兰和新西兰。相比之下,中华文化大学出版部官网无法购得李译本,亚马逊图书网显示李译本已绝版(Out of Print-Limited Availability),而中华文化大学出版社人员告知出版社仍剩有70余册尚未售出,从2007年至2019年卖出去的19本都是国外订购商在中国台湾购买。存在其他选择的情况下,知晓李译本并希望阅读的国外读者必然选择易得的任译本。王译本信息不见于广东教育出版社网站,想要撰写书评的专业人士亦无法向出版社索要电

---

① 罗茜:《坚守与困境——从美国大学出版社看"学术出版"》,《中央财经大学学报》2014年第S1期。

227

子版，因此不利于译本流传和销售。更为严重的是美国亚马逊图书网将王译本标为中文版，对于不谙中文但又希望借机学习汉语和探索中国古代科技的海外读者来说，他们会被信息误导而不选择该译本，如此加剧了译本的滞销。

（四）编辑审校

此外，译本编辑效果会让读者将之与译作质量联系起来。正如中国作品英译本的编辑如排版方式、文字校对、装帧设计会直接影响译本面貌及其接受和传播效果①。任译本排版和印刷非常精美，不少学者还是指摘了一些失误。何丙郁指出附录有几处印刷错误②。席文批评"注释和正文后的排版条目有仓促完工的嫌疑"③，有些注释未列出引用文献页码，所附词汇表遗漏了术语和专有名词，索引不够完整。他强调"如果出版社编辑像对待主体部分那样细心，这些问题就不会出现"④。两相比较，李译本编辑失误非常频繁。首先，译文段落间距偶有不等，句子间行距不一致比比皆是，中文术语和人名未一以贯之地置于括号内。其次，文内注释和章末注释交替使用而不统一，个别章末注释与正文不对应。再者，本书基于李译本构建语料库时发现不少错误，以"To make lampblack by burning oil, (Fig. 16-3). every catty of oil produces more than one *tael* of lampblack of the first grade."⑤ 为例，英文句号是印刷错误；"caudrianaor tricuspidata (can). Bureau."⑥ 的正确译文是"caudrianaor tricuspidata (Carr.) Bureau."。最后，部分英文书名被打

---

① 汪宝荣：《葛浩文英译〈红高粱〉生产过程社会学分析》，《北京第二外国语学院学报》2014 年第 12 期。

② Ho Ping-Yu et al., *Chemistry and Chemical Technology: Military Technology: The Gunpowder Epic*, Cambridge: Cambridge University Press, 1987, p. 299.

③ Nathan Sivin, "T'ien-kung K'ai-wu: Chinese Technology in the Seventeenth Century", *Isis*, Vol. 57, No. 4, 1966, p. 509.

④ Nathan Sivin, "T'ien-kung K'ai-wu: Chinese Technology in the Seventeenth Century", *Isis*, Vol. 57, No. 4, 1966, p. 509.

⑤ Sung Ying-sing, *Tien-kung-kai-wu: Exploitation of the Work of Nature, Chinese Agriculture and Technology in the XVII Century*, Taipei: China Academy, 1980, p. 417.

⑥ Sung Ying-sing, *Tien-kung-kai-wu: Exploitation of the Work of Nature, Chinese Agriculture and Technology in the XVII Century*, Taipei: China Academy, 1980, p. 382.

第六章　价值评价视阈下《天工开物》三个英译本的海外传播和接受

上双引号，个别单词拼写错误（如 first 误印成 fist），不定冠词"a"和"an"混用。句号和逗号颠倒，部分括号出现一半。英语专业读者对译本美观、严谨和基本规范要求严格，凡此种种势必无法让他们产生像对任译本一样的认同感。王译本译者在提交译稿中将插图与正文对应并有标记，出版后全部不见，且原插图被分解成两幅，有些被重新加工或颠倒。究其原因，广东教育出版社的责任技术编辑或许认为插图美观而没有实际用途。译文还出现中文引号、逗号，英文书名被打上双引号。这些看似微不足道的缺陷导致了王译本很难为国外学者青睐并将之作为学术参考文献，进而影响普通读者选择。

二　《天工开物》英译本接受和认可度提升路径

揭示客体是否及满足主体的需求和满足程度是价值评价的过程，其最终目标是为人改造世界提供指导，从而创造新的价值。近年来英语读者对任译本的评论和打分以及任译本和李译本的学术引用情况说明《天工开物》在域外的阅读和研究需求有增无减。加之中华文化国际影响力的扩大和孔子学院的纷纷设立，这部科技典籍在海外仍有可观的市场前景和潜在读者。借鉴和反思三个译本接受得失，本书认为王译本和李译本可从以下三方面加以改进和提升，从而使新的译本更加符合目标读者的需求和价值取向，发挥《天工开物》在传播中国古代科技文明和促进中西科技文化交流方面的作用。

（一）根据受众层次修订英译文

根据国外专业人士和普通读者的需求不同与阅读期待差异进行修订。《大中华文库》工作委员会主任杨牧之强调文库的下一步工作是对现有译本进行全面修订[①]。而中华文化大学出版社与大陆多家出版社建立了业务交流和联系，如 2012 年与浙江大学出版社合作出版了张其昀《孔学今义》英译本。前文谈及王译本隶属国家新闻出版总署和国务院新闻办公室联合推动实施的典籍英译工程。李译本亦由我国官方资助出

---

① 杨牧之：《我的出版憧憬》，湖南人民出版社 2017 年版，第 227 页。

版，为我国台湾省"教育部"部长兼中华文化大学创办人张其昀主印的外文丛书系列之一。在此背景下，广东教育出版社可与中华文化大学出版部携手合作，邀请译者王义静、王海燕、刘迎春或《天工开物》及相关研究的知名译者或学者对两个译本进行修订。一方面，修订本充分汲取各个译本的优势和成功经验，以竭力迎合专业人士的期待。同时，图书馆分布国家和引用学者的国籍显示，德国、法国、日本学者也是研究《天工开物》的主力军，如德国科技史学家薛凤的 The Crafting of the 10，000 Things: Knowledge and Technology in Seventeenth-century China（2011）结合宋应星佚作，系统地解读了《天工开物》中科技知识生成的时代关怀和政治理想。因此，修订本融入这些国家学者的相关研究，无疑会扩大《天工开物》在非英语国家的受众面。另一方面，长期以来，国外民众大多对中华文化知之甚少，《天工开物》短期内为不具备专业知识的普通读者接受有些不切实际。鉴于此，有必要推出增强趣味性和"减少晦涩难懂的科学概念对读者的压力"[①]的修订本，以循序渐进地推进国外普通民众对《天工开物》和中国古代科技文化的认识。

（二）寻求美国大学出版社之帆

宾夕法尼亚州立大学出版社出版的任译本在赢得美国学者和权威期刊推介以及普通读者的选择方面均赶超本土出版的李译本和王译本。收藏李译本和王译本最多的海外国家也是美国，印证了"中国出版走出去，其实主要是面对北美市场，而其中最大的市场就是美国"[②]。不但如此，任译本分布国家大多与美国在政治、军事、文化和外交上密切合作，如加拿大和墨西哥与之地缘政治相近，加拿大、德国、英国、法国、荷兰、西班牙、匈牙利、土耳其是"北约"成员国，日本、马来西亚、新加坡、澳大利亚、新西兰、以色列等是美国在亚太和中东地区

[①] 马雪硕、刘迎春、王海燕：《中国科技典籍海外译介效果的影响因素研究》，《南京工程学院学报》（社会科学版）2018 年第 4 期。

[②] 何明星：《莫言作品的世界影响地图——基于全球图书馆收藏数据的视角》，《中国出版》2012 年第 21 期。

第六章　价值评价视阈下《天工开物》三个英译本的海外传播和接受

盟友，显示出美国大学出版社"在科技典籍的出版与传播方面拥有其他出版社难以企及的优势"①。加之近年来美国大学出版社与图书馆建立了多元化合作，如通过共同举办学术活动来扩大图书的传播范围②，修订本可借助"中国图书对外推广计划"、"经典中国国际出版工程"之船和美国大学出版社之帆，以更好地驶入域外文化之海。而美国宾夕法尼亚州立大学出版社在《天工开物》英译本的编辑方面积累了有益经验，与之携手合作不失为上乘之选。

（三）扩大译本宣传和推介渠道

为了避免修订的译本"孤芳自赏"，以及实现中国古代科技文明和中华文化的有效传播，全方位和多角度的宣传和推介尤其重要。若修订译本由宾夕法尼亚州立大学出版社等美国大学出版社出版，译本可能会很快得到普及型媒体报纸的报道，关注到并想要撰写书评的学者可通过这些大学出版社的网站获取到电子版。当然，我们可以邀请最早为任译本撰写书评的国际科技史专家席文、英国剑桥大学李约瑟研究中心的学者或海外汉学家撰写书评，他们的观点对译本接受的后续影响力不可低估。而作为译本网络发行和销售平台，亚马逊英文图书网和美国大学出版社官网可适当地撰写准确而又不枯燥的文字，并防止王译本再次被标记为中文版。与此同时，修订本的电子数字化尤为重要。大学出版社通向数字化未来是美国大学出版社协会 2012 年年会的热点话题之一，81% 的大学出版社将亚马逊 Kindle 作为图书数字出版战略首选，这一渠道的收入占到它们总零售收入的六至七成③。除亚马逊 Kindle，修订本可通过 ebrary、谷歌 eBook Store、美国巴诺网上书店（Barnes & Noble）的 Nook 阅读器实现电子化发行。

---

① 殷丽：《国外学术出版社在我国科技类典籍海外传播中的作用——以美国两家学术出版社对〈黄帝内经〉的出版为例》，《出版发行研究》2017 年第 4 期。
② 罗茜：《坚守与困境——从美国大学出版社看"学术出版"》，《中央财经大学学报》2014 年第 S1 期。
③ 罗茜：《坚守与困境——从美国大学出版社看"学术出版"》，《中央财经大学学报》2014 年第 S1 期。

第三节 小结

　　价值哲学认为经过人改造的客观对象与主体之间的需要和被满足关系构成了价值关系。这种关系通过评价事物是否和在多大程度上符合主体的需求。而《天工开物》翻译的落脚点是为海外读者所认识和了解，以促进中西文化平等交流。目标受众的接受无疑是评价《天工开物》英译价值的重要方式。因此，本章立足于价值评价视角，借助译本再版和发行量、学术书评和被引、国外图书馆馆藏量、普通读者评论等参考指标，考察了目标受众对《天工开物》三个英译本的价值评价。结果显示销量超过1000册的任译本1997年再版，被21个国家和地区的618家图书馆收藏，且为11篇学术书评推介和142篇学术文献引用。美国《纽约时报》和书评机构《中西部书评》也为之撰写推荐文字，个别英语普通读者亦有所关注。相比之下，李译本销售200余册，目前有44册被美国、日本、英国、德国、丹麦等国家的图书馆收藏，6位学者对此参考和引用。王译本大多流向国内图书市场，现有9册为美国、加拿大和以色列三国的图书馆收藏。除此之外暂无体现该译本价值和影响力的数据或信息。

　　一言以蔽之，任译本、李译本和王译本的接受效果和价值认可度依次递减，由我国官方赞助出版的李译本和王译本距离成功地传播中华文化和弘扬中国古代科技文明的目标尚远。究其根源，李译本和王译本没有充分践行专业人士期待和要求的学术性翻译策略，两个译本的出版社均将阅读市场定位于国内，而对国外读者需求考虑不多。与此同时，两个译本编辑失误频繁。凡此种种阻碍了译本的国际流通和目标受众对之价值的肯定。为了更好地使李译本和王译本发挥应有的价值和实现传播我国古代科技文化，结合《大中华文库》（汉英对照）工程的连续性和长远性，我们建议出版王译本的广东教育出版社或《大中华文库》工作委员会联手出版李译本的台湾中华文化大学出版社，邀请译者王义静等或相关知名学者修订两个译本，以增强翻译的学术性，或针对普通读者推出易于理解的缩减本。修订之后则与美国大学出版社合作出版并及时邀请专业人士撰写书评,或借助亚马逊 Kindle 等电子阅读渠道丰富阅读形式。唯有在翻译时遵循价值评价的规律和原则,才能更好地推进《天工开物》和中华文化的国际传播。

第七章 结 论

第一节 研究结论和发现

本书选取被归为综合类科技典籍和在中国科技史上占有较高地位的《天工开物》及其三个英译本为研究对象，并基于翻译的动态意义及翻译的选择、生成和传播对之进行系统的研究，研究结论和发现如下所述：

一、在译本生成方面，任以都在场域中带着惯习并积极地投入经济资本、文化资本、社会资本和高级的象征资本，以获得更多同行人士认可的象征资本，所以她考证底本插图、运用深度翻译策略和增添附录诠释了译本的学术性。拥有各种资本的李乔苹在场域中践行了专注自然科学的学者惯习和翻译古代科技著作以弘扬中国科技文明的译者惯习，由此下意识地影响了《天工开物》底本之择、平衡原语文化和译入语的翻译观，以及套用、变通等整体翻译策略。王义静、王海燕和刘迎春所处翻译场域位于权力场域之中并处于被支配地位，译者自身的资本运作有限，而是受制于强大的外部规范并将之内化成翻译惯习，所以他们无法决定烙有制度化的译本选材、副文本设计，并在译文层面践行了凸显中华文化主体地位的"中国英语"。

二、《天工开物》因为显著的科技内容而被冠以科技典籍之名，并且大致分为科技术语、科技哲学、科技谬误，对此，三个英译本的翻译策略如下：

首先，《天工开物》中的科技术语分为科技术语、半科技术语和俗语科技术语。任译本中三类术语的异化比在30%左右，主要被归化或者归化与异化并举处理；李译本中异化的比重与任译本中的归化比重相当；王译本要么归化或异化，很少结合两种翻译策略，且归化或异化所占比重差距不大。

其次，《天工开物》继承了中国古代"天人合一"的哲学观并将之转化成"天工开物思想"科技哲学，且集中体现在"天"、"人"二字及相关概念。任译本和李译本偏好归化翻译这些字词和概念。王译本也选择归化处理"人"字及相关概念，但相对完整地保留了"天"的意象，有利于引导读者感悟宋应星优秀的科技哲学。

再者，原书存在与现代科技原理和史实不符的科技谬误。有一半被任译本直译，余下被归化淡化处理，或异化再加从属归化的增译法和一些翻译技巧。李译本和王译本很少改译，而是将大多数科技谬误近似地移植到译入语文化。

另一方面，宋应星反对苛捐杂税并提倡革新科举制度，强调以农为本和通商惠民，重视兵器和用将取胜。这些强调人事的政治、经济、军事等人文内容是其创作初衷，书中也不乏相关表述。任译本的译者序相对全面地阐释了宋应星挽救时局的议题，译文用词考究、准确。李译本附近代地质学家丁文江对宋应星和《天工开物》的考证，辅助了读者理解相关政治、经济内容，文字部分仅传递了字面意思。王译本删去了汇集政治主题的原书序，重新排列章节契合了宋应星提倡重农的经济思想，译文则简洁流畅，避免了改写宋应星被公认的科学家身份。

三、《天工开物》语言风格通过符号体系表征为简约典雅和偏书面的字词，省略主语、惯用主动句与陈述句、形合程度又居中的句法，小句之间以内在语义表达次序、衔接手段单调与信息内隐的章法，以及富有艺术张力的修辞格。任译本语言形式与原文风格差异显著，正式程度和学术可读性超过原文，修辞格则进行了较完整的再现。李译本偏离原文风格的程度低于任译本，又比王译本显著，同时未刻意删减修辞格，但未予以深究。王译本遵从英语语言规范对原语风格进行了适应性转换，但受到原文形式影响和制约最大，又力求避免和淡化修辞格伴随的文采风格。

四、在海外接受方面，任译本再版和销售量、学术书评和被引、国外图书馆馆藏量、普通读者评论均表明译本的价值受到一致好评。40余册李译本被海外图书馆收入，并被个别学者引用。王译本的影响力仅见美国、加拿大和以色列三国9家图书馆的收藏，因而在"走出去"的道路上仍任重而道远。

第二节 研究思考和启示

本书对《天工开物》及其三个英译本进行多维考察，审视了《天工开物》英译的文本之选择和生成、内容之翻译、风格之传递、传播之收效，在一定程度上能够为科技典籍、科技典籍英译、科技典籍英译研究提供一定的参考和借鉴。

一 科技典籍定义的再思考

对研究对象下行之有效的定义并非一蹴而就，但定义是研究的出发点，有助于在特定范围内对同类别的事物进行系统的研究。因此，尽管现有的科技典籍定义存在分歧，这并不意味着应放弃对之下定义。本书第一章对科技典籍做了基本的界定和说明，包括建议科技典籍的时间节点定在1840年，不能将之等同于包含科技语篇但不以此为主要价值的文史哲典籍，汉译西方科技经典和传教士等域外人士创作的科技著作也不属于科技典籍。

本书对《天工开物》研究后发现，宋应星的初衷是反对读书人埋首八股，提倡商业发展和武器作战，以恢复社会秩序和稳定政权，书中此类政治、经济和军事内容比比皆是。丰富的修辞格使之与文学典籍也有相通之处。因此，《天工开物》不以科学技术发展为内容，又很难在内容和形式方面与文史哲典籍泾渭分明地区分开来。且陈立夫盛赞，"在中国古代文献中，除了《天工开物》外，没有第二本著作有系统地专门研究中国的科学和技术"[①]。《天工开物》尚且如此,其他科技典籍的人文性和文学色彩可想而知。另一方面,科技典籍定义中谈及的"科学技术"是一个西方概念。西方科技经典注重在个人经验和事物表征的基础上开展纯理论研究,进而演绎事物之间的联系,从而将形而下的实用技艺上升为形而上的理论体系[②]。但《天工开物》中多数科技语根植于中华文化,工农业技术背后创造性地发展了"天人合一"哲学思想,而且科技谬误违背科技事实、原理和带有封建迷信色彩。因此,我们该如何界定和阐释有中华文化特色的"科技",以区别于注重数理实验和逻辑推理的现代科技?

毋庸置疑,为科技典籍下一个准确的定义依赖诸多个案作品的深入研究,以从中总结出普遍适用的共性和特殊的个性。前文谈到,科技典籍研究和科技典籍英译研究尚囿于极个别作品。鉴于此,本书暂且不对科技典籍重新下定义,而是希望借此抛砖引玉,促进学界对更多公认的科技典籍作品深入研究,在此基础上逐步确立起普遍可行的定义。

二 科技典籍英译中的"文化自信"原则

基于对中华文化复兴的思考,费孝通主张"祖宗传下来的好东西。我们要敢于拿出来,有文化的自觉,有文化的自信"[③]。文化自觉是指"生活在一定文化中的人对其文化有'自知之明',明白它的来历,形成过程,所具有的特色和它发展的趋向"[④],要求我们"认识自己的文化","理解所接触的文化,取其精华,吸收融会"[⑤]。文化自信以文化自觉为前提,是在理性认识基础之上的成熟表现,以及对自身文化的认同和坚守。科技典籍承载了中国古代科技文明和中华文化精髓,近年来我国发起的《大中华文库》工程积极主动地推介科技典籍体现了我们

[①] 陈立夫:《中国科学之发展》,台湾"中央"文物出版社1978年版,第6页。
[②] 梅阳春:《西方读者期待视域下的中国科技典籍翻译文本建构策略》,《西安外国语大学学报》2018年第3期。
[③] 张冠生:《为文化找出路:费孝通传》,中国友谊出版公司2012年版,第124页。
[④] 费孝通:《费孝通论文化与文化自觉》,群言出版社2007年版,第190页。
[⑤] 费孝通:《费孝通论文化与文化自觉》,群言出版社2007年版,第245页。

在努力改变"输入"和"输出"不平衡的自信。不得不承认的是,个中问题距离文化自信的目标甚远。基于前文研究,本书提倡科技典籍英译应从如下几个方面凸显"文化自觉",从而获得将本民族科技文明和优秀传统文化推介出去的"文化自信"。

(一)翻译选材

文化自觉的第一层含义是认识自己的文化。同理而言,科技典籍英译应当梳理和继承科技典籍资源。据不完全统计,传世的科技典籍数量在一万两千种左右,占典籍总量的6%①。本书通过检索《中国科学技术典籍通汇》丛书收录的500余种科技典籍,仅发现101部科技典籍的英译文,再爬梳未被《中国科学技术典籍通汇》丛书收录科技典籍的英译信息,可粗略地估计有一二百部科技典籍被译成了英文。这一数据占科技典籍总量的1%—2%,且101部科技典籍中有英文全译本的作品乏善可陈。挖掘科技典籍资源并将更多作品译成英文是贯彻文化自觉和凸显文化自信的第一要义。译材选择可遵循普遍性、契合点、现实性几个原则②,如结合"一带一路"倡议,优先支持翻译体现中国与沿线国家科技文化交往历史的《海国闻见录》等地学类科技典籍。

同时,翻译选材涉及中文底本和版本选择。科技典籍成书久远、印刷仓促或流传方式等因素造成了版本众多。以《天工开物》为例,任译本和李译本依据中文版本有错字、颠倒字,或插图有失本真。王译本的中文底本由潘吉星基于涂本并参照多个版本校对,文字的精确性和插图清晰度略胜一筹。《天工开物》章节顺序重排也更加契合了宋应星的思想。这种依照一个底本并参照其他版本校勘得到"可靠的通行本"③,由此产生的译文不仅是对原著和原作者的忠实,也减少了目标读者理解原文和原著的障碍,因而做法可资借鉴。

(二)翻译策略

翻译策略是具体落实"怎样译"的手段。张西平提出,文化自觉

---

① 孙显斌:《科技典籍整理的思考与展望》,《科学新闻》2017年第11期。
② 罗选民、杨文地:《文化自觉与典籍英译》,《外语与外语教学》2012年第5期。
③ 王宏印:《中国文化典籍英译》,外语教学与研究出版社2009年版,第14页。

和文化自信的一个侧面是对自身文化有清醒的认识,相当于要求我们接纳科技典籍的中华性和文化特质[1]。20世纪初,国内一批知名学者如《天工开物》译者任以都之父任鸿隽发文谈中国古代无科学,成为学界公论[2]。及至20世纪50年代,李约瑟为中国古代科技树碑立传,科技典籍承载古代科技之发达的观念深入人心。我们应当清醒地认识到,冠以科技典籍之名的作品和李约瑟关注的中国古代科技异于西方理性的与以数理科学实验为基础的科技,科技典籍依附于中华传统思想和文化。如《天工开物》中科技内容的文化底蕴厚重,讲究天人合一,包含主观的误识。其语言风格与文学典籍有共通之处。这些特征决定了它们不是也不会等同于西方科技作品。近年来《天工开物》研究已拓展至哲学、历史、经济等领域。李译本和王译本为增强民族荣誉感和自信心而竭力凸显科技成分,弱化或删减与英语读者认识不符的人文内容。相反,任译本相对真实地还原了原书的全部内容以及修辞格艺术手段,译本为国际自然科学和人文科学领域的学者引用,影响力显著。

  德国功能主义学派的代表人物莱斯(Katharina Reiss)关注文本而非词句层面,并根据文本的主要功能将文本类型分为信息型、表情型和操作型[3]。信息型文本讲究逻辑,重信息传递;表情型文本侧重于形式,追求审美艺术;操作型文本蕴含深厚的思想情感,富有感染力。不难发现,科技典籍大多属于"复合文本类型"[4],兼有信息交流、艺术审美和价值的多重诉求。因此,王宏、赵峥翻译《梦溪笔谈》予以借鉴,对涉及科技、文学、艺术、历法等条目采取具体问题具体分析的翻译策略,真正兼顾了内容和风格形式的特点与之在译入语中的适应和再现。同样,科技典籍英译可借鉴文本类型理论为宏观的指导原则和翻译策略,而不应采取"一刀切"的做法处理语义信息和语言风格。

---

[1] 张西平:《20世纪中国古代文化经典在域外的传播与影响研究导论》,大象出版社2018年版,第24页。
[2] 吴国盛:《什么是科学》,广东人民出版社2016年版。
[3] Katharina Reiss, *Translation Criticism: The Potentials and Limitations*, London and New York: Routledge, 2000, pp. 30-48.
[4] 王宏:《〈梦溪笔谈〉译本翻译策略研究》,《上海翻译》2010年第1期。

（三）翻译模式

文化自觉要求我们对接触的其他文化的融会贯通，即具备"他知之明"。《天工开物》英译本传播成效的各项指标显示，任译本获得西方学者的一致好评，但在普通读者群体中产生的反响很小。这在很大程度上说明科技典籍的受众以专业人士为主，也凸显了任译本对文本进行学术性诠释和翻译的重要性。而深入考究科技典籍对译者专业背景和知识范围提出的要求之高毋庸置疑。前文谈到，尽管任译本认可度高，国内外不少专业人士还指摘了从事人文研究的任以都翻译的科技术语。张西平谈到，目前国内从事典籍外译包括科技典籍英译的绝大多数译者是外语专业出身的本土学者，他们拥有得天独厚的语言优势和强烈的文化自觉意识，但是知识结构可能比较单一，从而限制了翻译的深度和广度[①]。相比之下，国内外科技典籍研究者对作品的考证、研究和挖掘更专业细致，外语能力稍逊一筹。因此，科技典籍英译者可与研究相关作品的学者合作，共同承担起弘扬科技典籍的历史重任。如此确保了内容阐释的充分性和学术性，无形之中又能增加译本获得认同的筹码。

（四）编辑出版

把握英语国家的翻译出版体系和规律也是文化自觉的体现，而且成功地将科技典籍"送出去"有利于树立起文化自信。《天工开物》三个英译本的海外接受情况还凸显了编辑和出版社环节的不可忽视。反观李译本和王译本，译文存在为英文书名加上中文双引号的失误，李译本中单词拼写错误和标点符号乱用尤其频繁。国内编辑的英文失误可能在所难免，却会给读者留下先入为主的负面印象。因此，科技典籍英译本编辑理应是英语语言功底扎实和具备专业知识的编辑人员，确保译文准确、前后一致和符合基本规范。其次，《天工开物》出版历程表明国内出版社在西方世界的知名度和认可度远不及英美知名的本土出版社。更重要的是国内出版物很难为国外读者所了解和获取，阻碍了译本流通。

[①] 张西平：《20世纪中国古代文化经典在域外的传播与影响研究导论》，大象出版社2018年版，第16页。

鉴于国内许多出版社与国外出版社建立了业务合作关系，国家今后可优先支持这些出版社与国外出版社联合出版科技典籍英译本，或直接寻求国外大学出版社的力量，推动科技典籍"借帆出海"。

三 科技典籍英译研究的"李约瑟范式"反思

美国科学史家科恩（Thomas S. Kuhn）提出，范式是"某些具体科学实践的公认范例（诸如法则、理论、应用、仪器设备），并为特定的连贯的科学研究提供模型"[1]，且基于共同研究范式的人士致力于遵循相同的科学实践规则和标准。英国科技史专家李约瑟在发掘科技典籍和增强中华民族自信心以及促进中西文明对话方面居功至伟。然而，作为自然科学家的他是按照现代意义上的数理实验科学标准整理和解读中国古代科技，打捞科技典籍中与数学、天文、地学、化学、生物等现代学科门类相符的内容，不符合的则绕开和忽视。20世纪70年代，他极力否认宋应星《野议》等作品存在。在中国科技史研究领域，这种忽略古今和中西科技之根本差异，得到一堆脱离历史语境的文字碎片的研究方式被称为"李约瑟范式"[2]。继李约瑟之后，一批科学史出身的科学史家致力于"发现过去的异质性"，"把历史事件置于当时的历史情境之中理解"[3]，使"李约瑟范式"悄然发生转变。

以此类推，科技典籍英译研究范式是特定时期的学者从事科技典籍英译研究秉承的思路、方法和指导思想等。近二十年来，国内学者的研究主要从科技术语等视角入手并强调翻译符合英语读者认知，鲜有关注术语背后的文化内涵和与现代科技术语的差异[4]，或以西方科技经典的特征为圭臬，主张删去科技典籍中与科技"无关"的人文内容。同理，我们可将当前主导科技典籍英译研究的这种思路归为"李约瑟范式"。

---

[1] Thomas S. Kuhn, *The Structure of Scientific Revolutions* (Third edition), Chicago: The University of Chicago Press, 1996, p. 10.
[2] 吴国盛：《什么是科学》，广东人民出版社2016年版，第283页。
[3] 吴国盛：《什么是科学》，广东人民出版社2016年版，第13页。
[4] 郭尚兴：《论中国古代科技术语英译的历史与文化认知》，《上海翻译》2008年第4期。

局部向西方科技经典靠拢固然有助于科技典籍更好地为英语读者接受，现实却是科技典籍与西方和当代科技著作存在根本性差异，没有人文内容依托的科技碎片相当于无源之水、无本之木。事实也证明了没有践行这种做法的任译本的影响力不限于科技史领域，而是波及多学科领域。《科技典籍英译之文化迻译——以〈园冶〉为例》一文从科技典籍的文化属性切入，探讨了《园冶》英译本中文学典故、哲学概念和骈文艺术翻译的益损[①]。在此基础上，该文作者提出，科技典籍与文史哲典籍共同肩负着传承中华文化和文明的使命，因此应当被归为中华文化典籍的一部分，其文化因素翻译理应存真貌。此文可视为对科技典籍英译研究"李约瑟范式"的首次正面回应。

范式具有不可通约性，范式之间不是简单的取代和被取代，但范式的演进对于认识事物的本质、改进研究方法和关注点，从而促进一门学科走向成熟大有裨益[②]。正如科学革命的发生是新旧范式更迭的结果，我们能否在"李约瑟范式"的基础上以更客观和开放的思路为科技典籍英译提供智力支持？因此，本书希望能吸引更多的研究者丰富科技典籍英译研究框架和理论，最终服务于科技典籍向外传播中国古代科技文明和中华文化的双重目标。

第三节　研究不足和展望

诚然，本书在研究深度、广度等方面仍有所缺憾，还因文献资料获取渠道受限导致部分数据不全。具体而言：

一、没有全面捕捉到影响任译本和李译本的意识形态等外部因素。20世纪50年代至60年代中美两国处于敌对状态，美国的中国研究学者在政治上被孤立[③]。任以都的翻译是否受此影响？中国作品翻译档案的发掘揭示出美国出版社编辑或多或少地参与了翻译过程和影响了译文

[①] 肖娴：《科技典籍英译之文化迻译——以〈园冶〉为例》，《上海翻译》2019年第3期。
[②] 廖七一：《范式的演进与翻译的界定》，《中国翻译》2015年第3期。
[③] 张朋园等：《任以都先生访问记录》，"中央"研究院近代史研究所1993年版，第73页。

概貌[1]，任译本的学术化与宾夕法尼亚州立大学出版社编辑是否也有关？译者序提到汉学家杨联陞阅读了手稿并提出许多意见，杨联陞的修改意见如何？李译本的出版赞助人张其昀是否修改过译稿或提出要求？这些答案无疑会影响对两个译本翻译策略、翻译风格和传播成效的解释。李乔苹已作古，其译本的答案很难寻觅。笔者2017年在澳大利亚访学之际，曾通过任以都执教于华盛顿州立大学的儿子Raymond Sun联系上译者任先生，因其近期颐等身体原因而未能作答访谈。如从任以都处获得翻译手稿，可以深入窥见影响译本的主客观因素。

二、原文风格和翻译风格的参照数据不足。一部作品风格的数据很难凸显与同类作品或译作的差异，因此参照数据必不可少。因为《天工开物》异于文学作品和现代科技文本，最理想的做法在于构建其同时期科技典籍及其英译文语料库，获取形符数、类符数、标准化类符/形符比、平均句长等数据对比。本书折中选取了其他体裁作品的数据作参照。本书作者计划在《天工开物》及其英译研究的基础上拓展研究对象，如优先选取明末的《农政全书》《徐霞客游记》《物理小识》，丰富科技典籍英译研究体系，同时加深对《天工开物》及其英译本风格的认识。

三、暂未实施调查译本接受的问卷。衡量译本接受效果的图书馆馆藏量并不等于真实的借阅和流通量。基于英语读者的问卷调查能提供第一手的数据支撑，笔者读博期间在澳大利亚悉尼访学，曾计划开展调查问卷，但走访之后发现当地高校的汉学家专攻中国文学，主流的大学也没有设立与科技史相关的院系。《天工开物》的专业性决定了其受众有限，针对英语普通读者的问卷难免流于句法、词汇等语言现象，难以获得实质性结果，问卷效度和信度也会受质疑。因而通过问卷考察《天工开物》英译本接受效果的设想只得搁置。英国剑桥大学李约瑟研究中心是全球知名的中国科技史研究中心，德国马克斯·普朗克科学史研

---

[1] 许诗焱：《葛浩文翻译再审视——基于翻译过程的评价视角》，《中国翻译》2016年第5期。

究所是《天工开物》研究重镇。如在这两大研究中心开展实证问卷，调查《天工开物》英译本为专业人士的认可情况，可以更加行之有效地支撑本书的部分发现。

附录一 101部科技典籍英译信息一览表

类别	科技典籍	No.	英译本/英译文标题	英译者	出版信息	年份	备注
综合	《天工开物》	1	On Chinese Vermilion	不详	Journal of the Asiatic Society of Bengal, Vol. I, pp. 151-153	1832	节译《丹青》章；转译自法文
		2	Chinese Method of Making Gongs and Cymbals	不详	Journal of the Asiatic Society of Bengal, Vol. III, pp. 595-596	1834	节译《五金》和《锤锻》章；转译自法文
		3	Summary of the Principal Chinese Treatises Upon the Culture of the Mulberry and the Rearing of Silk Worms	不详	Washington: Peter Force, pp. 158-171	1838	节译《乃服》章；转译自法文
		4	"THINGS PRODUCED by the WORKS of NATURE" Published 1639	丁文江（V. K. Ting）	The Mariner's Mirror, Volume 11, Issue 3, pp. 234-250	1925	节译《舟车》章
		5	The Chemical Arts of Old China	李乔苹	Easton: Journal of Chemical Education	1948	节译原书的20%

245

续表

类别	科技典籍	No.	英译本/英译文标题	英译者	出版信息	年份	备注
	《天工开物》	6	Chinese Jade Carving	S. Howard Hansford	London and Bradford: Lund Humphries & Co. Ltd, pp. 39, 48, 62-63	1950	节译
		7	Tien-kung K'ai-wu: Chinese Technology in the Seventeenth Century	任以都、孙守全	University Park and London: The Pennsylvania State University Press	1966	全译本；1997年再版
		8	Tien-kung-kai-wu: Exploitation of the Work of Nature, Chinese Agriculture and Technology in the XVII Century	李乔苹，等	Taipei: China Academy	1980	全译本
		9	Tian Gong Kai Wu	王义静、王海燕、刘迎春	广州：广东教育出版社	2011	近全译本；《大中华文库》（汉英对照）
综合	《梦溪笔谈》	1	The Magnetic Compass in China	Alexander Wylie	The North-China Herald, June 11	1859	节译指南针部分；1897年被收入Chinese Researches
		2	Moveable Types for Printing Chinese	S. Wills Williams	The Chinese Recorder, Vol.6, p. 23	1875	节译
		3	The Development of Mathematics in China and Japan	Yoshio Mikami	New York: Chelsea Publishing Company, pp. 61-62	1913	节译
		4	The Invention of Printing in China and Its Spread Westward	Thomas Francis Carter	New York: Columbia University Press, pp. 160-161	1925	节译活字印刷术部分

续表

类别	科技典籍	No.	英译本/英译文标题	英译者	出版信息	年份	备注
综合		5	China's Discovery of Africa	J. J. L. Duyvendak	London: Arthur Probsthain, p. 19	1949	节译
		6	The Invention of Printing in China and Its Spread Westward	Thomas Francis Carter 译, 胡适修订	New York: The Ronald Press Company, pp. 212–213	1955	节译活字印刷木部分; L. Carrington Goodrich 修订本
		7	Shen Kua and His Meng-ch'i pi-t'an	Donald Holzman	T'oung Pao, Vol. 46, Livr. 3/5, pp. 260–292	1958	节译内容零散
		8	Elixir Poisoning in Medieval China	Joseph Needham and Ho Ping-Yü	In Clerks and Craftsmen in China and the West, Cambridge: Cambridge University Press, p. 327	1970	节译
	《梦溪笔谈》	9	Selections from "Notes from the Dreaming Brook"	Hu Shiguang	Chinese Literature, No. 3, pp. 192–204	1984	节译14条
		10	A Contextual and Taxonomic Study of the "Divine Marvels" and "Strange Occurrences" in the Mengxi bitan	Daiwie Fu	Chinese Science, No. 11, pp. 3–35	1993—1994	节译条目373和377
			On Mengxi Bitan's World of Marginalities and "South-pointing Needles": Fragment Translation vs. Contextual Translation	Daiwie Fu	In Viviane Alleton & Michael Lackner (ed.). De l'un au multiple: Traductions du chinois vers les langues européenes, Paris: éditions de la maison des sciences de l'homme, pp. 175–202	1999	节译指南针部分
		11	The Columbia History of Chinese Literature	Victor H. Mair	New York: Columbia University Press, pp. 561–562	2001	节译《扬州夜明珠》一条

续表

类别	科技典籍	No.	英译本/英译文标题	英译者	出版信息	年份	备注
	《梦溪笔谈》	12	Brush Talks from Dream Brook	王宏、赵峥	成都：四川人民出版社	2008	全译本；被收入《大中华文库》（汉英对照）；2011 年英国帕斯国际出版社引入出版
		13	Shen Kuo Chats with Ink Stone and Writing Brush	Ronald Egan	In Jack W. C & D. Schaberg (ed.). Idle Talk: Gossip and Anecdote in Traditional China, Berkeley, Los Angeles & London: University of California Press, pp. 132 – 153	2013	节译内容零散
综合	《论衡》	1	The Critical Disquisitions of Wang Ch'ung	A. B. Hutchinson	The China Review, or Notes & Queries on the Far East, Vol.7 (No.1, pp. 39 – 46; No. 2, pp. 85 – 91; No. 3, pp. 167 – 175; No. 4, pp. 237 – 242; No. 5, pp. 305 – 308; No. 6, pp. 373 – 377) & Vol. 8 (No. 1, pp. 39 –47)	1878 — 1879	节译
		2	Lun Hêng. Part I. Philosophical Essays of Wang Ch'ung	Alfred Forke	Leipzig: Londres	1907	全译本；1962 年再版
			Lun Hêng. Part II. Philosophical Essays of Wang Ch'ung		Berlin: Londres	1911	
		3	A Short History of Chinese Philosophy	Derk Bodde	New York & London: Collier-Macmillan, pp. 210 – 211	1948	节译；原书作者为冯友兰
		4	A History of Chinese Philosophy	Derk Bodde	Princeton: Princeton University Press, pp. 151 – 167	1953	节译；原书作者为冯友兰
		5	A Source Book in Chinese Philosophy	Wing-Tsit Chan	New Jersey: Princeton University Press, pp. 293 – 304	1963	节译

附录一 101部科技典籍英译信息一览表

续表

类别	科技典籍	No.	英译本/英译文标题	英译者	出版信息	年份	备注
综合	《太玄经》	1	A History of Chinese Philosophy	Derk Bodde	Princeton: Princeton University Press, pp. 138–146	1953	节译；原书作者为冯友兰
		2	An Interpretation of the Literary and Historical Aspects of the Hsi-ching Tsa-chi	William H. Nienhauser	Indiana University Ph. D. Dissertation	1972	节译
		3	The Canon of Supreme Mystery by Yang Hsiung: A Translation with Commentary of the Tai Hsüan Ching	Michael Nylan	Albany: State University of New York Press	1993	全译本
	《天论》	1	Neo-Confucianism: Metaphysics, Mind, and Morality	JeeLoo Liu	Hoboken: John Wiley & Sons, p. 73	2018	节译
	《东坡志林》	1	The Pre-Natal History of the Steam-Engine	Joseph Needham	Transactions of the Newcomen Society, Volume 35, Issue 1, p. 26	1962	节译
	《酉阳杂俎》	1	The Mystery of Fu-lin	Friedrich Hirth	Journal of the American Oriental Society, Vol. 30, No. 1, pp. 17–31	1909	节译
		2	China's Discovery of Africa	J. J. L. Duyvendak	London: Arthur Probsthain, pp. 13–14	1949	节译
		3	A Tang Miscellany: An Introduction to Youyang Zazu	Carrie E. Reed	New York: Peter Lang	2003	节译

249

续表

类别	科技典籍	No.	英译本/英译文标题	英译者	出版信息	年份	备注
天文	《天文气象杂占》	1	A Summary of the Contents of the Ma-wang-tui Silk-scroll Book "Assorted Astronomical and Meteorological Prognostications"	Donald Harper	Chinese Studies in Archeology, Vol. 1, pp. 56-74	1979	节译
	《五星占》	1	The Planetary Visibility Tables in the Second Century BC Manuscript Wu xing zhan	Daniel Patrick Morgan	East Asian Science, Technology, and Medicine, No. 43, pp. 17-60	2016	节译
		2	Understanding the Planets in Ancient China: Prediction and Divination in the "Wu xing zhan"	Christopher Cullen	Early Science and Medicine, Vol. 16, No. 3, pp. 218-251	2011	节译
技术	《考工记》	1	The Chemical Arts of Old China	李乔苹	Easton: Journal of Chemical Education, pp. 32, 36	1948	节译
		2	Chinese Architecture and Metaphor: Song Culture in the Yingzao Fashi Building Manual	Feng Jiren	Honolulu: University of Hawaii Press Hong Kong: Hong Kong University Press	2012	节译
		3	Ancient Chinese Encyclopedia of Technology: Translation and Annotation of Kaogong ji (The Artificers' Record)	Jun Wenren	New York: Routledge	2013	全译本
		4	考工记——翻译与评注	Konrad Herrmann	上海：上海交通大学出版社	2014	全译

附录一 101 部科技典籍英译信息一览表

续表

类别	科技典籍	No.	英译本/英译文标题	英译者	出版信息	年份	备注
技术	《蚕书》	1	中国科技典籍翻译策略之管见	汤金霞、梅阳春	《外语学刊》第 6 期, pp. 95–99	2015	节译
	《营造法式》	1	Chinese Architecture and Metaphor: Song Culture in the Yingzao Fashi Building Manual	Feng Jiren	Honolulu: University of Hawaii Press Hong Kong: Hong Kong University Press	2012	节译
	《园冶》	1	Gardens of China	Osvald Sirén	New York: The Ronald Press Company	1949	节译
		2	The Craft of Gardens	Alison Hardie	Yale University Press	1988	全译本
		3	Here and There in Yuan Ye	Stanislaus Fung	Studies in the History of Gardens & Designed Landscapes, Vol. 19, No. 1, pp. 36–45	1999	节译
		4	Yuan Ye Illustrated: Classical Chinese Gardens Explained	马劲武	北京：中国建筑工业出版社	2012	全译本
		5	Borrowing Scenery and the Landscape that Lends—the Final Chapter of Yuanye	Wybe Kuitert	Journal of Landscape Architecture, Vol. 10, Issue 2	2015	节译
	《鲁班经》	1	Carpentry and Building in Late Imperial China: A Study of the Fifteenth-Century Carpenter's Manual, Lu Ban Jing	Klaas Ruitenbeek	Leiden and New York: E. J. Brill	1993	全译本；1996 年修订本出版

251

续表

类别	科技典籍	No.	英译本/英译文标题	英译者	出版信息	年份	备注
化学	《陶说》	1	Description of Chinese Pottery and Porcelain: Being A Translation of The Tao Shuo	Stephen W. Bushell	Oxford: Clarendon Press	1910	全译本;1977年再版
	《景德镇陶录》	1	Ching-Te-Chen T'ao-Lu or The Potteries of China	Geoffrey R. Sayer	London: Routledge & Kegan Paul	1951	全译本
		2	Chinese Porcelain before the Present Dynasty	Stephen W. Bushell	Peking: Pai-t'ang Press	1886	节译
	《黄帝九鼎神丹经诀》	1	Elixir Poisoning in Medieval China	Joseph Needham & Ho Ping-Yü	Janus: Revue Internationale de l'Histoire des Sciences, de la Médecine, de la Pharmacie et de la Technique, Vol. 48, pp. 221–251	1959	节译;后被收入 Clerks and Craftsmen in China and the West (1970)
		2	Scripture of the Nine Elixirs	Fabrizio Pregadio	In Great Clarity: Daoism and Alchemy in Early Medieval China, Stanford: Stanford University Press, pp. 159–187	2006	节译第一章
	《周易参同契》	1	An Ancient Chinese Treatise on Alchemy Entitled Ts'an Tung Ch'i	吴鲁强, Tenney L. Davis	Isis, Vol. 18, No. 2, pp. 210–289	1932	全译;2012年被收入《大中华文库》(汉英对照)
		2	The Kinship of the Three, According to the Book of Changes	周士一	长沙:湖南教育出版社	1988	全译本

续表

类别	科技典籍	No.	英译本/英译文标题	英译者	出版信息	年份	备注
化学	《周易参同契》	3	The Secret of Everlasting Life: The First Translation of the Ancient Chinese Text on Immortality	Richard Bertschinger	Shaftesbury, Dorset; Rockport, Mass.: Element	1994	全译本；2011 年再版
		4	Teachings of the Tao: Readings from the Taoist Spiritual Tradition	Eva Wong	Boston: Shambhala Publications, pp. 80 – 86	1997	节译
		5	The Seal of the Unity of the Three: A Study and Translation of the Cantong Qi, the Source of the Taoist Way of the Golden Elixir	Fabrizio Pregadio	Golden Elixir Press	2011	全译本
	《抱朴子内篇》	1	An Ancient Chinese Alchemical Classic. Ko Hung on the Gold Medicine and on the Yellow and the White: The Fourth and Sixteenth Chapters of Pao-P'u-tzǔ	Lu-Ch'iang Wu and Tenney L Davis	Proceedings of the American Academy of Arts and Sciences, Vol. 70, No. 6, pp. 221 – 284	1935	节译第 4 和第 16 章
		2	The Inner Chapters of Pao-P'u-tzǔ	Tenney L Davis and Ch'en Kuo-fu	Proceedings of the American Academy of Arts and Sciences, Vol. 74, No. 10, pp. 297 – 325	1941	节译第 8 和第 11 章

续表

类别	科技典籍	No.	英译本/英译文标题	英译者	出版信息	年份	备注
化学	《抱朴子内篇》	3	Pao-P'u Tzu 抱朴子 Nei-P'ien, Chapter I-III	Eugene Feifel	Monumenta Serica: Journal of Oriental Studies, Vol.6, pp.113–211	1941	节译第1—3章
			Pao-P'u Tzu 抱朴子 Nei-P'ien, Chapter IV		Monumenta Serica: Journal of Oriental Studies, Vol.9, pp.1–33	1944	节译第4章
			Pao-P'u Tzu 抱朴子 Nei-P'ien, Chapter XI		Monumenta Serica: Journal of Oriental Studies, Vol.11, pp.1–32	1946	节译第11章
		4	The Chemical Arts of Old China	李乔苹	Easton: Journal of Chemical Education, pp.12–14, 18	1948	节译
		5	Alchemy, Medicine and Religion in the China of A.D.320: The Nei P'ien of Ko Hung	James R. Ware	Cambridge: The M.I.T. Press	1966	全译本；1981年再版
		6	Sources of Chinese Tradition: Volume 1: From Earliest Times to 1600	Franciscus Verellen	New York: Columbia University Press, pp.399–400	1999	节译
		7	Great Clarity: Daoism and Alchemy in Early Medieval China	Fabrizio Pregadio	Stanford: Stanford University Press	2006	节译
		8	The Emergence of Daoism: Creation of Tradition	Gil Raz	London and New York: Routledge	2012	节译
	《大清丹经要诀》	1	Chinese Alchemy: Preliminary Studies	Nathan Sivin	Cambridge: Harvard University Press	1968	全译

254

附录一 101部科技典籍英译信息一览表

续表

类别	科技典籍	No.	英译本/英译文标题	英译者	出版信息	年份	备注
化学	《丹方鉴源》	1	Explorations in Daoism: Medicine and Alchemy in Literature	Ho Peng-Yoke	London and New York: Routledge, pp. 33-77	2007	全译本
	《丹房须知》	1	Text and Teacher in the Transmission of Alchemical Knowledge: Wu Wu and His Works	Juan He	East Asian Science, Technology, and Medicine, No. 38, pp. 58-59, 61, 66	2013	节译
	《东坡酒经》	1	The Chemical Arts of Old China	李乔苹	Easton: Journal of Chemical Education, pp. 189-190	1948	节译
		1	The Chemical Arts of Old China	李乔苹	Easton: Journal of Chemical Education, pp. 153-154	1948	节译
	《糖霜谱》	2	The Discovery of Crystallyzed Sugar	Sucheta Mazumdar	In Victor H. Mair et al. (ed.). Hawai'i Reader in Traditional Chinese Culture, Honolulu: University of Hawai'i Press, pp. 399-404	2005	节译5篇（原书共7篇）
	《熬波图》	1	Salt Production Techniques in Ancient China: The Aobo Tu	Hans Ulrich Vogel	Leiden/New York: E. J. Brill	1993	全译本
	《遵生八笺》	1	Nourishing Life, Cultivation and Material Culture in the Late Ming: Some Thoughts on Zunsheng bajian 遵生八牋 (Eight Discourses on Respecting Life, 1591)	Chen Hsiu-fen	Asian Medicine, Volume 4, No. 1, pp. 33-34, 40	2008	节译
	《三十六水法》	1	An Early Mediaeval Chinese Alchemical Text on Aqueous Solutions	Ts'ao Tien-Ch'in, Ho Ping-Yü, Joseph Needham	Ambix, Volume 7, No.3, pp. 121-155.	1959	全译

255

续表

类别	科技典籍	No.	英译本/英译文标题	英译者	出版信息	年份	备注
数学	《周髀算经》	1	Jottings on the Science of the Chinese	A. Wylie	North-China Herald, August 21, 11 版	1852	节译
		2	Astronomy and Mathematics in Ancient China: The Zhou Bi Suan Jing	Christopher Cullen	Cambridge: Cambridge University Press	1996	全译本
		3	The Development of Mathematics in China and Japan	Yoshio Mikami	New York: Chelsea Publishing Company, pp. 4-8	1913	节译
		4	Chinese Mathematics: A Concise History	John N. Crossley and Anthony W. C. Lun	Oxford: Oxford University Press	1987	节译
	《九章算术》	1	The Development of Mathematics in China and Japan	Yoshio Mikami	New York: Chelsea Publishing Company, pp. 8-24	1913	节译
		2	Horner's Method in Chinese Mathematics: Its Origins in the Root-Extraction Procedures of the Han Dynasty	Wang Ling and Joseph Needham	Toung Pao, Vol. 43, Livr. 5, pp. 345-401	1955	节译
		3	The Amazing Chiu Chang Suan Shu	Frank Swetz	The Mathematics Teacher, Vol. 65, No. 5, pp. 423-430	1972	节译
		4	Liu Hui and Tsu Keng-chih on the Volume of a Sphere	Donald B. Wagener	Chinese Science, Vol. 3, pp. 59-79	1978	节译

续表

类别	科技典籍	No.	英译本/英译文标题	英译者	出版信息	年份	备注
数学	《九章算术》	5	An Early Chinese Derivation of the Volume of a Pyramid: Liu Hui, Third century A. D.	Donald B. Wagener	Historia Mathematica, Volume 6, No. 2, pp. 164–188	1979	节译
		6	Right-Angled Triangles in Ancient China	Lam Lay-Yong and Shen Kangsheng	Archive for History of Exact Sciences, Vol. 30, No. 2, pp. 87–112	1984	节译
		7	Chinese Mathematics: A Concise History	J. N. Crossley and Anthony W. C. Lun	Oxford: Oxford University Press	1987	节译
		8	Jiu Zhang Suanshu (Nine Chapters on the Mathematical Art): An overview	Lam Lay-Yong	Archive for History of Exact Sciences, 1994, Volume 47, No. 1, pp. 1–51	1994	节译
		9	A History of Chinese Mathematics	Stephen S. Wilson	New York: Springer-Verlag	1997	节译；转译自法文
		10	The Nine Chapters on the Mathematical Art: Companion and Commentary	Kangshen Shen 等	Oxford: Oxford University Press	1999	全译本
		11	Nine Chapters on the Art of Mathematics	Joseph W. Daubun, 徐义保	沈阳：辽宁教育出版社	2013	全译本；被收入《大中华文库》（汉英对照）

续表

类别	科技典籍	No.	英译本/英译文标题	英译者	出版信息	年份	备注
数学	《海岛算经》	1	The Development of Mathematics in China and Japan	Yoshio Mikami	New York: Chelsea Publishing Company, pp. 33-36	1913	节译
		2	A Chinese Mathematical Classic of the Third Century: The Sea Island Mathematical Manual of Liu Hui	Ang Tian Se and Frank J. Swetz	Historia Mathematica, Vol. 13, No. 2, pp. 99-117	1986	节译9个问题
		3	The Sea Island Mathematical Manual: Surveying and Mathematics in Ancient China	Frank J. Swetz	University Park, Pennsylvania: The Pennsylvania State University Press	1992	全译本
		4	The Nine Chapters on the Mathematical Art: Companion and Commentary	Kangshen Shen et al.	Oxford: Oxford University Press, pp. 518-559	1999	节译
	《孙子算经》	1	The Development of Mathematics in China and Japan	Yoshio Mikami	New York: Chelsea Publishing Company, pp. 25-32	1913	节译
		2	Fleeting Footsteps: Tracing the Conception of Arithmetic and Algebra in Ancient China	Lam Lay-Yong and Ang Tian Se	Singapore: World Scientific Publishing	1992	全译本；修订本2004年出版
	《张丘建算经》	1	The Development of Mathematics in China and Japan	Yoshio Mikami	New York: Chelsea Publishing Company, pp. 39-43	1913	节译
		2	Zhang Qiujian Suanjing (The Mathematical Classic of Zhang Qiujian): An Overview	Lam Lay-Yong	Archive for History of Exact Sciences, Vol. 50, No. 3/4, pp. 201-240	1997	节译

续表

类别	科技典籍	No.	英译本/英译文标题	英译者	出版信息	年份	备注
数学	《五曹算经》	1	The Development of Mathematics in China and Japan	Yoshio Mikami	New York: Chelsea Publishing Company, p. 38	1913	节译
	《辑古算经》	1	The Development of Mathematics in China and Japan	Yoshio Mikami	New York: Chelsea Publishing Company, pp. 54－55	1913	节译
	《夏侯阳算经》	1	The Development of Mathematics in China and Japan	Yoshio Mikami	New York: Chelsea Publishing Company, pp. 39－40	1913	节译
		2	The Arithmetic Classic of Hsia-Hou Yang	Louis Vanhee	The American Mathematical Monthly, Vol. 31, No. 5, pp. 235－237	1924	节译
	《数书九章》	1	The Development of Mathematics in China and Japan	Yoshio Mikami	New York: Chelsea Publishing Company, pp. 63－78	1913	节译
		2	Chinese Mathematics in the Thirteenth Century: Shu-shu Chiu-chang of Ch'in Chiu-shao	Ulrich Libbrecht	Cambridge: The MIT Press	1973	节译，较零散
	《杨辉算法》	1	The Development of Mathematics in China and Japan	Yoshio Mikami	New York: Chelsea Publishing Company, pp. 84－88	1913	节译
		2	A Critical Study of the Yang Hui Suan Fa, A Thirteenth-Century Chinese Mathematical Treatise	Lam Lay-Yong	Singapore: Singapore University Press	1977	全译本
	《算学启蒙》	1	Chu Shih-chieh's Suan-hsüeh ch'i-meng (Introduction to Mathematical Studies)	Lam Lay-Yong	Archive for History of Exact Sciences, Vol. 21, No. 1, pp. 1－31	1979	节译

续表

类别	科技典籍	No.	英译本/英译文标题	英译者	出版信息	年份	备注
数学	《四元玉鉴》	1	Jade Mirror of the Four Unknowns	陈在新	沈阳：辽宁教育出版社	2006	全译本；被收入《大中华文库》（汉英对照）
		2	The Jade Mirror of the Four Unknowns by Zhū Shìjié: An Early Fourteenth Century Mathematics Manual for Teaching the Derivation of Systems of Polynomial Equations in up to Four Unknowns: A Study	Jock Hoe	Christchurch, N. Z.: Mingming Bookroom	2007	节译
生物	《南方草木状》	1	China and the Roman Orient: Researches into their Ancient and Medieval Relations as Represented in Old Chinese Records	Friedrich Hirth	Shanghai and Hong Kong: Kelly & Walsh, pp. 268–273	1865	节译
		2	The Banana in Chinese Literature	Philip K. Reynolds	Harvard Journal of Asiatic Studies, Vol. 5, No. 2, pp. 165–181	1940	节译
		3	Nan-fang Ts'ao-mu Chuang: A Fourth Century Flora of Southeast Asia	Hui-Lin Li	Hong Kong: The Chinese University Press	1979	全译本
	《竹谱》（戴凯之著）	1	Tai K'ai chih's Chu-p'u: A Fifth Century Monograph of Bamboos Written in Rhyme with Commentary	Michael J. Hagerty	Harvard Journal of Asiatic Studies, Vol. 11, No. 3/4, pp. 372–440	1948	全译
		2	Sustainable Bamboo Development	Zhu Zhaohua and Jin Wei	Boston, MA: CABI, p. 9	2018	节译

附录一 101部科技典籍英译信息一览表

续表

类别	科技典籍	No.	英译本/英译文标题	英译者	出版信息	年份	备注
	《益部方物略记》	1	Chinese Architecture and Metaphor: Song Culture in the Yingzao Fashi Building Manual	Jiren Feng	Honolulu: University of Hawaii Press; Hong Kong: Hong Kong University Press, pp. 153, 271	2012	节译
	《洛阳牡丹记》	1	The Problem of Beauty: Aesthetic Thought and Pursuits in Northern Song Dynasty China	Ronald Egan	Cambridge (Massachusetts) and London: Harvard University Press, pp. 115–134	2006	节译
	《扬州芍药谱》	1	The Problem of Beauty: Aesthetic Thought and Pursuits in Northern Song Dynasty China	Ronald Egan	Cambridge (Massachusetts) and London: Harvard University Press, pp. 121–122, 125–126	2006	节译
	《梅谱》	1	Fan Chengda's (1126–1193) Meipu: A Twelfth Century Treatise on Mei-Flowers	James M. Hargett	Monumenta Serica: Journal of Oriental Studies, Vol.58, No.1, pp. 109–152	2010	全译
	《医林改错》	1	A Modern Chinese Anatomist	John Dudgeon	The China Medical Missionary Journal, Vol.7, No.4, pp. 245–256	1893	节译
		1	A Modern Chinese Anatomist	John Dudgeon	The China Medical Missionary Journal, Vol.VIII, No.1, pp. 1–13	1894	节译
	《救荒本草》	1	Famine Foods Listed in the Chiu Huang Pen Ts'ao 救荒本草: Giving their Identity, Nutritional Values and Notes on their Preparation	Bernard E. Read	Shanghai: Henry Lester Institute of Medical Research	1946	全译; 1982年台湾再版
生物	《朱砂鱼谱》	1	A Version of the Book of Vermilion Fish	A. C. Moule	Toung Pao, Volume 39, Issue 1, pp. 53–62	1950	全译

261

续表

类别	科技典籍	No.	英译本/英译文标题	英译者	出版信息	年份	备注
物理	《博物志》	1	The Diamond; A Study in Chinese and Hellenistic Folklore	Berthold Laufer	Chicago: Field Museum of Natural History, p.68	1915	节译
		2	The Bowu zhi: An Annotated translation	Roger Greatrex	Stockholm: Föreningen för Orientaliska Studier	1987	全译本
		3	Selected Chinese Tales of the Han, Wei and Six Dynasties Periods	杨宪益、戴乃迭	Beijing: Foreign Languages Press, pp.126–133	2001	节译；被收入《大中华文库》（汉英对照）《汉魏六朝小说选》
		4	Unearthing the Changes: Recently Discovered Manuscripts of the Yi Jing (I Ching) and Related Texts	Edward L. Shaughnessy	New York: Columbia University Press, pp.176, 305	2014	节译
	《物理小识》	1	Self-preface to A Primary Study on the Reasons of Things	石峻，等	北京：中国人民大学出版社，pp.183–189	1995	节译
	《化书》	1	Messrs. T'an, Chancellor Sung, and the "Book of Transformation (Hua Shu)": Texts and the Transformations of Traditions	John Didier	Asia Major, Vol.11, No.1, pp.99–150	1998	节译
地学	《佛国记》	1	The Pilgrimage of Fa Hian	J. W. Laidlay	Calcutta: J. Thomas, Baptist Mission Press	1848	全译本；转译自法文
		2	Travels of Fa-hsian and Sung-yung, Buddhist Pilgrims from China to India (400 A.D. and 518 A.D.)	Samuel Beal	London: Trübner and Co., 60 Paternoster Row	1869	全译本；1884年修订再版，但改动不大

262

附录一　101部科技典籍英译信息一览表

续表

类别	科技典籍	No.	英译本/英译文标题	英译者	出版信息	年份	备注
地学	《佛国记》	3	A Record of Buddhistic Kingdoms; Being an Account by the Chinese Monk Fa-Hsien of his Travels in India and Ceylon (A.D. 399 – 414) in Search of the Buddhist Books of Discipline	James Legge	Oxford: Clarendon Press	1886	全译本; 1991年再版
		4	Record of the Buddhist Kingdoms	H. A. Giles	London: Trübner & Co.; Shanghai: Kelly & Walsh	1877	全译本
		5	The Travels of Fa-Hsien	H. A. Giles	Cambridge: Cambridge University Press	1923	全译本兼重译本; 1956年再版
		6	Record of Buddhist Countries	杨宪益	Chinese Literature, No. 3, pp. 153 – 181	1956	节译
		7	A Record of the Buddhist Countries	李荣熙	Beijing: Chinese Buddhish Association	1957	全译
		8	Lives of Great Monks and Nuns	李荣熙	Berkeley, Calif.: Numata Center for Buddhist Translation and Research, pp. 163 – 214	2002	全译本
	《水经注》	1	Northern India according to the Shui-ching-chu	Luciano Petech	Roma: Istituto italiano per il Medio ed Estremo Oriente	1950	节译
		2	On the Road in Twelfth Century China; The Travel Diaries of Fan Chengda (1126 – 1193)	James Morris Hargett	Steiner-Verlag: Wiesbaden, p. 14	1989	节译

263

续表

类别	科技典籍	No.	英译本/英译文标题	英译者	出版信息	年份	备注
地学	《水经注》	3	Inscribed Landscapes: Travel Writing from Imperial China	Richard E. Strassberg	Berkeley, Los Angeles and London: University of California Press, pp. 77–90	1994	节译
		4	Wandering in the Ruins: The Shuijing zhu Reconsidered	Michael Nylan	In Alan K. L. Chan and Yuet-keung Lo (ed.). Interpretation and Literature in Early Medieval China, Albany: State University of New York Press, pp. 63–72	2010	节译
		5	Chinese Travel Writing	James M. Hargett	In Carl Thompson (ed.). The Routledge Companion to Travel Writing, London: Taylor & Francis Group, p. 114	2015	节译
	《洛阳伽蓝记》	1	Travels of Fa-hsian and Sung-yung, Buddhist Pilgrims from China to India (400 A. D. and 518 A. D.)	Samuel Beal	London: Trübner and Co., 60 Paternoster Row, pp. 175–208	1869	节译第5章
		2	Memories of Loyang: Yang Hsüan-chih and the Lost Capital (493–534)	William John Francis Jenner	Oxford: Oxford University Press	1981	全译本
		3	A Record of Buddhist Monasteries in Lo-yang	Wang Yi-t'ung	Princeton, N.J.: Princeton University Press	1984	全译本；2007年被收入《大中华文库》（汉英对照）
		4	Inscribed Landscapes: Travel Writing from Imperial China	Richard E. Strassberg	Berkeley, Los Angeles and London: University of California Press, pp. 91–96	1994	节译

续表

类别	科技典籍	No.	英译本/英译文标题	英译者	出版信息	年份	备注
地学	《洛阳伽蓝记》	5	Selected Chinese Tales of the Han, Wei and Six Dynasties Periods	杨宪益、戴乃迭	Beijing: Foreign Languages Press, pp. 326–341	2001	节译；2007 年被收入《大中华文库》《汉英对照》《汉魏六朝小说选》
		6	Wandering in the Ruins: The Shuijing zhu Reconsidered	Michael Nylan	In Alan K. L. Chan and Yuet-keung Lo (ed.). Interpretation and Literature in Early Medieval China, Albany: State University of New York Press, p. 75	2010	节译
		7	Food and Interaction between Han and Non-Han Peoples During the Wei Jin Nan Bei Chao Period	Tianjiao Jiang	Master thesis for M. A. History, Arts and Culture of Asia, Leiden University, pp. 18, 25, 26	2016	节译
	《大唐西域记》	1	Si-yu-ki, Buddhist Records of the Western World	Samuel Beal	London: Tribner & Co. Ludgate Hill	1884	全译本；1969 年再版
		2	On Yuan Chwang's Travels in India, 629–645 A. D.	Thomas Watters	London: Royal Asiatic Society	1904	全译本；1961 年再版
		3	Inscribed Landscapes: Travel Writing from Imperial China	Richard E. Strassberg	Berkeley, Los Angeles and London: University of California Press, pp. 97–102	1994	节译
		4	The Great Tang Dynasty Record of the Western Regions	Li Rongxi	Berkeley, California: Numata Center for Buddhist Translation and Research	1996	全译本

续表

类别	科技典籍	No.	英译本/英译文标题	英译者	出版信息	年份	备注
地学	《大唐西域记》	5	In Search of Longevity and Good Karma: Chinese Diplomatic Missions to Middle India in the Seventh Century	Tansen Sen	Journal of World History, Vol. 12, No. 1, pp. 1 – 28	2001	节译
		6	The Political Position of Xuanzang: The Didactic Creation of an Indian Dynasty in the Xiyu ji	Max Deeg	In Thomas Jülch (ed.). The Middle Kingdom and the Dharma Wheel. Leiden and Boston: Brill, pp. 94 –139	2016	节译
	《经行记》	1	Cathay and the Way Thither: Being a Collection of Medieval Notices of China (2 Volumes)	Henry Yule	London: Hakluyr Society	1866	节译
		2	An Ancient Chinese Monastery Excavated in Kirgiziya	Antonino Forte	Central Asiatic Journal, Vol. 38, No. 1, pp. 41 – 57	1994	节译
		3	Hellenistic Information in China	Yang, Juping	CHS Research Bulletin, Vol. 2, No. 2, http://rns.harvard.edu/urn – 3: hlnc. essay: Yang J. Hellenistic_Information_in_China. 2014	2014	节译
	《华阳国志》	1	Ancient Sichuan and the Unification of China	Steven F. Sage	Albany: State University of New York Press	1992	节译
		2	Great Perfection: Religion and Ethnicity in a Chinese Millennial Kingdom	Terry F. Kleeman	Honolulu: University of Hawai'i Press	1998	节译

续表

类别	科技典籍	No.	英译本/英译文标题	英译者	出版信息	年份	备注
	《华阳国志》	3	"A Person of the State" Composed a Poem: Lyrics of Praise and Blame in the Huayang guo zhi	J. Michael Farmer	Chinese Literature: Essays, Articles, Reviews, Vol. 29, pp. 23-54	2007	节译
	《蛮书》	1	The Man-shu: Book of the Southern Barbarians	Gordon H. Luce	Ithaca, New York: Southeast Asia Program, Dept. of Far Eastern Studies, Southeast Asia Program, Cornell University	1961	全译本
地学	《云林石谱》	1	Tu Wan's Stone Catalogue of Cloudy Forest: A Commentary and Synopsis	Edward H. Schafer	Berkeley, Los Angeles and London: University of California Press, pp. 50-99	1961	节译本；2005年再版
		2	Kernels of Energy, Bones of Earth: The Rock in Chinese Art	John Hay	New York: China House Gallery, pp. 21-22, 38-39, 66	1986	节译
		3	Gardens of Longevity in China and Japan: The Art of the Stone Raisers	Pierre and Susanne Rambach	New York: Rizzoli, p.42	1987	节译
	《桂海虞衡志》	1	Treatises of the Supervisor and Guardian of the Cinnamon Sea	James M. Hargett	Seattle: University of Washington Press	2010	全译本
	《岭外代答》	1	Mapping the Chinese and Islamic Worlds: Cross-Cultural Exchange in Pre-Modern Asia	Hyunhee Park	Cambridge University Press, pp. 46-50	2012	节译

267

续表

类别	科技典籍	No.	英译本/英译文标题	英译者	出版信息	年份	备注
地学	《岭外代答》	2	Making the New World Their Own: Chinese Encounters with Jesuit Science in the Age of Discovery	Qiong Zhang	Leiden and Boston: Brill, pp. 133–135	2015	节译
		3	Nagapattinam to Suvarnadwipa: Reflections on the Chola Naval Expeditions to Southeast Asia	Hermann Kulke et al.	Singapore: Institute of Southeast Asian Studies, p. 36	2009	节译
		4	Identifying the Country of Meilugudun and the Significant Value of Zhou Qufei's Lingwai daida	Victoria Almonte	Ming Qing Yanjiu, Volume 21, Issue 1, pp. 1–43	2017	节译
	《诸蕃志》	1	Chau Ju-Kua: His Work on the Chinese and Arab Trade in the Twelfth and Thirteenth Centuries, Entitled Chu-fan-chiö	F. Hirth and W. W. Rockhill	St. Petersburg: Printing office of the Imperial academy of sciences	1911	节译89篇
	《长春真人西游记》	1	Si Yu Ki. Ch'ang-ch'un's Travels to the West, A. D. 1221–1224	Emil Bretschneider	In Notes on Chinese Mediaeval Travellers to the West. Shanghai: American Presbyterian Mission Press; London: Trubner & Co., pp. 15–56	1875	节译; 辑收入Medieval Researches from Eastern Asiatic Sources, Vol. 1 (1888)
		2	The Travels of An Alchemist: The Journey of the Taoist, Ch'angCh'un, from China to the Hindukush at the Summons of Chingiz Khan	Arthur Waley	London: Routledge & Kegan Paul	1931	节译本

续表

类别	科技典籍	No.	英译本/英译文标题	英译者	出版信息	年份	备注
地学	《西游录》	1	Extract from the Si Yu Lu. Ye-lü ch'u-ts'ai's Travels to the West, 1219-24	Emil Bretschneider	In Notes on Chinese Mediaeval Travellers to the West. Shanghai: American Presbyterian Mission Press; London: Trubner & Co., pp. 108-119	1875	节译；板收入 Medieval Researches from Eastern Asiatic Sources, Vol 1 (1888)
		2	The Hsi-Yu Lu 西游录 by Yeh-Lü Ch'u-Ts'ai 耶律楚材	Igor De Rachewiltz	Monumenta Serica, Vol.21, p.1-128	1962	节译
		3	Inscribed Landscapes: Travel Writing from Imperial China	Richard E. Strassberg	Berkeley, Los Angeles and London: University of California Press, pp. 225-233	1994	节译
	《真腊风土记》	1	Recollections of the Customs of Cambodia	Jeannette Mirsky	In The Great Chinese Travelers: An Anthology. London: Allen & Unwin	1964	节译；转译自法文
		2	Notes on The Customs of Cambodia	Gilman d'Arcy Paul	Bangkok: Social Science Association Press	1967	全译本；转译自法文；1993年再版
		3	The Customs of Cambodia	Michael Smithies	Bangkok: The Siam Society	2001	全译本；转译自法文
		4	A Record of Cambodia: The Land and Its People	Peter Harris	Chiang Mai: Silkworm Books	2007	全译本
		5	Record of Cambodia's Land & Customs	Solang Uk and Beling Uk	Gamlingay: New Generation Publishing	2010	全译本
		6	Fetching Human Gall as an Offering for the King: Customs of Champa in late 16th Century as Depicted in Spanish Documents	Fabio Yu-Chung Lee	Temas Americanistas, Vol.32, p.289	2014	节译

续表

类别	科技典籍	No.	英译本/英译文标题	英译者	出版信息	年份	备注
地学	《岛夷志略》	1	Notes on the Relations and Trade of China with the Eastern Archipelago and the Coast of the Indian Ocean During the Fourteenth Century	W. W. Rockhill	T'oung Pao, Volume 16, Issue 1, pp. 61–159	1915	节译近2/3
	《星槎胜览》	1	Notes on the Relations and Trade of China with the Eastern Archipelago and the Coast of the Indian Ocean during the Fourteenth Century	W. W. Rockhill	T'oung Pao, Volume 16, Issue 1, pp. 61–159	1915	节译
		2	The Chinese Travellers of the Ming Period	Gabriele Foccardi	Wiesbaden: On commission with O. Harrassowitz	1986	节译本
		3	Hsing-ch'a-sheng-lan: The Overall Survey of the Star Raft	J. V. G. Mills	Wiesbaden: Harrassowitz	1996	全译本
	《瀛涯胜览》	1	Notes on the Relations and Trade of China with the Eastern Archipelago and the Coast of the Indian Ocean During the Fourteenth Century	W. W. Rockhill	T'oung Pao, Volume 16, Issue 1, pp. 61–159	1915	节译
		2	Foreign Notices of South India: From Megasthenes to Ma Huan	K. A. Nilakanta Sastri	Madras: University of Madras	1939	节译本
		3	Ying-yai Sheng-lan: The Overall Survey of the Ocean Shores	J. V. G. Mills	Cambridge: published for the Hakluyt Society at the University Press	1970	全译本;1997年再版
	《素园石谱》	1	Spirit Stones of China: The Ian and Susan Wilson Collection of Chinese Stones, Paintings, and Related Scholars' Objects	Stephen Little	Chicago: The Art Institute of Chicago, p. 17	1999	节译

270

续表

类别	科技典籍	No.	英译本/英译文标题	英译者	出版信息	年份	备注
地学	《徐霞客游记》	1	On Hsu Hsia-k'o, 徐霞客 (1586–1641) Explorer and Geographer	V. K. Ting	The New China Review, Vol. III, No. 5, pp. 325–337	1921	节译《江源考》等篇目
		2	HSIA-KE HSU-PIONEER OF MODERN GEOGRAPHY IN CHINA	Chiao-Min Hsieh	Annals of the Association of American Geographers, Issue 1, pp. 73–82	1958	节译
		3	Travel Diaries of Hsu Hsia-K'o	Li Chi	Hong Kong: The Chinese University Press	1974	节译本
		4	The Travel Notes of Xu Xiake	Yu Fanqin	Chinese Literature, No. 6, pp. 119–123	1981	节译
		5	Inscribed Landscapes: Travel Writing from Imperial China	Richard E. Strassberg	Berkeley, Los Angeles and London: University of California Press, pp. 317–334	1994	节译
		6	Xu Xiake (1587–1641): The Art of Travel Writing	Julian Ward	Richmond, Surrey, UK: Curzon Press	2001	节译
		7	The Travels of Xu Xiake	卢长怀，贾秀海	上海：上海外语教育出版社	2011	节译17篇
		8	Chinese Travel Writing	James M. Hargett	In Carl Thompson (ed.). Interpretation and Literature in Early Medieval China. London: Taylor & Francis Group, pp. 119–120	2015	节译
		9	The Travel Diaries of Xu	朱惠荣，李伟荣，卢长怀等	长沙：湖南人民出版社	2016	节译本；被收入《大中华文库》（汉英对照）

续表

类别	科技典籍	No.	英译本/英译文标题	英译者	出版信息	年份	备注
地学	《广阳杂记》	1	The Tradition and Modern Transition of Chinese Law	Jinfan Zhang	Berlin/Heidelberg: Springer-Verlag, p.190	2014	节译
	《异域录》	1	Narrative of the Chinese Embassy to the Khan of the Tourgouth Tartars, in the years 1712, 13, 14, & 15	George Thomas Staunton	London: John Murray	1821	近乎全译本（省译序跋）；1976年再版
		1	Hae Luh, or Notices of the Seas	E. C. Bridgman	Chinese repository, Vol.9, pp.22–25	1840	节译
	《海录》	2	Eighteenth and Nineteenth-Century Chinese Accounts of the Malay Peninsula	J. W. Cushman & A. C. Milner	Journal of the Malaysian Branch of the Royal Asiatic Society, Vol.52, No.1, pp.12–34	1979	节译
		3	Maritime countries in the Far West: Western Europe in Xie Qinggao's Records of the Sea (c.1783–93)	Ronald Chung-yam Po	European Review of History, Vol.21, Issue 6, pp.857–870	2014	节译
农学	《氾胜之书》	1	A Preliminary Survey of the Book Ch'i Min Yao Shu: An Agricultural Encyclopaedia of the 6th Century	Shih Shenghan	Peking: Science Press, pp.16–21	1958	节译；1962年再版
		2	On "Fan Shengzhi Shu": An Agriculturistic Book of China Written in the First Century B.C.	Shih Shenghan	Peking: Science Press	1959	节译本；1963年再版

附录一　101部科技典籍英译信息一览表

续表

类别	科技典籍	No.	英译本/英译文标题	英译者	出版信息	年份	备注
农学	《四民月令》	1	A Preliminary Survey of the Book Ch'i Min Yao Shu: An Agricultural Encyclopaedia of the 6th Century	Shih Shenghan	Peking: Science Press, pp. 22-23	1958	节译；1962年再版
		2	Estate and Family Management in the Later Han as Seen in the Monthly Instructions for the Four Classes of People	Patricia Ebrey	Journal of the Economic and Social History of the Orient, Vol.17, No.2, pp. 173-205	1974	节译
	《齐民要术》	1	Dry Farming and the Chi-min yao-shu	Leon Hurvitz	In Silver Jubilee Volume of the Zinbun-Kagaku-kenkyusyo, Kyoto: NISSHA Printing Co., Ltd, pp. 451-466	1954	节译；转译自日文
		2	A Preliminary Survey of the Book Ch'i Min Yao Shu: An Agricultural Encyclopaedia of the 6th Century	Shih Shenghan	Peking: Science Press	1958	节译本；1962年再版
	《茶经》	1	China and the Ch'a Ching	William H. Ukers	In All about Tea, Vol.1, New York: The Tea and Coffee Trade Journal Company, pp.15-22	1935	节译
		2	The Classic of Tea	Francis Ross Carpenter	Boston, Toronto: Little, Brown and Co.	1974	全译本；1995年再版
		3	The Classic of Tea	姜欣，姜怡	长沙：湖南人民出版社	2009	全译本；被收入《大中华文库》（汉英对照）
		4	Tea Sutra	Michelle Huang et al.	Tea & Tao Magazine, September 2015, pp.31-61	2015	节译

273

续表

类别	科技典籍	No.	英译本/英译文标题	英译者	出版信息	年份	备注
农学	《永嘉橘录》	1	Han Yen-chih's Chü lu (Monograph on the Oranges of Wên-chou, Chekiang)	Michael J. Hagerty	T'oung Pao, Vol 22, No.2, pp.63-96	1923	全译
	《王祯农书》	1	The Invention of Printing in China and Its Spread Westward	Thomas Francis Carter, L. Carrington Goodrich 修订	New York: The Ronald Press Company, pp. 213-217	1955	节译
		2	The Pre-Natal History of the Steam-Engine	Joseph Needham	Transactions of the Newcomen Society, Volume 35, Issue 1, p. 33	1962	节译
	《元亨疗马集》	1	Annotated Yuan Heng's Classical Collection on the Treatment of Equine Disease	宋大鲁、谢慧胜	Beijing: China Agriculture Press	2012	全译本
	《农政全书》	1	Extract of and ld Chinefe Book, which teaches how to rear and feed Silk-worms, so as to have plenty of the beft silk	不详	In A Description of the Empire of China and Chinese-Tartary, Together with the Kingdoms of Korea, and Tibet, London: T. Gardner, pp. 355-362	1738	节译；转译自法文
		2	Dissertation on the Silk-manufacture and the Cultivation of the Mulberry	W. H. Medhurst	Shanghai: Mission Press	1849	节译
		3	Directions for the Cultivation of Catton, especially in the District of Shanghai	C. Shaw	Chinese Repository, Vol. 18, No. 9, pp. 449-469	1849	节译第35卷

附录一 101部科技典籍英译信息一览表

续表

类别	科技典籍	No.	英译本/英译文标题	英译者	出版信息	年份	备注
农学	《啯记》	1	Artificial Incubation of Eggs and the Yijing-scholarly Perceptions of Peasant Knowledge: the Buji of Huang Baijia (1643–1709)	Martina Siebert	In R. T. Kolb & M. Siebert (eds.), über Himmel und Erde. Festschrift für Erling von Mende, Wiesbaden: Harrassowitz, pp. 359–384	2006	节译
	《群芳谱》	1	Extract from a Chinese Botanical Work, or Herbal, entitled Kuen-fang-poo; on the Character, Culture, and Uses of the Annual Herbaceous Cotton	George Thomas Staunton	In Narrative of the Chinese Embassy to the Khan of the Tourgouth Tartars, in the years 1712, 13, 14, & 15, London: John Murray, pp. 249–257	1821	节译
	《授时通考》	1	Summary of the Principal Chinese Treatises Upon the Culture of the Mulberry and the Rearing of Silk Worms	不详	Washington: Peter Force	1838	节译；转译自法文
医学	《黄帝内经·素问》	1	Su-wen, the Basis of Chinese Medicine	Percy Millard Dawson	Annals of Medical History, VII, pp. 59–64	1925	节译
		2	The Yellow Emperor's Classic of Internal Medicine	Ilza Veith	Baltimore: Williams & Wilkins	1949	节译本；1965年再版
		3	Nei Ching, the Chinese Canon of Medicine	Wanrong Man	Chinese Medical Journal, Vol. 68, No. 1–2, pp. 1–33	1950	节译
		4	A Complete Translation of The Yellow Emperor's Classic of Internal Medicine and the Difficult Classic, Vol. I and II	Henry C. Lu	Vancouver: The Academy of Oriental Heritage	1978	全译；2004年再版

275

续表

类别	科技典籍	No.	英译本/英译文标题	英译者	出版信息	年份	备注
医学	《黄帝内经·素问》	5	The Yellow Emperor's Classic of Medicine: A New Translation of the Neijing Suwen with Commentary	Maoshing Ni	Boston and London: Shambahala	1995	全译本
		6	The Yellow Emperor's Medicine Classic: Treatise on Health and Long Life	Xue-wen Wang, Sui Yun	Singapore: Asipac Books	1996	节译本
		7	The Yellow Emperor's Canon of Internal Medicine	Wu Liansheng and Wu Qi	Beijing: China Science and Technology Press	1997	全译本
		8	The Illustrated Yellow Emperor's Canon of Medicine	不详	Beijing: Dolphin Books	1997	节译本
		9	The Medical Classic of the Yellow Emperor	朱明	Beijing: Foreign Languages Press	2001	节译本
		10	Huang Di Nei Jing Su Wen Nature, Knowledge, Imagery in an Ancient Chinese, Medical Text	Paul U. Unschuld	Berkeley/Los Angeles/London: University of California Press	2003	节译本
		11	The Yellow Emperor's Canon of Medicine: Plain Conversation	李照国	北京/西安: 世界图书出版公司	2005	全译本；被收入《大中华文库》（汉英对照）
		12	Introductory Study of Huang Di Nei Jing	罗希文	北京: 中国中医药出版社	2009	节译本
		13	Huangdi Neijing: A Synopsis with Commentaries	Kong Yun Cheung	Hong Kong: The Chinese University of Hong Kong Press	2010	节译本

续表

类别	科技典籍	No.	英译本/英译文标题	英译者	出版信息	年份	备注
医学	《黄帝内经·素问》	14	An Annotated Translation of Huang Di's Inner Classic—Basic Questions	Paul U. Unschuld et al.	Berkeley/Los Angeles/London: University of California Press	2011	全译本
		15	The Rhythm at the Heart of the World: Neijing Suwen Chapter 5	Elisabeth Rochat de la Vallee	UK: Monkey Press	2012	节译本
		16	Chinese Medical Classics: Selected Readings	Ming Chen, Paul F. Ryan, Gang Zhou	Beijing: People's Medical Publishing House, pp. 1–178	2014	节译
		17	Essential Texts in Chinese Medicine: The Single Idea in the Mind of the Yellow Emperor	Richard Bertschinger	London and Philadelphia: Singing Dragon	2015	节译本
		18	New English Version of Essential Questions in Yellow Emperor's Inner Canon	杨明山, 等	上海: 复旦大学出版社	2015	全译本
	《灵枢经》	1	The Yellow Emperor's Book of Acupuncture	Henry C. Lu	Vancouver: The Academy of Oriental Heritage	1973	全译本
		2	A Complete Translation of The Yellow Emperor's Classic of Internal Medicine and the Difficult Classic, Vol. III and IV	Henry C. Lu	Vancouver: The Academy of Oriental Heritage	1978	全译; 2004年再版
		3	Ling Shu or The Spiritual Pivot	Jing-Nuan Wu	Washington, D. C.: Taoist Center	1993	全译本; 2002年再版

续表

类别	科技典籍	No.	英译本/英译文标题	英译者	出版信息	年份	备注
医学	《灵枢经》	4	The Yellow Emperor's Medicine Classic: Treatise on Health and Long Life	Xue-wen Wang, Sui Yun	Singapore: Asipac Books	1996	节译本
		5	The Yellow Emperor's Canon of Internal Medicine	Wu Liansheng and Wu Qi	Beijing: China Science and Technology Press	1997	全译本
		6	The Medical Classic of the Yellow Emperor	朱明	Beijing: Foreign Languages Press	2001	节译本
		7	Yellow Emperor's Canon of Medicine · Spiritual Pivot	李照国	西安: 世界图书出版公司	2008	全译本; 被收入《大中华文库》(汉英对照)
		8	Huangdi Neijing: A Synopsis with Commentaries	Kong Yun Cheung	Hong Kong: The Chinese University of Hong Kong Press	2010	节译本
		9	Chinese Medical Classics: Selected Readings	Ming Chen, Paul F.Ryan, Gang Zhou	Beijing: People's Medical Publishing House, pp. 1–178	2014	节译
		10	Essential Texts in Chinese Medicine: The Single Idea in the Mind of the Yellow Emperor	Richard Bertschinger	London and Philadelphia: Singing Dragon	2015	节译本
		11	《灵枢经》英译(节选)	陈铭	广州中医药大学博士学位论文	2016	节译
		12	Huang Di Nei Jing Ling Shu: The Ancient Classic on Needle Therapy	Paul U. Unschuld	Berkeley/Los Angeles/London: University of California Press	2016	全译本

续表

类别	科技典籍	No.	英译本/英译文标题	英译者	出版信息	年份	备注
医学	《难经》	1	A Complete Translation of The Yellow Emperor's Classic of Internal Medicine and the Difficult Classic, Vol. V	Henry C. Lu	Vancouver: The Academy of Oriental Heritage	1978	全译；2004年再版
		2	Nan-ching — The Classic of Difficult Issues	Paul U. Unschuld	Berkeley/Los Angeles/London: University of California Press	1986	全译本
		3	The Classic of Difficulties: A Translation of the Nan Jing	Bob Flaws	Boulder: Blue Poppy Press	1999	全译本
		4	Huangdi Bashiyi Nanjing: Yellow Emperor's Canon on Eighty-One Difficult Issues	李照国	西安：世界图书出版公司	2008	全译；为《黄帝内经·灵枢》（汉英对照）附录
		5	Nan Jing: The Classic of Difficult Issues: A Translation and Notes	Dong Hua	Create Space Independent Publishing	2015	全译本
	《神农本草经》	1	Extract of the Pen tfao of the Emperor Chin nong	Not Known	In The General History of China. Containing a Geographical, Historical, Chronological, Political and Physical Description of the Empire of China, Chinese-Tartary, Corea, and Thibet, London: J. Watts, pp. 468–484	1741	节译；转译自法文

续表

类别	科技典籍	No.	英译本/英译文标题	英译者	出版信息	年份	备注
医学	《神农本草经》	2	Medicine in China: A History of Pharmaceutics	Paul U. Unschuld	Berkeley/Los Angeles/London: University of California Press	1986	节译
		3	The Divine Farmer's Materia Medica: A Translation of the Shen Nong Ben Cao Jing	Yang Shouz-zhong	Boulder: Blue Poppy Press	1998	全译本
		4	全图神农本草经英法文译注	Andre Dubreuil, Xiaoya Dubreuil	北京：外文出版社	2015	节译本
		5	Reading of the Divine Farmer's Classic of Materia Medica	Corinna Theisinger	The Chinese Medicine Database	2016	全译本
		6	The Divine Farmer's Classic of Materia Medica	Sabine Wilms	Corbett, Oregon, USA: Happy Goat Productions	2017	全译本
		7	Agriculture God's Canon of Materia Medica	李照国	上海：上海三联书店	2017	全译本
	《针灸甲乙经》	1	The Systematic Classic of Acupuncture and Moxibustion	Yang Shou-zhong and Charles Chase	Boulder: Blue Poppy Press	2004	全译本
	《肘后备急方》	1	Acupuncture and Chinese Medicine: Roots of Modern Practice	Charles Buck	London and Philadelphia: Singing Dragon, p.137	2015	节译
	《备急千金要方》	1	Bei Ji Qian Jin Yao Fang Prescriptions Worth a Thousand in Gold for Every Emergency Vol. II–IV	Sabine Wilms	The Chinese Medicine Database	2008	节译本；节译第2—4卷

附录一 101部科技典籍英译信息一览表

续表

类别	科技典籍	No.	英译本/英文标题	英译者	出版信息	年份	备注
医学	《备急千金要方》	2	Venerating the Root: A Translation of Sun Simiao's Volume on Pediatrics in the Bei Ji Qian Jin Yao Fang, Part One	Sabine Wilms	Corbett, Oregon, USA: Happy Goat Productions	2013	译第5卷
			Venerating the Root: Part Two: Essential Prescriptions Worth a Thousand in Gold for Every Emergency-Volume 5: Pediatrics, Part Two	Sabine Wilms	Corbett, Oregon, USA: Happy Goat Productions	2015	
	《伤寒论》	1	Shang Han Lun: Wellspring of Chinese Medicine	Hongyuan Xu and William G. Peacher	Oriental Healing Arts Institute	1981	节译本；1995年再版
		2	Treatise on Febrile Diseases Caused by Cold	罗希文	北京：新世界出版社	1986	全译本；2007年被收入《大中华文库》(汉英对照)
		3	The Concept of Disease in an Ancient Chinese Medical Text, The Discourse on Cold-damage Disorders (Shang-han Lun)	Dean C. Epler	Journal of the History of Medicine, Vol. 43, No. 2, pp. 8-35	1988	节译
		4	The Essentials of Dr. Zhang Zhongjing	Paul Lin	Texas: Texas Institute of traditional	1990	节译本
		5	Shang Han Lun: On Cold Damage, Translation & Commentaries	Mitchell Craig, Ye Feng, and Wiseman Nigel	Brookline, Mass.: Paradigm Publications	1999	全译本

281

续表

类别	科技典籍	No.	英译本/英译文标题	英译者	出版信息	年份	备注
医学	《伤寒论》	6	Introduction on Treatise on Exogenous Ferile Disease	黄海	上海：上海中医药大学出版社	2005	全译本
		7	Shang Han Lun Explained	Greta Young and Robin Marchment	Australia: Churchill Livingstone	2008	节译本
		8	Chinese Medical Classics: Selected Readings	Ming Chen, Paul F. Ryan, Gang Zhou	Beijing: People's Medical Publishing House, pp. 179-352	2014	节译
		9	Discussion of Cold Damage (Shang Han Lun): Commentaries and Clinical Applications	Guohui Liu	London and Philadelphia: Singing Dragon	2015	全译本
		10	On Cold Damage	李照国	上海：上海三联书店	2017	全译本
	《金匮要略》	1	Synopsis of Prescriptions of the Golden Chamber (Jin Gui Yao Lue)	罗希文	Beijing: New World Press	1987	全译本；2007年被收入《大中华文库》（汉英对照）
		2	Synopsis of Prescriptions of the Golden Chamber	阮继源、张光霁	上海：上海科学技术出版社	2003	全译本
		3	Understanding the Jin Gui Yao Lue: A Comprehensive Textbook	Sung Yuk-Ming & Harry F. Lardner	Beijing: People's Medical Publishing House	2010	全译本
		4	Jin Gui Yao Lue: Essential Prescriptions of the Golden Cabinet, Translation & Commentaries	Nigel Wiseman and Sabine Wilms	Brookline, Mass.: Paradigm Publications	2012	全译本

续表

类别	科技典籍	No.	英译本/英译文标题	英译者	出版信息	年份	备注
医学	《金匮要略》	5	Chinese Medical Classics: Selected Readings	Ming Chen, Paul F. Ryan, Gang Zhou	Beijing: People's Medical Publishing House, pp. 353–504	2014	节译
	《脾胃论》	6	Essentials of the Golden Cabinet	李照国	上海：上海三联书店	2017	全译本
		1	The Treatise on the Spleen and Stomach: A Translation of the Pi Wei Lun	Bob Flaws	Boulder: Blue Poppy Press	1993	全译本
	《格致余论》	1	Extra Treatises Based on Investigation and Inquiry: A Translation of Zhu Dan-xi's Ge Zhi Yu Lun	Yang Shou-zhong & Duan Wu-jin	Boulder: Blue Poppy Press	1993	全译本
	《温热论》	1	Chinese Medical Classics: Selected Readings	Ming Chen, Paul F. Ryan, Gang Zhou	Beijing: People's Medical Publishing House, pp. 509–541	2014	节译
	《妇人大全良方》	1	Male Brushstrokes and Female Touch: Medical Writings on Childbirth in Imperial China	Wee-Siang Ng	Mcgill University Dissertation	2013	节译
	《银海精微》	1	A resume of an ancient Chinese treatise on ophthalmology (Yinhai jing wei 银海精微)	Hua Pide	National Medical Journal of China, Vol. XVII, pp. 131–49	1931	节译
		2	Essential Subtleties on the Silver Sea: The Yin-Hai Jing-Wei: A Chinese Classic on Ophthalmology	Jürgen Kovacs, Paul U. Unschuld	Berkeley, Los Angeles and London: University of California Press	1998	全译本
	《证类本草》	1	The Origin and Use of Cannabis in Eastern Asia Linguistic-Cultural Implications	Hui-Lin Li	Economic Botany, Vol. 28, No. 3, p. 296	1974	节译

续表

类别	科技典籍	No.	英译本/英译文标题	英译者	出版信息	年份	备注
医学	《温病条辨》	1	Chinese Medical Classics: Selected Readings	Ming Chen, Paul F. Ryan, Gang Zhou	Beijing: People's Medical Publishing House	2014	节译
	《本草纲目》	1	An Extract of the Pen tfao cang mou, that is The Chinefe Herbal or, The Natural Hiftory of China for the Ufe of Medicine	Richard Brookes	In The General History of China. Containing a Geographical, Historical, Chronological, Political and Physical Description of the Empire of China, Chinese-Tartary, Corea, and Thibet, London: J. Watts, pp. 466 –468	1736	节译；转译自法文
		2	On the Making of Chinese Paper: translated from the 23rd Volume of the Pun Tsaou Kang Muh	Not known	The Journal of the Asiatic Society of Bengal, No. 33, September, pp. 477 –479	1834	节译
		3	Contributions towards the Materia Medica & Natural History of China	Fredrick Porter Smith	Shanghai: American Presbyterian Mission Press	1871	节译
		4	Chinese Materia Medica: Vegetable Kingdom	Stuart George Arthur	Shanghai: American Presbyterian Mission Press	1911	节译
		5	A Compendium of Minerals and Stones Used in Chinese Medicine from Pen Ts'ao Kang Mu	Bernard E. Read and Pak Kyebyong	Peking Natural History Bulletin, Vol. 3, No. 2, pp. i –vii, 1 –120	1928	节译

续表

类别	科技典籍	No.	英译本/英译文标题	英译者	出版信息	年份	备注
医学	《本草纲目》	6	Chinese Materia Medica; I–V, Animal Drugs	Bernard E Read and Li Yü-thien	Peking Natural History Bulletin, Vol. 5, No. 4, pp. 37–80; Vol. 6, No. 1, pp. 1–102	1931	节译
			Chinese Materia Medica; VI, Avian Drugs		Peking Natural History Bulletin, Vol. 6, No. 4, pp. 1–101	1932	节译
			Chinese Materia Medica; VII, Dragon and Snake Drugs		Peking Natural History Bulletin, Vol. 8, No. 4, pp. 297–357	1934	节译
		7	Chinese Medical Plants from the Pen Ts'ao Kang Mu: A Botanical, Chemical, and Pharmacological Reference, 3rd edition	Bernard E Read and Liu Ju-ch'iang	Peking: The French Bookstore	1936	节译第12—37章
		8	Chinese Materia Medica; VIII, Turtle and Shellfish Drugs		Peking Natural History Bulletin, 增刊, pp. 1–136	1939	节译
			Chinese Materia Medica; IX, Fish Drugs	Bernard E Read and Yu Ching-mei	Peking Natural History Bulletin, 增刊	1939	节译
			Chinese Materia Medica; X, Insect Drugs		Peking Natural History Bulletin, 增刊	1941	节译
		9	The Chemical Arts of Old China	李乔苹	Easton: Journal of Chemical Education, p. 134	1948	节译
		10	Elixir Poisoning in Medieval China	Needham, Joseph and Ho Ping-Yü	In Clerks and Craftsmen in China and the West, Cambridge: Cambridge University Press, pp. 323–326	1970	节译
		11	Medicine in China: A History of Pharmaceutics	Paul U. Unschuld	Berkeley/Los Angeles/London: University of California Press, pp. 150–160	1986	节译
		12	Condensed Compendium of Materia Medica	罗希文	北京: 外文出版社	2003	全译本; 2012年被收入《大中华文库》

附录二 《大中华文库》（汉英对照）之《天工开物》英译者访谈录*

2017年5月，笔者在大连访谈了《大中华文库》（汉英对照）（简称《文库》）之《天工开物》英译者王义静、王海燕和刘迎春①，向三位译者求教了该译本翻译始末，并邀请他们对科技典籍和《大中华文库》（汉英对照）的翻译和出版进行了评价。2018年8月至9月，笔者又通过邮件联系的方式，请他们补充作答了一些问题，现将最后的访谈文字呈现如下：

问：请问三位老师是怎样与《天工开物》和科技典籍结缘的？

答：谈起我们翻译《天工开物》和开展科技典籍英译研究，我们要感谢汪榕培教授。我们是在先生典籍英译巨大成就的感染以及先生的亲切关怀下，开展这项有意义的翻译工作的！20世纪70年代，汪老师被调到大连外国语学院任教。1985年至2001年担任大连外国语学院院长期间，他的主要研究方向是英国文学和词汇学，对翻译也有着浓厚的兴趣。他说："我做管理工作没有整段的时间去翻译很多长篇的东西，但我一天总能翻几行诗吧！"于是，他开始研究诗歌翻译，并先后翻译了《诗经》等国学经典。2002年，他一退休就被大连理工大学原校长

---

* 本访谈来自王烟朦等发表在2019年第1期《外国语文研究》上的文章《〈大中华文库〉（汉英对照）之〈天工开物〉英译者访谈录》，第1—8页。收入本书时有所补充。

① 刘迎春1991年参加英国大使馆文化处（British Council）在大连理工大学举办的为期一年的"东北三省英语助教进修班"。王义静教授同年获英国曼彻斯特大学语言学硕士学位，回国后担任该项目的副主任，并给学员授课，后又负责2005年第三届全国典籍英译研讨会的召开，刘迎春、王海燕夫妇协助筹备，三人逐渐形成翻译团队，为他们合译《天工开物》做了铺垫。

程耿东院士聘为博士生导师。首批招收三名博士生，开展典籍英译研究与实践；2007年，香港城市大学出版的《中国文化导读》（*China: Five Thousand Years of History and Civilization*）是他最早指导首批博士生翻译的作品。2003年，汪榕培教授开始在苏州大学招收博士，继续带领硕士、博士和教师开展典籍英译研究与实践。

早在1991年，汪老师在辽宁大学出版社出版了《英译老子》；1997—1998年在湖南人民出版社出版了汉英对照版《庄子》《孔雀东南飞·木兰诗》《汉魏六朝诗三百首》；2000年在外语教学与研究出版社出版了《英译陶诗》（汉英对照）。2000—2009年，他先后翻译的《牡丹亭》《陶渊明集》《邯郸记》《墨子》等8部译著入选《文库》丛书，是当之无愧的典籍英译大师。2007—2012年，他翻译的《英译易经》《英译乐府》《英译诗经·国风》《南柯记》《紫钗记》入选"外教社中国文化汉外对照丛书"；2014年《汤显祖戏剧全集》（英文版）由上海外语教育出版社出版。2003—2006年，他翻译出版了《吴歌精华》《评弹精华》《昆曲精华》[①]。

汪老师关注文学典籍英译，但他鼓励学生们关注其他典籍的英译研究。他曾诙谐地说："你们各占领一个山头，每人选择一个领域去开展典籍英译研究。"而我们三位和科技典籍一直有着"不解之缘"。大连理工大学很早以前就开设了科技英语课程，有丰富的科技文献翻译经验。大连海事大学是一所航运类理工科高校，其外国语学院的前身为科技外语部，有科技英语研究和科技翻译的传统。2006年，汪老师跟我们说："中国古代自然科学方面的成就领先于世界，明代科学家宋应星著的科技典籍《天工开物》值得翻译，你们应该翻译出来！"在他的启发和鼓励下，我们开始翻译《天工开物》。此后，我们一直结合自身院校的特色和资源优势，开展科技典籍英译研究。用汪老师的话说，典籍英译最开始是冷门。现在看来，在我国实施"一带一路"倡议和中国

---

① 付瑛瑛：《传神达意——中国典籍英译理论体系的尝试性建构》，吉林人民出版社2017年版，第335—339页。

文化"走出去"的背景下,典籍英译成了热门。

问:我国存世的科技典籍约有一万两千种①。20世纪90年代河南大象出版社推出的《中国科学技术典籍通汇》丛书还将科技典籍分为数学、天文、物理、化学、地学、生物、农学、医药、技术、综合等类别。毋庸置疑,科技典籍的数量多,门类齐全。请问你们如何评价《天工开物》在科技典籍中的地位和在世界科技史上的影响?

答:科技典籍数量不小,涉及天文、物理、建筑、造船与航海、工农业和手工业等诸多领域。《天工开物》是最具代表性的古代科技作品,是中国古代科技成就的集大成者,对世界科技进步做出了重要贡献。它的系统性强,涉及工业、农业和手工业三大领域,所以《中国科学技术典籍通汇》丛书将它归为综合类科技典籍。宋应星是全世界第一个科学地论述锌和铜锌合金(黄铜)的科学家。因此,日本科学史家三枝博音指出,"《天工开物》不只是中国,而且是整个东亚的一部代表性技术书,其包罗技术门类之广是欧洲技术书所无法比拟的"。英国科学史家李约瑟将它与西方文艺复兴时期的技术经典——阿格里科拉的《矿冶全书》相提并论,称宋应星为"中国的阿格里科拉"②。

问:在《文库》110种选题中,部分典籍的译本选自知名译家的旧译。美国宾夕法尼亚州立大学出版社1966年出版了美籍华裔学者任以都、孙守全夫妇《天工开物》英文全译本,我国台湾的中华文化研究院出版社也于1980年出版了李乔苹主译的《天工开物》英文全译本。请问《文库》之《天工开物》为什么没有从这两个译本中进行选择,而是要"另起炉灶"呢?

答:我们翻译的《天工开物》是中国大陆的第一个英文全译本,以填补大陆没有全译本的空白。从这方面讲,翻译《天工开物》首先是帮助大陆学者重新认识中国古代科技成就,促进他们开展科技典籍翻译研究。同时,其出版也能够为弘扬中国优秀传统文化尽一份力量。除

---

① 孙显斌:《科技典籍整理的思考与展望》,《科学新闻》2017年第11期。
② 大公网湖南频道讯:http://www.takunghn.com/ArticleDetail-I10003.html,2016-6-7。

附录二 《大中华文库》（汉英对照）之《天工开物》英译者访谈录

此之外，另外两个译本分别在美国和我国台湾出版，距今已经有一定的时间跨度。汪榕培老师在第二届全国典籍英译研讨会上强调："比读是复译的基础，复译是比读的升华。"① 在他看来，"越是经典作品，越应该经过多次翻译。时时推陈出新，因为有时代性的特征问题。而且还有地域问题，对于同一部作品，美国人、英国人的译文又不一样"②。因此，这也是我们复译《天工开物》的一个重要原因，以展示当下中国大陆译者对这部科技经典的新阐释和对其文化价值的再认识。

问：请问你们最初预期的译文读者是哪些？

答：我们设定的读者群体不是太大，是小众的专业人士和一些对中国古代科技文明感兴趣的普通读者。因为入选《文库》，译文的首要目的是对外推介中国传统文化中的科技成就，获得专业人士的认可。随着中国文化"走出去"、"一带一路"倡议的实施，中国的国际影响力逐步扩大；越来越多的外国人士想了解中国，如中国人的经营之道、哲学思想，古代中国是什么状况，等等。国外对中国的兴趣是越来越浓了。我们推测，未来会有更多的国外普通读者对《天工开物》记载的中国科技成就感兴趣的。

问：有别于通俗类文学典籍，《天工开物》涉及许多科技术语和大量的专业知识。请问三位是否有相关背景，翻译前你们做了哪些准备工作？

答：我们三位有一定的背景知识。（王义静教授长期讲授和研究科技英语。王海燕、刘迎春教授在教学、科研和研究生培养过程中长期关注科技术语及其翻译，并且比较系统地开展了术语学以及术语翻译研究。）需要指出的是，《天工开物》触及十八个方面和三十个部门的生产技术，涉及面广。客观地讲，我们不可能全部了解其中的各种科技知识。因此，我们在翻译前做了充分的准备，以准确把握专业术语的内涵，并多次虚心请教相关的专家学者。

---

① 王宏、束慧娟：《理论与实践紧密结合，广度与深度齐头并进——第二届全国典籍英译研讨会述评》，《中国翻译》2004年第1期。
② 朱安博：《"译可译，非常译"——汪榕培教授访谈录》，《山东外语教学》2013年第3期。

问：请问《文库》之《天工开物》翻译共历时多久，你们在翻译过程中遇到的最大困难是什么？

答：我们2006年着手翻译，2009年初交稿。在交稿后，广东教育出版社对外合作室副主任和责任编辑邹靖华又请业内专家审阅，所以译本直到2011年才出版。我们遇到的最大的难题是要不要采用文本外注释和如何统一术语，但讨论更多的是术语统一和术语规范化的问题。《天工开物》涉及的技术门类繁多，术语的界定、整理和翻译比较棘手。遇到读者难以理解的名词术语，怎么翻译以及要不要加注释（annotations）？为了减少读者的阅读负担和困难，我们最后决定加入适量比正文字体小的文本内注释，进行适度的翻译补偿。

问：《文库》之《天工开物》采用了合作翻译模式。请问三位老师的合作是类似于杨宪益和戴乃迭（Gladys Yang）式的主加辅模式，还是霍克思（David Hawkes）和闵福德（John Minford）式的立体分工模式？

答：我们的翻译是典籍英译同行合作的模式。王义静老师牵头，制订翻译计划，主持协调整个翻译工作，三人共同完成译稿；三人再协同通篇校对，而不是将原著划分为三个部分，各自独立完成译稿。为了统一语体风格和术语，我们不主张用立体分工的译法。所以，大部分时间，我们是在一起多次讨论、反复校对译稿的。之后，我们邀请了当年在大连海事大学任教的美籍教师Judy Roach和Ben Mayo协助译稿的审校和润色。

问：汪榕培教授提出"传神达意"的典籍英译翻译思想[①]对科技典籍英译是否也具有指导意义？你们翻译《天工开物》时遵循了什么原则和方法？

答：汪榕培老师基于长期的典籍英译理论研究与翻译实践，形成了"传神达意"的典籍英译思想。他说，"传神"是状语，"达意"是中心词，译文应当首先再现原文的意义。虽然"没有哪一个普遍适用的

[①] 朱安博：《"译可译，非常译"——汪榕培教授访谈录》，《山东外语教学》2013年第3期；付瑛瑛：《传神达意——中国典籍英译理论体系的尝试性建构》，吉林人民出版社2017年版。

附录二 《大中华文库》（汉英对照）之《天工开物》英译者访谈录

翻译原则或标准可以指导各种类型的文本的翻译"[1]，但传统翻译理论中的"忠实"原则具有普遍适用意义，只不过翻译不同类型的文本，"忠实"的体现形式有所不同。"传神达意"的翻译思想对科技典籍英译也有一定的借鉴意义。科技典籍翻译也要"达意"，要做到准确、规范；换句话说，应该"准"字当先。《天工开物》中科技术语的翻译尤其要"达意"，即准确。正如冯志伟提到，"没有术语，就没有科学；没有术语，就没有知识"[2]。概念通过术语表达出来，术语翻译不准确就会影响知识的跨语言和跨文化传播的效果。因此，我们遵循的总的翻译原则是：准确规范、术语一致和术语译名的约定俗成。翻译过程中，我们采取了意译法、直译法以及直译意译兼顾法。我们很注重术语翻译的准确性、句式表达的客观性和谋篇布局的逻辑性。

问：我们知道《文库》的前身是1992年湖南出版社策划编辑的"汉英对照中国古典名著丛书"。国务院新闻办公室和原国家新闻出版总署收购其版权时，在《文库》中保留了该套丛书的体例，即为文言古文典籍加入今译白话文。请问《文库》之《天工开物》加入白话文的目的是什么？你们的译文是依照文言原文还是白话文？

答：国外相关读者理解古文可能存在不小的困难，因此《文库》之《天工开物》添加了白话文来方便目的语读者阅读。我们翻译的时候主要依照文言文，以白话文为辅。文言文翻译成白话文的过程中，可能会出现理解不到位的情况。完全依靠白话文进行英译，有可能会导致译文表达偏离原文的意思。正如刚刚提到的，《天工开物》的翻译重点是做到译文的准确规范，所以我们在翻译时主要参照原文的文言文。在此，我们也想强调，典籍英译中的原文理解环节一定要依据原文，否则会出现不必要的理解偏差，进而导致表达失误。

问：《天工开物》任以都、孙守全夫妇译本中有翔实的文内注释和章末注释，为英语读者理解译文和原语文化提供了丰厚的语境信息。李

---

[1] 刘迎春、王海燕：《论"译名同一律"原则在中国古代法律英译中的应用——兼评约翰逊〈唐律〉英译本》，《外语与外语教学》2008年第12期。

[2] 冯志伟：《现代术语学引论》（增订版），商务印书馆2011年版，第4页。

乔苹主译的《天工开物》也有适量的章末注释。在《文库》之《天工开物》中，文化负载词通常直译而没有出现任何背景信息，如原书十八章均以"宋子曰"开篇，"子"是对古代成年男子的尊称，"宋子"指的就是作者宋应星本人。你们直接音译成"Songzi"而没有添加说明。再如，《锤锻》章有"使冶铸鼎之巧，束手而让神功焉。莫邪、干将，双龙飞跃，毋其说亦有征焉者乎"。同样，"莫邪"和"干将"仅被音译成"Moye"和"Ganjiang"。请问这样处理会不会给读者造成理解障碍？

答："宋子"的音译体现了约定俗成的原则。直译没有加注释是考虑到脚注或尾注会影响阅读的流畅性。根据上下文语境，英语读者很容易明白宋子就是指代宋应星。干将、莫邪是干将和莫邪铸的两把剑，是神话传说。《天工开物》属于信息型文本，译文主要是陈述事实和传播科技知识，"干将"和"莫邪"这类虚构文化信息对传播中国古代科技并没有多大用处，因而没有必要解释说明。反之，可能会影响内容表达的客观性。

问：请问《文库》之《天工开物》出版社是否你们自己的选择？其中删去了原书中的宋应星1637年序，而是改用了潘吉星的新序言。请问这是出版社的安排还是译者的决定？

答：2007年，第四届全国典籍英译学术研讨会在广东金融学院召开，当时举办了一场典籍英译作品展，有16家出版机构参与《文库》的出版发行。最终，湖南人民出版社总监、《文库》出版印制协调小组组长李林安排我们的译本由广东教育出版社出版。

广东教育出版社提供的中文版原著电子版是上海古籍出版社1993年出版的"中国古代科技名著译注丛书"《天工开物译注》，只有目录和正文，没有宋应星1637年的序。当时，出版社仅要求我们查证该版本原文是否有误。潘吉星的序言则是在翻译结束交稿后，邹靖华老师发过来让我们最后翻译的，因此这是出版社的决定。

问：《文库》之《天工开物》出版至今已有几个年头了，请问你们是否关注过译本的传播和接受效果？

附录二　《大中华文库》（汉英对照）之《天工开物》英译者访谈录

答：借助全球联机计算机图书馆中心（OCLC），我们发现译本已经被美国哈佛大学燕京图书馆、加拿大阿尔伯特大学和英国剑桥大学李约瑟研究所东亚科技史图书馆等国外大学图书馆收藏①。我们最初与出版社签的出版合同写明首印1000册。最近亚马逊等图书网的销售显示，《文库》之《天工开物》已售罄。除此之外，我们还没有从其他视角关注译本的传播效果。事实上，我们应该通过译本的销售、图书馆的收藏等途径关注译著的国际传播效果，以便将来再版时对译本进行进一步的完善，更有效地对外传播中国古代科技文明。

问：就《文库》而言，国内外有两种评价声音，但似乎批评之声占据上风。悲观者认为，"以《大中华文库》为代表的典籍英译实际上是'自娱自乐'，并没有真正走到欧美读者那里去"②，因为《文库》"除个别选题被国外相关出版机构看中购买版权外，其余绝大多数已经出版的选题都局限在国内的发行圈"③。反对者认为，读者的接受效应虽是审视典籍的传播效果的指标之一，但我们不能片面地依据当下的读者接受和销售量来否定《文库》这样的战略性工程④。请问你们如何评价《文库》，它对中国古代科技文明"走出去"有何意义？

答：我们要客观、辩证地看待《文库》的翻译与出版发行，认为一片大好的全面肯定和一无是处的全盘否定都是有失公允的。有学者说，部分作品的翻译质量有问题，这说明译者的翻译水平有待提高，但不能就此将之定性为错误的行为，从而否定国家翻译实践的价值。总的来说，它的首创性不容抹杀。改革开放以来的翻译逐渐扭转了"译入为主"的局面。如今，将中文翻译为外文，向全世界介绍中国的历史、文化、改革开放政策等，具有覆盖面广、题材丰富和信息量大等特点。《文库》又是政府发起的一次规模最大的典籍英译重大出版工程，是全面系统地、

---

① 联机计算机图书馆中心 OCLC：http：//firstsearch.oclc.org/FSIP，2018年8月检索。
② 李宁：《〈大中华文库〉国人英译本海外接受状况调查——以〈孙子兵法〉为例》，《上海翻译》2015年第2期。
③ 谢天振：《中国文学走出去：问题与实质》，《中国比较文学》2014年第1期。
④ 许多、许钧：《中华文化典籍的对外译介与传播——关于〈大中华文库〉的评价与思考》，《外语教学理论与实践》2015年第3期。

自觉地、积极地对外宣传中华文化的行为，是传承和弘扬中国传统文化的正确举措。我们应该明确，这是中国译者在通过自身的努力，为典籍英译"添砖加瓦"，让西方读者更多地了解中国优秀传统文化。积极主动地对外传播中国优秀传统文化终归是件好事情。在中国文化的对外传播过程中，有些翻译作品出现了没有"走进去"，即没有被目的语读者很好接受这种不理想的传播效果，这些都是应该高度重视的问题。

《文库》的受众有专业读者和普通读者之分。我们认为其中多数典籍的主要读者群体是专业人士和对特定主题感兴趣的一般读者，而不会像小说、科普类译著那样有较广的受众面。不同体裁的典籍又有不同的专业受众，为专业人士等受众真正接受才是《文库》的主要目标。据我们了解，目前在全球许多国家设立的孔子学院已经选用了《文库》中的部分译著作为教材，这是推动典籍英译作品海外传播的有效途径之一。事实上，我们也不能期待所有目标读者对包括《天工开物》在内的中国典籍都感兴趣。当然，为了让中国优秀传统文化"走出去"，进而"走进去"，有必要对目标受众的需求情况和接受效果开展实证研究。

我们认为，《文库》这样的出版工程对中国古代科技文明走向世界更是提供了前所未有的机遇，其中收录的多数科技典籍译本是世界上首部英文全译本。我们翻译的《天工开物》被国外知名大学图书馆收藏，这都不同程度地促进了中国古代科技文明的国际传播。如果这些作品没有被《文库》列入出版计划，国外读者恐怕很难有机会了解这些著作，更谈不上全面了解中国古代先进的科技成就了。

问：除美国学者道本周（Joseph Dauben）参与《九章算术》的英译，《文库》中的其他科技典籍均由中国译者翻译。但美国汉学家宇文所安（Stephen Owen）认为，"中国政府正在雇佣本国的译者把中文作品译成英文。这种做法不会奏效……译者应将外语译成自己的母语，而始终不应把自己的母语译成外语"[1]。你们认同这种观点吗？根据你们

---

① 陈橙：《文选编译与经典重构——宇文所安的〈诺顿中国文选〉研究》，上海外语教育出版社2012年版，第202页。

的经验，理想的科技典籍译者模式应该是怎样的？

答：我们不认同从事经典文学作品翻译的汉学家宇文所安的观点。汪榕培老师在各种会议上也多次论述这个问题，还谈到诺贝尔奖评委马悦然不赞同中国译者翻译中国的作品。从古到今，有两股力量推动着中国文化走向世界，即外国人协助译介和中国人自己主动译介。就早期的典籍英译而言，传教士和汉学家贡献不小，我们自己则没有从文化战略高度进行自觉的、系统的对外翻译。汉学家对中国历史文化可能有深入的了解，但他们的中文水平和译介动机可能会有所局限。国外译者和汉学家对中国典籍，尤其是对非文学类典籍原文的理解并不一定准确、到位。例如美国学者华莱士·约翰逊（Wallace Johnson）对中国古代法律典籍《唐律》的错误理解比比皆是[1]。如今，在中国文化"走出去"战略中，中国译者要勇于担当，发挥更大的作用；科技典籍英译应该"以我为主"。

谈到科技典籍的译者，我们认为"三位一体"的合译模式最为理想。首先，精通中、英语言文化的中国译者和中国的相关科技工作者合作研读原文，甚至合作翻译。然后，请英语为母语的英语人士（最好熟悉所审校的科技典籍）负责译文的润色工作。理解环节通过跨学科的团队完成，能够确保理解正确；表达环节则由本族语专家把关，能够保证语言的准确、地道。

问：典籍作品在备受国际关注的同时，还要借助国际化的传播方式才能吸引更多的国际受众[2]。请问你们同意这种观点吗？科技典籍需要借助国外出版社的力量"扬帆出海"吗？

答：我们认为，中国科技文明走向世界需要"借船出海"，由国外主流出版社出版发行可能更容易被目的语读者认可，同时扩大译作的影响力。"中华学术外译"和"经典中国国际出版工程"等为中国作品在

---

[1] 刘迎春、王海燕：《论"译名同一律"原则在中国古代法律英译中的应用——兼评约翰逊〈唐律〉英译本》，《外语与外语教学》2008年第12期。

[2] 李伟荣：《20世纪以来中国典籍出版走出去的回顾与思考》，《中国出版》2016年第23期。

海外出版搭建了平台,我们可以通过中外出版机构合作,选择与国外主流出版机构联合出版发行。当然,也可以采用苏州大学王宏教授《梦溪笔谈》的海外出版方式,直接由海外出版社引进版权出版全英文版。但在海外出版的前提是要用"融通中外的话语体系"讲好中国故事,也要充分考虑文化差异,努力跨越文化鸿沟,还要熟知外国语言习俗,防止落入文字陷阱[①],让受众听得懂,才能达到预期的对外传播效果。

问:美国亚马逊(Amazon)英文图书网和英语读者群最大的Goodreads读者网站上的读者评论被用来考察典籍作品的海外阅读市场,但我发现这两个网站上的科技典籍译作几乎没有读者评论。这似乎在一定程度上说明我们不能用调查通俗文学接受的方法来考察科技典籍的国际传播效果。根据你们的理解,衡量科技典籍译本在英语世界的影响力和得失的渠道有哪些?

答:科技典籍的专业性较强,导致目标受众面相对较小。不能够仅凭普通读者的反应来评价科技典籍在国外的传播效果和影响力。我们应该根据专业人士和机构是否已经对其进行深度的研究,来评价其学术和文化价值,判断其翻译是否成功、传播效果是否理想。因此,学者访谈和举办学术会议聆听同行专家的声音就是重要的、有效的考察科技典籍海外传播效果途径。同时,相关的学术研究成果也是一个重要的衡量指标,如美国芝加哥大学出版社 2011 年出版的德国科技史专家薛凤(Dagmar Schäfer)的 *The Crafting of the 10,000 Things*: *Knowledge and Technology in Seventeenth-Century China* 是首部对《天工开物》进行全面研究的英文著作,而《天工开物》任以都、孙守全译本和李乔苹译本是薛凤阅读《天工开物》与撰写著作的基础,这亦是对《天工开物》译本的接受和认可。所以,国外专家学者基于科技典籍译本出版著作或者发表论文专门研究科技典籍,不正好说明了科技典籍英译本的影响力和价值吗?

---

① 黄友义:《坚持"外宣三贴近"原则,处理好外宣翻译中的难点问题》,《中国翻译》2004 年第 6 期。

附录二 《大中华文库》（汉英对照）之《天工开物》英译者访谈录

问：我国自20世纪90年代初设立的国家社科基金项目是国内哲学社会科学研究领域的最高级别的研究项目。纵观2000—2018年间立项的在国家社科基金翻译类项目，科技典籍译介课题仅有11项[①]。1997—2017年间国内发表的科技典籍译介论文也仅有403篇[②]。这些数据表明科技典籍英译研究的广度和深度均有待拓展。请问你们认为这种现象的成因有哪些，国内学者应当如何加强该领域的研究？

答：科技典籍英译研究课题数量的确很少。回顾中国英汉语比较研究会典籍英译专业委员会自2002年成立以来所开展的典籍英译研究，科技典籍英译研究呈现出起步晚、队伍小、成果相对少的特点，没有形成气候。研究的深度和广度还远远不够，没有建立较为完整的科技典籍英译的研究队伍，也没有产出系列的研究成果。同时，科技典籍翻译研究重微观、轻宏观，实践探讨多、理论研究少。究其原因，文学典籍翻译研究与实践开展了许多年，已经形成规模。前辈老翻译家多从事文学类典籍英译，只有少数涉足非文学类，如林戊荪先生翻译了《孙子兵法·孙膑兵法》，李照国教授翻译了《黄帝内经》等。

为了做好科技典籍英译研究，我们认为应该加强以下几个方面的工作：第一，要对中国古代先进的科技成就进行全面的梳理，认识到中华民族悠久灿烂的古代科技文明曾一度领先于世界，然后开展全面、系统的译介研究。第二，要做到理论研究与翻译实践并重，通过"实践—理论—再实践—再理论"的循环式研究路径，探索古代科技典籍英译的客观规律，建构适用于自然科学类典籍翻译的理论思想，用于指导该类文本的翻译实践。第三，要建立老、中、青相结合的科技典籍英译

[①] 这些课题的名称分别是"中医典籍研究与英译工程（2005）"、"中医名词术语英语翻译国际标准化研究（2008）"、"基于语料库的中医典籍英译研究（2009）"、"中医英语翻译理论与方法研究（2012）"、"茶典籍系列的互文模因追溯及其英译的多维视域融合（2013）"、"中国古代自然科学类典籍翻译研究（2014）"、"基于《天工开物》英译本的科技典籍译者风格研究（2016）"、"《金匮要略》译注（2016）"、"数学典籍《九章算术》及《算经十书》研究与英译（2016）"、"茶文化模因的跨时域表征与古今茶著翻译研究（2017）"、"《黄帝内经》英译及译本对比研究（2018）"。

[②] 刘迎春、王海燕：《关于近20年中国科技典籍译介研究的几点思考：传播学的理论视角》，《燕山大学学报》（哲学社会科学版）2017年第6期。

"传帮带"机制，形成一支科技典籍英译的队伍，开展团队化、项目化的翻译理论研究和翻译实践，撰写并发表系列研究成果，翻译并出版系列译著。第四，要进一步加大科技典籍英译的宣传工作，让科技典籍英译成为非文学类典籍英译的重要组成部分，并成为中国典籍英译事业的重要领域之一。具体可以通过翻译学术会议、翻译学术讲座以及在本科、硕士和博士的典籍英译课程中增加科技典籍翻译内容等途径，为科技典籍翻译研究摇旗呐喊。

问：《文库》之《天工开物》为中国科技史研究增加了浓墨重彩的一笔，三位译者是推动中国古代科技"走向"域外的文化使者。感谢接受采访，期待你们在科技典籍英译理论研究与实践方面再创辉煌；也希望有更多学者加入科技典籍英译和对外传播事业！

参考文献

1. 中文专著

陈立夫:《中国科学之发展》,台湾"中央"文物出版社1978年版。

陈望道:《修辞学发凡》,复旦大学出版社2008年版。

丁文江:《丁文江自述》,安徽文艺出版社2014年版。

方梦之:《中国译学大辞典》,上海外语教育出版社2011年版。

方梦之:《英语科技文体:范式与翻译》,国防工业出版社2011年版。

方梦之:《应用翻译研究:原理、策略与技巧》(修订版),上海外语教育出版社2019年版。

方梦之、范武邱:《科技翻译教程》,上海外语教育出版社2015年版。

费孝通:《费孝通论文化与文化自觉》,群言出版社2007年版。

冯契:《哲学大辞典》,上海辞书出版社1992年版。

冯友兰:《三松堂全集》(第2卷),河南人民出版社2000年版。

高宣扬:《当代法国思想五十年》(下),中国人民大学出版社2005年版。

宫留记:《布迪厄的社会实践理论》,河南大学出版社2009年版。

郭曙纶:《汉语语料库应用教程》,上海交通大学出版社2013年版。

汉语大字典编辑委员会:《汉语大字典》(第1卷),湖北辞书出版社2001年版。

胡开宝:《语料库翻译学概论》,上海交通大学出版社2011年版。

胡开宝、朱一凡、李晓倩:《语料库翻译学》,上海交通大学出版社2018年版。

华觉明：《中国科技典籍研究：第一届中国科技典籍国际会议论文集》，大象出版社1998年版。

季绍德：《古汉语修辞》，吉林文史出版社1986年版。

黎难秋：《中国科学翻译史》，中国科学技术大学出版社2006年版。

黎运汉：《汉语风格学》，广东教育出版社2000年版。

李乔苹：《中国化学史》，商务印书馆1940年版。

李乔苹：《七十回忆》，台湾（出版社不详）1964年版。

刘宓庆：《新编当代翻译理论》，中国对外翻译出版公司2005年版。

刘蔚华：《世界哲学家辞典》，重庆出版社1990年版。

陆谷孙：《英汉大词典》（第2版），上海译文出版社2007年版。

骆小所：《现代修辞学》（修订版），云南人民出版社2010年版。

吕俊、侯向群：《翻译批评学引论》，上海外语教育出版社2009年版。

马祖毅、任荣珍：《汉籍外译史》，湖北教育出版社1997年版。

潘吉星：《明代科学家宋应星》，科学出版社1981年版。

潘吉星：《天工开物译注》，上海古籍出版社1993年版。

潘吉星：《天工开物导读》，中国国际广播出版社2009年版。

潘吉星：《宋应星评传》，南京大学出版社2011年版。

潘吉星：《中外科学技术交流史论》，中国社会科学出版社2012年版。

钱大江：《中国古代科技简史》，香港七十年代月刊社1975年版。

丘亮辉：《〈天工开物〉研究——纪念宋应星诞辰400周年文集》，中国科学技术出版社1988年版。

宋应星：《野议·论气·谈天·思怜诗》，上海人民出版社1976年版。

宋应星：《天工开物》，上海古籍出版社2016年版。

谭学纯等：《汉语修辞格大辞典》，上海辞书出版社2010年版。

王弼、韩康伯：《周易正义》，上海古籍出版社1990年版。

王尔敏：《中国文献西译书目》，台湾商务印书馆1975年版。

王国维：《观堂集林》（上），中华书局1959年版。

王河、王咨臣：《明代杰出的科学家宋应星》，江西人民出版社1986年版。

王宏印：《中国文化典籍英译》，外语教学与研究出版社2009年版。
王宏志：《翻译与近代中国》，复旦大学出版社2014年版。
王克非：《语料库翻译学探索》，上海交通大学出版社2012年版。
王力：《王力选集》，东北师范大学出版社2002年版。
王希杰：《汉语修辞学》，商务印书馆2004年版。
王有朋：《中国科学技术典籍通汇》（索引卷），河南教育出版社1995年版。
吴国盛：《什么是科学》，广东人民出版社2016年版。
许钧：《翻译论》（修订本），译林出版社2014年版。
杨牧之：《我的出版憧憬》，湖南人民出版社2017年版。
杨维增：《〈天工开物〉新注研究》，江西科学技术出版社1987年版。
杨维增：《宋应星思想研究及诗文注译》，中山大学出版社1987年版。
杨晓荣：《翻译批评导论》，中国对外翻译出版公司2005年版。
余承法：《全译方法论》，中国社会科学出版社2014年版。
张冠生：《为文化找出路：费孝通传》，中国友谊出版公司2012年版。
张岱年：《中国哲学大辞典》，上海辞书出版社2010年版。
张朋园等：《任以都先生访问记录》，"中央"研究院近代史研究所1993年版。
张西平：《20世纪中国古代文化经典在域外的传播与影响研究导论》，大象出版社2018年版。
赵玮等：《牛津英汉双解大词典》，外语教学与研究出版社2005年版。
赵越：《〈天工开物〉词汇研究》，吉林大学出版社2017年版。
中国社会科学院语言研究所词典编辑室：《现代汉语词典》（第7版），商务印书馆2016年版。

2. 中文论文

鲍晓英：《中国文化"走出去"之译介模式探索——中国外文局副局长兼总编辑黄友义访谈录》，《中国翻译》2013年第5期。
蔡永贵、余星：《基于语料库的〈论语〉两个英译本的翻译风格研究》，

《外国语文》2018年第5期。

陈福宇：《晚明工程技术典籍的传播与翻译——基于〈园冶〉与〈天工开物〉的共性考察》，《重庆交通大学学报》（社会科学版）2017年第6期。

陈开科：《浅析巴拉第·卡法罗夫译注〈长春真人西游记〉》，载中国中俄关系史研究会等编《中俄关系的历史与现实》，中国社会科学院近代史研究所2003年版。

陈琳、张春柏：《文学翻译审美的陌生化性》，《清华大学学报》（哲学社会科学版）2006年第6期。

陈晓珊：《从遮洋船特征看明代战船上的防御设备》，《国家航海》2019年第1期。

崔莹辉：《价值评价视域下〈道德经〉英译本目标受众的评价研究》，《外语学刊》2017年第4期。

杜厚文：《汉语科技文体的语言特点》，《语言教学与研究》1981年第2期。

费振玠、曹洸：《从〈天工开物〉外译情况谈科技翻译》，《上海科技翻译》1988年第2期。

傅维康等：《关于列出一份祖国最优秀的科技古籍选目的提议》，《中国科技史料》1986年第3期。

耿强：《国家机构对外翻译规范研究——以"熊猫丛书"英译中国文学为例》，《上海翻译》2012年第1期。

郭尚兴：《论中国古代科技术语英译的历史与文化认知》，《上海翻译》2008年第4期。

郭昱、罗选民：《学术性翻译的典范——〈三国演义〉罗慕士译本的诞生与接受》，《外语学刊》2015年第1期。

海霞、丁东：《基于〈伤寒论〉双语平行语料库的中医方剂名称翻译方法探析》，《南阳理工学院学报》2018年第5期。

韩祥临、汪晓勤：《沈康身等著〈英译《九章算术》及其历代注疏〉》，《中国科技史料》2001年第2期。

郝立忠：《价值：实践评价的唯一尺度》，《东岳论丛》1996 年第 4 期。

何阳、何娟：《中医典籍英译"阐释学"问题研究探讨》，《中国中医基础医学杂志》2012 年第 11 期。

何明星：《莫言作品的世界影响地图——基于全球图书馆收藏数据的视角》，《中国出版》2012 年第 21 期。

洪捷、岳峰：《浅议英国汉学家理雅各的〈佛国记〉译本》，《福建教育学院学报》2006 年第 7 期。

洪晓楠：《中国古代科技文化的特质》，《自然辩证法研究》1998 年第 1 期。

胡省三：《宋应星的科技成就及其国际影响》，《丽水师专学报》1990 年第 S1 期。

黄立波：《语料库译者风格研究反思》，《外语教学》2018 年第 1 期。

黄立波、朱志瑜：《译者风格的语料库考察——以葛浩文英译现当代中国小说为例》，《外语研究》2012 年第 5 期。

黄培希：《副文本与翻译文化建构——以艾尔萨·威斯〈黄帝内经·素问〉英译为例》，《上海翻译》2018 年第 3 期。

黄兴、李昂、潘吉星：《融会中西话科技 贯通古今促研究——潘吉星先生访谈录》，《广西民族大学学报》（自然科学版）2017 年第 3 期。

黄修志、晁言芹：《〈孟子〉内部的字频描写及其字区的横向分析》，《语言与文化研究》2013 年第 1 期。

黄忠廉：《科学翻译的分类及其作用》，《四川外语学院学报》2004 年第 4 期。

季羡林：《从〈大中华文库〉谈起》，《群言》1995 年第 8 期。

蒋辰雪、刘凯：《以"深度翻译"理论模式探索中医英译》，《中国中医基础医学杂志》2016 年第 11 期。

蒋学军：《中医典籍中的文化图式及其翻译》，《中国科技翻译》2010 年第 1 期。

李海军、由晓晨：《推陈出新 精益求精——"大中华文库"版〈徐霞客游记〉英译本介评》，《外语与翻译》2018 年第 3 期。

李伟荣、刘湘苹:《中国科技典籍出版"走出去"的路径探索——以李约瑟〈中国科学技术史〉丛书为考察中心》,《山东外语教学》2017年第4期。

李亚宁:《试析宋应星的技术观和自然观的关系——兼论中国传统哲学的历史性变化》,《四川师范大学学报》(社会科学版)1988年第4期。

廖七一:《范式的演进与翻译的界定》,《中国翻译》2015年第3期。

林文照:《科技文献整理出版摭谈》,载全国古籍整理出版规划领导小组办公室编《古籍整理出版漫谈》,上海古籍出版社2004年版。

刘重德:《关于大中华文库〈论语〉英译本的审读及其出版——兼答裘克安先生》,《中国翻译》2001年第3期。

刘国辉、余渭深:《英语名词化的"功过"论辩及其在语篇运用中的量化考察》,《外语教学》2007年第1期。

刘迎春、王海燕:《关于近20年中国科技典籍译介研究的几点思考——传播学的理论视角》,《燕山大学学报》(哲学社会科学版)2017年第6期。

刘性峰、王宏:《中国古典科技翻译研究框架构建》,《上海翻译》2016年第4期。

刘性峰、王宏:《中国科技典籍翻译研究:现状与展望》,《西安外国语大学学报》2017年第4期。

刘艳:《从〈茶经〉章节标题的翻译看文化传播中的适应选择——兼评大中华文库〈茶经、续茶经〉》,《民族翻译》2015年第1期。

刘跃良:《从译者惯习视角看倪毛信〈黄帝内经〉英译的建构》,《中国中西医结合杂志》2018年第1期。

刘泽权、刘超朋、朱虹:《〈红楼梦〉四个英译本的译者风格初探——基于语料库的统计与分析》,《中国翻译》2011年第1期。

刘正光、李雨晨:《主观化与人称代词指称游移》,《外国语》2012年第6期。

卢长怀:《论中国典籍英译的三个取向——以译〈徐霞客游记〉为例》,

《辽宁师范大学学报》（社会科学版）2014 年第 6 期。

卢静：《基于语料库的译者风格综合研究模式探索——以〈聊斋志异〉译本为例》，《外语电化教学》2013 年第 2 期。

卢军羽：《中国科技典籍文本特点及外国译者的翻译策略研究——以〈景德镇陶录〉及其英译本为例》，《北京第二外国语学院学报》2016 年第 6 期。

陆世仪：《明季复社纪略》，载陈力编《中国野史集粹》（1），巴蜀书社 2000 年版。

罗茜：《坚守与困境——从美国大学出版社看"学术出版"》，《中央财经大学学报》2014 年第 S1 期。

罗选民、杨文地：《文化自觉与典籍英译》，《外语与外语教学》2012 年第 5 期。

马佰莲：《论中国传统科技的人文精神》，《文史哲》2004 年第 2 期。

马雪硕、刘迎春、王海燕：《中国科技典籍海外译介效果的影响因素研究》，《南京工程学院学报》（社会科学版）2018 年第 4 期。

梅阳春：《古代科技典籍英译——文本、文体与翻译方法的选择》，《上海翻译》2014 年第 3 期。

梅阳春：《西方读者期待视域下的中国科技典籍翻译文本建构策略》，《西安外国语大学学报》2018 年第 3 期。

潘吉星：《〈天工开物〉版本考》，《自然科学史研究》1982 年第 1 期。

潘吉星：《徐光启著〈农政全书〉在国外的传播》，《情报学刊》1984 年第 3 期。

庞双子、王克非：《翻译文本语体"显化"特征的历时考察》，《中国翻译》2018 年第 5 期。

邱汉生、邱锋：《宋应星的唯物主义自然学说和对明末的社会批判——读新发现的宋应星佚著四种》，《文物》1975 年第 12 期。

屈亚嫒、周玉梅：《机器翻译还是人工翻译？——浅析〈黄帝内经·素问〉双字格养生术语机译错误人工评测》，《医学争鸣》2016 年第 4 期。

曲琳琳、张斌：《系统功能语言学视阈下〈金匮要略〉衔接机制对比研究》，《中国中医基础医学杂志》2017年第10期。

任东升：《从国家叙事视角看沙博理的翻译行为》，《外语研究》2017年第2期。

任东升、高玉霞：《翻译制度化与制度化翻译》，《中国翻译》2015年第1期。

任东升、马婷：《汉语经典翻译"中国英语"的文化主体地位》，《当代外语研究》2014年第2期。

任东升、赵禾：《建国初期翻译制度化的确立与效应》，《上海翻译》2018年第3期。

孙乃荣：《国内典籍英译研究综述（2012—2016）》，《浙江外国语学院学报》2017年第4期。

孙显斌：《科技典籍整理的思考与展望》，《科学新闻》2017年第11期。

谭亚平：《科技术语的构成及其分类》，《技术经济》2003年第8期。

汤金霞、梅阳春：《中国科技典籍翻译策略之管见——基于〈蚕书〉翻译研究》，《外语学刊》2015年第6期。

汤一介：《论"天人合一"》，《中国哲学史》2005年第2期。

陶建：《全球视角下的中国文学翻译》，载中国作家协会外联部编《翻译家的对话Ⅱ》，作家出版社2012年版。

汪宝荣：《葛浩文英译〈红高粱〉生产过程社会学分析》，《北京第二外国语学院学报》2014年第12期。

汪宝荣：《寻求文化荣耀的译者姿态——〈浮生六记〉林译本书化翻译策略新解》，《外语学刊》2017年第6期。

汪宝荣、全瑜彬：《〈兄弟〉英译本在英语世界的评价与接受——基于全套英文书评的考察》，《外国语文》2015年第4期。

汪宝荣、姚伟、金倩：《〈洛阳伽蓝记〉中的民俗事象英译策略——以王伊同译本为中心的考察》，《语言与翻译》2017年第3期。

汪榕培：《中国英语是客观存在》，《解放军外国语学院学报》1991年第1期。

王尔亮、陈晓:《20世纪中期以来〈黄帝内经·素问〉英译本书史述》,《燕山大学学报》(社会科学版) 2017 年第 6 期。

王宏:《〈梦溪笔谈〉译本翻译策略研究》,《上海翻译》2010 年第 1 期。

王克非:《英汉/汉英语句对应的语料库考察》,《外语教学与研究》2003 年第 6 期。

王克非、胡显耀:《汉语文学翻译中人称代词的显化和变异》,《中国外语》2010 年第 4 期。

王娜:《浅谈〈黄帝内经〉中顶真修辞格英译的归化与异化》,《浙江中医药大学学报》2015 年第 10 期。

王宁:《对人文社会科学现行学术评价系统的确认与辩护》,《学术研究》2006 年第 3 期。

王星科、张斌:《互文性视角下〈黄帝内经〉两个译本的跨文化翻译》,《中医药导报》2015 年第 2 期。

王银泉、余静、杨丽雯:《〈黄帝内经〉英译版本考证》,《上海翻译》2020 年第 2 期。

王悦晨:《从社会学角度看翻译现象:布迪厄社会学理论关键词解读》,《中国翻译》2011 年第 1 期。

王钰、姜怡:《〈茶经〉的美学价值及其在翻译中的美学重构》,《外语教育研究》2014 年第 3 期。

韦努蒂:《幽默文学的翻译:对等、补偿、话语》,载周发祥等编《国际翻译学新探》,百花文艺出版社 2006 年版。

魏向清:《从"中华思想文化术语"英译看文化术语翻译的实践理性及其有效性原则》,《外语研究》2018 年第 3 期。

吴纯瑜、王银泉:《生态翻译学视阈下〈黄帝内经〉文化负载词英译研究》,《中华中医药学刊》2015 年第 1 期。

肖碧丹:《科技英语被动语态使用量变化趋势》,《中国科技翻译》2015 年第 4 期。

肖娴:《科技典籍英译之文化迻译——以〈园冶〉为例》,《上海翻译》

2019年第3期。

谢朝龙:《〈洛阳伽蓝记〉英译的译者认知与翻译处理》,《语言教育》2018年第1期。

邢杰:《译者"思维习惯"——描述翻译学研究新视角》,《中国翻译》2007年第5期。

邢杰、陈颢琛、程曦:《翻译社会学研究二十年:溯源与展望》,《中国翻译》2016年第4期。

熊兵:《翻译研究中的概念混淆——以"翻译策略"、"翻译方法"和"翻译技巧"为例》,《中国翻译》2014年第3期。

熊欣:《音译理论及音译产生的背景》,《中国科技翻译》2014年第1期。

徐敏慧:《汉学家视野与学术型翻译:金介甫的沈从文翻译研究》,《中国翻译》2019年第1期。

徐敏慧、宋健:《翻译场中的译者筹码》,《东方翻译》2017年第3期。

许多、许钧:《中华文化典籍的对外译介与传播——关于〈大中华文库〉的评价与思考》,《外语教学理论与实践》2015年第3期。

许明武、王烟朦:《中国科技典籍英译研究（1997—2016）:成绩、问题与建议》,《中国外语》2017年第2期。

许明武、王烟朦:《基于〈天工开物〉英译本的科技典籍重译研究》,《语言与翻译》2017年第2期。

许诗焱:《葛浩文翻译再审视——基于翻译过程的评价视角》,《中国翻译》2016年第5期。

许文胜、张柏然:《基于英汉名著语料库的因果关系连词对比研究》,《外语教学与研究》2006年第4期。

闫春晓:《文本类型理论视角下〈梦溪笔谈〉英译策略研究》,《上海理工大学学报》(社会科学版)2014年第1期。

严苡丹、韩宁:《基于语料库的译者风格研究——以鲁迅小说两个英译本为例》,《外语教学》2015年第2期。

杨耕:《价值、价值观与核心价值观》,《北京师范大学学报》(社会科学版）2015 年第 1 期。

杨耕：《关于马克思价值理论的再思考》，《江汉论坛》2018 年第 11 期。

杨牧之：《搭起沟通东西方的文化桥梁》，《中国出版》2000 年第 11 期。

杨牧之：《对当前中国出版业改革的思考与探索》，载全国古籍整理出版规划领导小组办公室编《古籍整理出版十讲》，岳麓书社 2002 年版。

杨世文、陶亮：《王道荡荡：〈洪范〉与儒家"治道"思想》，《中华文化论坛》2018 年第 10 期。

杨维增：《论"天工开物"的本义及其认识论价值》，《中山大学学报》（社会科学版）1991 年第 2 期。

杨信彰：《名词化在语体中的作用——基于小型语料库的一项分析》，《外语电化教学》2006 年第 2 期。

殷丽：《中医药典籍国内英译本海外接受状况调查及启示——以大中华文库〈黄帝内经〉英译本为例》，《外国语》2017 年第 5 期。

殷丽：《国外学术出版社在我国科技类典籍海外传播中的作用——以美国两家学术出版社对〈黄帝内经〉的出版为例》，《出版发行研究》2017 年第 4 期。

于友先：《积累文化 推进交流》，《中国出版》2000 年第 11 期。

于子桥：《2000 年美国东亚研究现状》，《国际政治研究》2001 年第 3 期。

张南峰：《从多元系统论的观点看翻译文学的"国籍"》，《外国语》2005 年第 5 期。

张威：《我国翻译研究现状考察——基于国家社科基金项目（2000—2013）的统计与分析》，《外语教学与研究》2015 年第 1 期。

张秀红：《中国古代科技文献的内容与特点》，《科技情报开发与经济》2005 年第 9 期。

张汨、文军：《中国科技典籍英译本概况探究：现状与建议》，《语言教育》2014 年第 4 期。

张易凡、许明武：《科技新词文化特征分析及翻译策略研究》，《中国翻译》2012 年第 5 期。

张政、胡文潇：《〈论语〉中"天"的英译探析——兼论其对中国文化核心关键词英译的启示》，《中国翻译》2015 年第 6 期。

赵德全、郑媛媛：《汉语科技文体翻译的英化取向溯源》，《中国科技翻译》2015 年第 4 期。

赵慧芝：《著名化学史家李乔苹及其成就》，《中国科技史料》1991 年第 1 期。

赵俊卿：《〈难经〉首部英译本述评》，《中医研究》2008 年第 5 期。

赵庆芝：《李氏主译〈天工开物〉始末》，《中国科技史料》1997 年第 3 期。

郑建宁：《法显〈佛国记〉的海外译介及英译史探究》，《法音》2018 年第 3 期。

周佶、周玉梅：《直译、意译、音意译结合还是音译加注？——浅析〈黄帝内经·素问〉中养生术语的翻译技巧》，《医学争鸣》2014 年第 5 期。

朱剑飞：《〈黄帝内经〉英译研究的语料库视角》，《中国中医基础医学杂志》2015 年第 9 期。

3. 学位论文

范延妮：《近代传教士中医译介活动及其影响研究》，博士学位论文，山东中医药大学，2015 年。

邱玏：《中医古籍英译历史的初步研究》，博士学位论文，中国中医科学院，2011 年。

4. 中文报纸

李乔苹：《宋应星——中国最伟大的科技著作家（上）》，《"中央"日报·副刊》1974 年 3 月 2 日第 5 版。

李乔苹：《宋应星——中国最伟大的科技著作家（下）》，《"中央"日报·副刊》1974 年 3 月 4 日第 5 版。

潘吉星：《〈天工开物〉在国外的传播和影响》，《北京日报》2013 年 1

月 28 日第 20 版。

张柏然、许钧:《典籍翻译:立足本土 融合中西》,《中国社会科学报》2017 年 5 月 26 日第 6 版。

5. 外文专著

Anthony Pym, *Method in Translation History*, London and New York: Routledge, 2014.

Dagmar Schäfer, *The Crafting of the 10,000 Things: Knowledge and Technology in Seventeenth-Century China*, Chicago: University of Chicago Press, 2011.

David Swartz, *Culture and Power: The Sociology of Pierre Bourdieu*, Chicago: University of Chicago Press, 1997.

Dipanjia Sarkar, *Text Analytics with Python: A Practical Real-world Approach to Gaining Actionable Insights from Your Data*, Berkeley, CA: Apress, 2016.

Don Ihde, *Technology and the Lifeworld: From Garden to Earth*, Indiana: Indiana University Press, 1990.

Douglas Biber *et al.*, *Longman Grammar of Spoken and Written English*, Harlow: Pearson Education, 1999.

Douglas Robinson, *Western Translation Theory: From Herodotus to Nietzsche*, London and New York: Routledge, 2014.

Endymion Wilkinson, *Chinese History: A Manual (Revised and Enlarged)*, Harvard: Harvard University Asia Center, 2000.

E-tu Zen Sun and John De Francis, *Chinese Social History: Translations of Selected Studies*, Washington: American Council of Learned Societies, 1956.

Eugene A. Nida and Charles R. Taber, *The Theory and Practice of Translation*, Leiden: E. J. Brill, 1982.

Eugene A. Nida, *Toward a Science of Translating*, Shanghai: Shanghai Foreign Language Education Press, 2004.

Geoffrey Leech *et al.*, *Word Frequencies in Written and Spoken English: Based on the British National Corpus*, London and New York: Routledge, 2001.

Gideon Toury, *Descriptive Translation Studies and beyond* (Revised edition), Amsterdam/Philadelphia: John Benjamins, 2012.

Ho Ping-Yu et al., *Chemistry and Chemical Technology: Military Technology: The Gunpowder Epic*, Cambridge: Cambridge University Press, 1987.

Jack C. Richards and Richard Schmidt, *Longman Dictionary of Language Teaching and Applied Linguistics* (Fourth edition), Harlow: Pearson Education, 2010.

James Holmes, *Translated Papers on Literary Translation and Translation Studies*, Amsterdam: Rodopi, 1994.

Jean-Paul Vinay and Jean Darbelnet, *Comparative Stylistics of French and English: A Methodology for Translation*, Amsterdam/Philadelphia: John Benjamins, 1995.

Jeremy Munday, *Introducing Translation Studies: Theories and Applications* (4th edition), London and New York: Routledge, 2016.

Juliane House, *Translation Quality Assessment: Past and Present*, London and New York: Routledge, 2015.

Joseph Needham, *Science and Civilisation in China. Vol. 1: Introductory Orientations*, Cambridge: Cambridge University Press, 1954.

Joseph Needham, *Science and Civilisation in China. Vol. 4, Part 2: Mechanical Engineering*, Cambridge: Cambridge University Press, 1965.

Katharina Reiss, *Translation Criticism: The Potentials and Limitations*, London and New York: Routledge, 2000.

Kathryn Batchelor, *Translation and Paratexts*, London and New York: Routledge, 2018.

Lawrence Venuti, *The Scandals of Translation*, London and New York: Routledge, 1998.

Lawrence Venuti, *The Translator's Invisibility: A History of Translation* (Second edition), London and New York: Routledge, 2008.

Li Ch'iao-ping, *The Chemical Arts of Old China*, Easton: Journal of Chemical Education, 1948.

Maeve Olohan, *Introducing Corpora in Translation Studies*, London and New York: Routledge, 2004.

Mark Shuttleworth and Moira Cowie, *Dictionary of Translation Studies*, Shanghai: Shanghai Foreign Language Education Press, 2004.

Michael A. K. Halliday and Ruqaiya Hasan, *Cohesion in English*, Beijing: Foreign Language Teaching and Research Press, 2001.

Michael Stubbs, *Text and Corpus Analysis*, Wiley: Blackwell, 1996.

Philip Kotler and Kevin L. Keller, *Marketing Management* (14th edition), Pearson, 2011.

Pierre Bourdieu, *Outline of a Theory of Practice*, Cambridge: Cambridge University Press, 1977.

Pierre Bourdieu, *Distinction: A Social Critique of the Judgement of Taste*, Cambridge and Massachusetts: Harvard University Press, 1984.

Pierre Bourdieu, *In Other Words: Essays towards a Reflexive Sociology*, Stanford: Stanford University Press, 1990.

Pierre Bourdieu, *The Field of Cultural Production*, New York: Columbia University Press, 1993.

Pierre Bourdieu and Loïc J. D. Wacquant, *An Invitation to Reflexive Sociology*, Chicago: University of Chicago Press, 1992.

Robert E. Hegel, *Reading Illustrated Fiction in Late Imperial China*, Stanford: Stanford University Press, 1998.

Sara Laviosa, *Corpus-based Translation Studies: Theory, Findings, Applications*, Amsterdam: Rodopi, 2002.

Song Yingxing, *Tian Gong Kai Wu*, Guangzhou: Guangdong Education Publishing House, 2011.

Sung Ying-hsing, *T'ien-kung K'ai-wu: Chinese Technology in the Seventeenth Century*, University Park and London: The Pennsylvania State University Press, 1966.

Sung Ying-sing, *Tien-kung-kai-wu: Exploitation of the Work of Nature, Chinese Agriculture and Technology in the XVII Century*, Taipei: China Academy, 1980.

Susan Hunston, *Corpora in Applied Linguistics*, Cambridge: Cambridge University Press, 2002.

Theo Hermans, *Translation in Systems: Descriptive and System-oriented Approaches Explained*, Manchester: St. Jerome Publishing, 1999.

Thomas S. Kuhn, *The Structure of Scientific Revolutions (Third edition)*, Chicago: The University of Chicago Press, 1996.

Wolfgang Lörscher, *Translation Performance, Translation Process, and Translation Strategies: A Psycholinguistic Investigation*, Tübingen: Gunter Narr, 1991.

Yuan Tung-li, *China in Western Literature: A Continuation of Cordier's Bibliotheca Sinica*, New Haven Conn.: Far Eastern Publications, Yale University, 1958.

6. 外文期刊

Albert Chan, "T'ien-kung K'ai-wu: Chinese Technology in the Seventeenth Century." *Monumenta Serica*, Vol. 27, 1968.

Christopher Cullen, "The Science/technology Interface in Seventeenth-century China: Song Yingxing on *qi* and the *wu xing*", *Bulletin of the School of Oriental and African Studies*, Vol. 53, No. 2, 1990.

Constantin Milsky, "In Search of a Term Translation Strategy for Chinese Medical Classics", In Paul U. Unschuld (eds), *Approaches to Traditional Chinese Medical Literature*, Dordrecht: Kluwer Academic Publishers, 1989.

David Charlston, "Hegel's Phenomenology in Translation: A comparative analysis of translatorial hexis", PhD. Disseration, The University of Manchester, 2012.

David Charlston, "Textual Embodiments of Bourdieusian Hexis: J. B. Baillie's

Translation of Hegel's Phenomenology", *The Translator*, Vol. 19, No. 1, 2013.

David Charlston, "Hegel's Phenomenology: A Comparative Analysis of Translatorial Hexis", In Kirsten Malmkjær, Adriana Şerban and Fransiska Louwagie (eds), *Key Cultural Texts in Translation*, Philadelphia/Amsterdam, John Benjamins, 2018.

Derk Bodde, "T'ien-kung K'ai-wu: Chinese Technology in the Seventeenth Century", *The Annals of the American Academy*, Vol. 369, No. 1, 1967.

di Barbara Cappuzzo, "The Translation of Chinese Medical Terms into English. Linguistic Considerations on the Language of TCM", *Rivista della Facoltà di Scienze Motorie dell'Università degli Studi di Palermo*, (3), 2009.

Friedrich Schleiermacher, "On the Different Methods of Translating", In André Lefevere (eds), *Translation/History/Culture: A Sourcebook*, Shanghai: Shanghai Foreign Language Education Press, 2004.

Hélène Buzelin, "Sociology and Translation Studies", In Carmen Millán and Francesca Bartrina (eds), *The Routledge Handbook of Translation Studies*, London and New York: Routledge, 2013.

Ho Peng-Yoke, "T'ien-kung K'ai-wu: Chinese Technology in the Seventeenth Century", *Harvard Journal of Asiatic Studies*, Vol. 27, 1967.

Jean-Marc Gouanvic, "A Bourdieusian Theory of Translation, or the Coincidence of Practical Instances", *The Translator*, Vol. 12, No. 2, 2005.

John S. Major, "A Note on the Translation of Two Technical Terms in Chinese Science: Wu-Hsing and Hsiu", *Early China*, Vol. 2, 1976.

Joseph Needham, "The Translation of old Chinese Scientific and Technical Texts", *Babel: International Journal of Translation*, Vol. 4, No. 1, 1958.

Joseph Needham and Lu Gwei-Djen, "Problems of Translation and Modernisation of Ancient Chinese Technical Terms", *Annals of Science*, Vol. 32, No. 5, 1975.

Jürgen Kovacs, "Linguistic Reflections on the Translation of Chinese Medical Texts", Paul U. Unschuld (eds), *Approaches to Traditional Chinese Medical Literature*, Dordrecht: Kluwer Academic Publishers, 1989.

Ken Hylandand Feng (Kevin) Jiang, "Is Academic Writing Becoming More Informal?", *English for Specific Purposes*, Vol. 45, 2017.

Kinga Klaudy, "Explicitation", In Mona Baker (eds), *Routledge Encyclopedia of Translation Studies*, London and New York: Routledge, 1998.

Kiyosi Yabuuti, "T'ien-kung K'ai-wu: Chinese Technology in the Seventeenth Century", *Technology and Culture*, 8 (1), 1967.

Kwame Anthony Appiah, "Thick Translation", *Callao*, Vol. 16, No. 4, 1993.

Lawrence Venuti, "Strategies of Translation", In Mona Baker (eds), *The Routledge Encyclopedia of Translation Studies*, London and New York: Routledge, 1998.

Li Defeng, "Translator Style: A Corpus-assisted Approach", In Meng Ji *et al.* (eds), *Corpus Methodologies Explained: An Empirical Approach to Translation Studies*, London and New York: Routledge, 2017.

Lo Jung-pang, "T'ien-kung K'ai-wu: Chinese Technology in the Seventeenth Century", *Journal of Asian Studies*, Vol. 26, No. 2, 1967.

Luther Carrington Goodrich, "T'ien-kung K'ai-wu: Chinese Technology in the Seventeenth Century", *Journal of the American Oriental Society*, Vol. 87, No. 1, 1967.

Meg Gebhard *et al.*, "Miss, Nominalization Is a Nominalization: English Language Learners' Use of SFL Metalanguage and Their Literacy Practices", *Linguistics and Education*, Vol. 26, 2014.

Michaela Wolf, "Mapping the Field: Sociological Perspectives on Translation", *International Journal of the Sociology of Language*, Vol. 207, 2011.

Moira Inghilleri, "The Sociology of Bourdieu and the Construction of the 'Object' in Translation and Interpreting Studies", *The Translator*, 11 (2), 2005.

Mona Baker, "Corpus-based Translation Studies: The Challenges that Lie Ahead", In Harold L. Somers (eds), *Terminology, LSP and Translation. Studies in Language Engineering in Honour of Juan C. Sager*, Philadelphia/Amsterdam, John Benjamins, 1996.

Mona Baker, "Towards a Methodology for Investigating the Style of a Literary Translator", *Target*, Vol. 12, No. 2, 2000.

Nathan Sivin, "T'ien-kung K'ai-wu: Chinese Technology in the Seventeenth Century", *Isis*, Vol. 57, No. 4, 1966a.

Nathan Sivin, "A Chinese Classic", *Science*, 153 (3737), 1966b.

Nigel Wiseman, "*Translation of Chinese Medical Terms: A Source-oriented Approach*", PhD. Disseration, University of Exeter, 2000.

Nigel Wiseman, "Translation of Chinese Medical Terms: Not Just a Matter of Words", *Clinical Acupuncture and Oriental Medicine*, Vol. 2, No. 1, 2001.

Nigel Wiseman and Paul Zmiewski, "Rectifying the Names: Suggestions for Standardizing Chinese Medical Terminology", In Paul U. Unschuld (eds), *Approaches to Traditional Chinese Medical Literature*, Dordrecht: Kluwer Academic Publishers, 1989.

Paul D. Buell, "The Yin-Shan Cheng-Yao, a Sino-Uighur Dietary: Synopsis, Problems, Prospects", In Paul U. Unschuld (eds), *Approaches to Traditional Chinese Medical Literature*, Dordrecht: Kluwer Academic Publishers, 1989.

Paul U. Unschuld, "Terminological Problems Encountered and Experiences Gained in the Process of Editing a Commentated Nan-Ching Edition", In Paul U. Unschuld (eds), *Approaches to Traditional Chinese Medical Literature*, Dordrecht: Kluwer Academic Publishers, 1989.

Pierre Bourdieu, "The Forms of Capital", In John G. Richardson (eds), *Handbook of Theory and Research for the Sociology of Education*, New York: Greenwood Press, 1986.

Reine Meylaerts, "Habitus and Self-image of Native Literary Author-translators in Diglossic Societies", *Translation and Interpreting Studies*, Vol. 5, No. 1, 2010.

Robert Joe Cutter, "Cao Zhi's (192–232) Symposium Poems", *Chinese Literature: Essays, Articles, Reviews*, 6 (1–2), 1984.

Robert Moore, "Capital", In Michael Grenfell (eds), *Pierre Bourdieu: Key Concepts*, Durham: Acumen, 2008.

Sara Lavisoa, "Core Patterns of Lexical Use in a Comparable Corpus of English Narrative Prose", *Meta*, Vol. 43, No. 4, 1998.

Ute Engelhardt, "Translating and Interpreting the Fu-Ch'i Ching-i Lun: Experiences Gained from Editing a T'ang Dynasty Taoist Medical Treatise", In Paul U. Unschuld (eds), *Approaches to Traditional Chinese Medical Literature*, Dordrecht: Kluwer Academic Publishers, 1989.

Yang Lien-sheng, "Tenkō kaibutsu no kenkyū [Studies on The T'ien-kung k'ai-wu] by Yabuuchi Kiyoshi", *Harvard Journal of Asiatic Studies*, Vol. 17, No. 1-2, 1954.

索 引

A

阿诺德 211

B

被动语态 184—186,191,192,208,209
《本草纲目》 2,10,11,72,193
编辑出版 240
宾夕法尼亚州立大学出版社 22,214,221,222,226,227,230,231,243
卜士礼 11
布迪厄 14,29,30,32—38,40,41,60,61,70,131,132

C

《茶经》 2,10,13,17
查尔斯顿 131—134,157
场域 14,29,30,33—42,49—51,53,57,60—67,70,71,234
陈启新 130,131
创译 77,122
词汇密度 170,172,173,180,190,209

D

《大中华文库》 1,2,23,61—65,70,71,127,150,158,191,206,214,229,232,237
丁文江 20,22,23,53,58,72,120,137,142,144,145,150,152,158,235
读者评论 13,29,31,212,220,232,236
多佛出版社 213,214,222

F

翻译底本 23
翻译方法 5,12,15,30,67,73,77,78,83,84,86,87,89—92,97,98,104,105,111,114,122,123,125,128,153,154,209
翻译风格 29,160,164,169—173,

319

182,184,191,192,208,209,243

翻译观 30,52,54,56,60,71,73,105,162,234

翻译规范 28,62—65,67,68,74,99,105,120,129,150

翻译技巧 12,30,73,77,78,83,87,119,126,128,171,182,235

翻译模式 239

翻译批评 17,27,210,212

翻译史 2,6,26

翻译选材 30,59,63,70,238

仿译 77,83,84,86—88,91,92,96—99,101,110—112,114,117,119,122,123,125—128,142,146,147,149,153,155,171,195,206

费孝通 237

费正清 41

分译 77,154,182,183,204

冯友兰 106,109

《佛国记》 10—12

副文本 14,29,30,63,64,66,70,71,132—134,157,158,224,234

富路德 43,46,226

G

改译 59,77,90,92,111,122,123,126—129,147,205,235

高频词 173—175,190

高频字 165—167,173,174,185

惯习 14,29,30,33—40,49—54,56—66,68,70,71,105,132,191,209,225,234

广东教育出版社 23,64,66,68,167,192,227,229,230,232

归化 12,14,25,30,73,74,76—78,82—88,90—92,94—99,102,104,105,110,111,114,119,122,123,128,129,235

国家翻译实践 63,68

H

《海国闻见录》 238

《海录》 10,11

汉斯福德 22

合译 26,77,125,128,154,164,182,194

黑格尔 133,134

《红楼梦》 65

侯思孟 214

湖南人民出版社 61—63,65,229

《黄帝内经·灵枢》 2

《黄帝内经·素问》 2,10,14,15

J

积极修辞 192,207

季羡林 62,63,70

价值哲学 210,231

减译 77,83,87,95,128

江西奉新 18

"经典中国国际出版工程" 231
经济内容 142—145,150,235
《九章算术》 2,7,9
局部翻译策略 73
军事内容 150—152,157,158,236

K

卡特 11
《考工记》 9,72
科技典籍 2—12,14—18,21,24,25,27,28,30,31,39,51—53,55,56,59,64,72,73,109,128,134,154,160,165,171,188,192,208,225,229—231,234,236—243
科技典籍英译史 6,10
科技谬误 30,72,73,120—123,126—129,207,234,235,237
科技哲学 19,30,72,73,105—114,117—120,128,129,234,235
可读性 82,97,128,170,190—192,208,209,216,235
《孔学今义》 229

L

拉铁摩尔 41
莱斯 239
类符 15,166,170,171,190,209,243
李乔苹 7,12,22—24,30,38,49—60,70,71,81,105,119,127,137,142,150,157,158,171,191,192,207,209,213,224,225,234,243
李善兰 7
李约瑟 7,14,18,20,22,39,48,49,51,52,55—58,72,89,105,129,215,224,239,241
李约瑟范式 192,241,242
李约瑟研究中心 231,243
理雅各 7,11
利玛窦 5
林戊荪 62
零翻译 77
刘迎春 4,23,30,61,63,64,66,68,71,142,230,234
刘重德 62,65
《论天下三大病根》 130,131
《论语》 65,171,193,195,207
罗荣邦 211,215
《洛阳伽蓝记》 2,6,10,14

M

马克思主义实践哲学 210
马克斯·普朗克科学史研究所 244
美国大学出版社协会 226,227,231
《梦溪笔谈》 2,9,11,72,239
名词化 180,181,191,192
明喻 169,192,193,198,199,201,202,207,208

N

拟人 90,94,95,103,113,169,192,193,203—205,207,208

纽曼 211

《纽约时报》 221,226,232

《农桑辑要》 72

《农书》 72,222

《农政全书》 10,11,243

P

潘吉星 6,7,19—24,64,66,72,81,106,117,119,120,127,130,131,135,137,142,145,151,159,207,213,225,238

平均词长 177,178,190,192,209

平均句长 168,181,182,190,209,243

Q

《齐民要术》 10,72

R

人称代词 168,174,184—186,191,209

任鸿隽 39,239

任继愈 63

任以都 22,26,28,30,38—43,45—49,53,70,95,104,119,126—128,142,150,157,158,171,191,192,207,209,225,234,239,240,242,243

儒莲 22,215

S

萨顿 124

沙博理 62

《伤寒论》 2,10,13,15

《尚书》 193,194

社会翻译学 17

社会实践理论 29,30,32,33,35,36,38,61,70,132

深度翻译 14,38,46,49,127,207,234

《神农本草经》 10,11

施莱尔马赫 73—75

《授时通考》 10,11

术语翻译 15,25,26,49,64,78,80—82,101,104,105,129,172

《四元玉鉴》 2,9

孙守全 22,26,38,41,47,127

T

《天工开物》 1—3,9,10,12,18—33,38—46,48,49,52—61,63—68,70—73,77—82,86,89—91,95—97,99,102—112,114,119—123,125,126,128—131,134—137,141—145,148,150—152,154,157—160,164—175,177,

178,180,182—185,187,190,192,193,195,196,198,200,203,205,207—215,218,219,223—225,229—240,243,244

"天人合一" 19,30,106—109,113,116,118,119,128,235,237

图书馆馆藏量 13,28,31,218,223,232,236,243

W

汪榕培 1,63,64,67,68

王国维 106

王海燕 4,23,30,61,63,64,66,68,71,142,230,234

王义静 23,30,38,60—66,68,70,71,105,129,142,157,158,191,192,209,230,232,234

韦利 11,65

韦努蒂 30,73—77,128

伟烈亚力 11

魏鲁男 51

文本类型理论 12,239

文化要素 74

文化自信 237—240

《物理小识》 9,243

X

席文 41,215,225,228,231

衔接连词 186,191,208

显化 25,163,168,171,172,188,190—192

形符 15,170,171,190—192,208,209,243

《徐霞客游记》 2,9,13,243

《续茶经》 2

薛凤 20,23,108,130,230

学术书评 31,49,214,223,232,236

学术性翻译 46,224—226,232

学术引用 217,223,229

Y

亚马逊 8,13,28,213,214,216,221,223,227,228,231,233

杨联陞 43,243

杨宪益 62,63,65

"一带一路"倡议 238

异化 12,25,29,30,73—78,82—87,90—93,95—98,102—105,110,111,113,114,118—120,122,123,128,129,235

《异域录》 10

译者风格 163,164,169,171,208

译者主体性 12,13,38,70

译者姿态理论 29,30,131,134,157,158

意译 12,25,77,83—86,88,91—93,97—99,102,104,105,110—114,118,119,122,128,147,171

音译 12,25,56,57,68,70,77,83,

85，86，88，90—92，94，96—98，102，104，105，111，128，171，199

英国帕斯国际出版社 2

《营造法式》 9，72

用典 193，196，198

语料库 12，14，15，17，25，29，30，94，109，114，160—165，167，169—174，180—182，187，192，208，228，243

语料库翻译学 29，30，160—165，169，208

语言风格 28，30，160，164，165，167，169，173，192，197，198，205，207，221，235，239

《园冶》 9，242

Z

增译 12，77，83，86，90—92，97—99，101，111，114，122—126，128，129，235

翟理斯 11，22

张其昀 23，227，229，230，243

浙江大学出版社 229

整体翻译策略 56，71，73，234

政治内容 134，135，137，142

直译 12，25，68，73，77，83，84，86，88—95，97—99，101—105，111，113，114，116—120，122—126，128，129，146—148，150，153，155，171，172，192，198，201，205，209，235

《中国化学史》 22，24，51，53，55—60，105，137，158，209，224

中国科技史 2，4，5，7，11，12，19，20，22，24，40，49，51—53，57，65，106，129，192，211，213—215，224—226，234，241，243

《中国科学技术典籍通汇》 5—7，238

《中国科学技术史》 7，14，18，22，49，52，55—58，89，105，129，192，215

"中国图书对外推广计划" 61，231

中国英语 67，68，70，105，120，192，234

中华文化大学出版社 227，229，232

《周易》 106—108，119，142，193，195

《周易参同契》 2，9

逐词翻译 77，83—87，90—93，96—98，101，103—105，128，171

《庄子》 64，193

资本 29，30，33，34，36—43，46—51，53，60—66，68，70—72，79，127，133，136，234

后　　记

时光如白驹过隙，工作入职已近一年半。在此书由中国社会科学出版社付梓之际，借此感谢一直以来给予我帮助的师友和亲人。首先感谢导师许明武老师。2013年10月在武汉参加华科外院保研面试与许师初见，同年11月他去成都外校宣讲招生又有幸再见面和交流。此后，许师一直是传道、授业、解惑者，在我的学业、工作乃至生活方面都给予了关心和莫大帮助。他的"板凳甘坐十年冷"的谆谆教诲以及教学和学术科研上的提携，让我少走了很多弯路；每次像个不成熟的孩子说错话和做错事时，他总是循循善诱，有时甚至毫不留情地批评。工作后，方知许师的良苦用心，他如严父般的教诲是令人受益的人生财富，他为人称道的为人处事方式更是自己要努力看齐的标杆。与《天工开物》翻译研究结缘，亦得益于他的引导。2016年有幸参与许师主持的国家社科基金项目"基于《天工开物》英译本的科技典籍译者风格研究"。读博期间，我在他的指导下撰写了系列相关论文，逐渐拓展成博士毕业论文。2020年10月，他又指导我申请到湖北省社科"科技典籍《天工开物》英译多维对比研究"。得益于许师的学术引导和提携，我才能步入《天工开物》和中国古代科技典籍翻译研究的学术殿堂。如在博士毕业论文致谢中所言，自己并非千里马，许师却是我的伯乐，在华科的成长轨迹冥冥之中正是沿着他八年前指明的方向。遇此师，幸之。

感恩父母和关爱我的家人，感谢他们以不同的方式支持我。自2010年首次远离家乡去成都读本科，2014年开始到武汉读硕士和博士，后前往澳大利亚悉尼访学，到现在工作在武汉。自己早已成为在外打拼的异乡人，但是无论何时，无论何地，他们都是我奋斗的坚强后盾。家人之中更感谢爷爷。因为父母工作的原因，自己自幼由爷爷奶奶带大。从小到大，也许是隔辈亲的缘故，只要是爷爷认为合理的要求，一定满足我。从小到大，他从未要求过我学习多么努力，而是用心尽他所能来支持我逐梦，只是告诉我不要累到。相反，自己无理取闹和做错事，他绝对会严厉批评，哪怕我是高中生了，都会因为不懂事而挨打。2014年11月9日，读研一的我在福州参加一个翻译学会议，中午得知爷爷早饭后在院子里散步，脑供血不足头晕摔倒，导致股骨头断裂。他却不让家人告诉我，怕我担心，影响我的活动。第二天见到在医院被痛苦折磨的他，那个场景至今镌刻在脑海中，挥之不去。当我们以为治疗能够顺利，谁承想住院不停挪动检查导致一根断裂的肋骨扎到肺部，最终呼吸衰竭。从2014年11月13日到2021年11月13日，整整七年，时间能冲淡记忆的细节，却冲淡不了这份祖孙情和我对他的思念。回想保研后，自己将读博和公费出国定为努力目标。每每谈及此，他都是肯定和支持。在医院陪伴他的第一个晚上，我们俩夜聊谈到这个问题，他一如既往地鼓励我，交代对我充满信心，切记不要有太大压力。而当我实现了许下的诺言，却无法再与他分享我的喜怒哀乐；想要好好报答他，他却早已不在身旁。"一口苦水胜过一盏白汤，一场痛哭胜于哀乐两忘。"不管过去多久，不管未来还有多远，我将带着他的殷殷期盼，一如既往前行。

  最后谈谈这部即将出版的著作《〈天工开物〉英译多维对比研究》。此书脱胎于2020年5月答辩的博士毕业论文，现稍加修改而成。感谢大连海事大学刘迎春教授接受访谈，在论文写作中给予不少指点和帮助。基于《天工开物》英译研究，自己正越发深入领略中国古代科技典籍翻译研究的独特魅力。科技典籍的创作者多是古代文人学者，它们于当今科技发展的实用性相对有限，其文学、人文、历史、哲学等多元文化价值的现代意义更明显，不能被遮蔽和埋没。以《天工开物》为例，晚明读书人宋应星透过这部鸿篇巨制阐发匡扶社稷的改良思想，如革新科举八股形式和反对皓首穷经。包括宋应星在内的中国古代读书人

后　记

将个人利益与国家前途结合起来,"先天下之忧而忧"的情怀和思想操守,是穿越历史的永恒精神,也是他们创作的科技典籍留给当下知识分子的宝贵财富。正因如此,中国古代科技典籍中人文元素的传译对于全面弘扬中华传统文化不可缺失,科技典籍翻译研究应摆脱传统科技翻译研究思维的束缚。对《天工开物》英译和传播研究的"非科技思路",也为自己现开展的晚清新教传教士译者群体科技典籍翻译研究,提供了有益思路。大连海事大学刘迎春教授欣然接受访谈和慷慨赠予《天工开物》英译手稿,对论文写作助益良多,在此表示感谢。

中国社会科学出版社刘艳老师认真负责,为本书的及时出版和编辑工作助力良多,在此衷心感谢!

为了适应出版格式,博士毕业论文中的有些注释被删去。囿于研究者的精力和学识,书中难免存在疏漏,敬请方家批评指正。

王烟朦

2021 年 11 月 13 日

于武汉喻家山下